Tina Emmler

Von der Freiheit zu tun oder zu lassen

Tina Emmler

Von der Freiheit zu tun oder zu lassen

Die (Vor-)Stellung zwischen Gesten der Freiheit und dem Gedanken- als Umgang am Beispiel von *Karl Marx: Das Kapital, Erster Band* von Rimini Protokoll

wbg Academic

Die Deutsche Nationalbibliothek verzeichnet diese Publikation
in der Deutschen Nationalbibliografie; detaillierte bibliografische
Daten sind im Internet über www.dnb.de abrufbar.

wbg Academic ist ein Imprint der wbg

Die Herausgabe des Werkes wurde durch die
Vereinsmitglieder der wbg ermöglicht.
Satz und eBook: Satzweiss.com Print, Web, Software GmbH
Gedruckt auf säurefreiem und
alterungsbeständigem Papier
Printed in Germany

Besuchen Sie uns im Internet: www.wbg-wissenverbindet.de

ISBN 978-3-534-27626-4

Elektronisch ist folgende Ausgabe erhältlich:
eBook (PDF): 978-3-534-27627-1

Inhalt

Tabellen-/Abbildungsverzeichnis

Prolog: Der lautlose Schrei

Die Gedanken fließen, weben, verdichten sich

– an einem Morgen mit Gesang von DIR aus der Ferne
berühren, erfrischen, rütteln sie,
lassen fragen und hören –

in mich hinein und aus mir heraus

strömt der Wunsch Worte zu finden für das, unaussprechlich,

– gegen das Verstummen, laut –

das Papier schreit

T. E. (Paderborn, im Juni 2021)

Das vorliegende Schriftstück richtet sich an Menschen, die sich einem Funktionieren im Arbeitskontext postfordistischer Strukturen, Mechanismen und Prinzipen nicht eignen, die sich dem Anpassungs- und Konformitätsdruck nicht unterordnen, der durch Bildungsorganisationen, allen voran einer universitären Wirtschaftslehre und ihrer eindimensionalen Ausrichtung auf den Homo oeconomicus als Denk- und Handlungsmodell, ausgeübt wird. Die hier vorliegende Schrift richtet sich an Menschen, die feststellen, dass das Recht auf Berufswahlfreiheit nur für diejenigen gilt, die Staat oder Unternehmen dienen und bereit dafür sind, sich als sogenannte Entrepreneure oder Feel-good-Manager auszubeuten oder ausbeuten zu lassen –, und die sich damit nicht einverstanden erklären. Sie richtet sich an diejenigen, die, wie die Autorin, wenn sie künstlerisch tätig sein möchten, gezwungen sind ein Doppelleben zu führen, in dem sie einerseits einem Brotjob folgen, der den Einkommenserwerb vermeintlich sichert und andererseits eine künstlerische Tätigkeit ausüben, die zwar von gesellschaftlichem Interesse ist, aber dennoch nicht vergütet wird.

Kunst, und mit ihr ein nicht zu unterschätzendes Vermögen zu denken, um das es in der vorliegenden Schrift gehen soll, charakterisiert also die andere Seite dieses Doppellebens. Dabei ist die Bezeichnung des „Doppellebens" fragwürdig, da es doch immer *ein* Leben ist, das da stattfindet. Dieses eine Leben, das sich jedoch in den Ausprägungen von Broterwerb und Kunst niederschlägt, findet nicht nur in zwei gänzlich voneinander abgetrennten Sphären statt, sondern beansprucht den Menschen in doppelter Weise, zerrt an ihm, fordert Energie: eben für zwei und nicht nur für ein Leben. Vielleicht, weil der Mensch das mit einem Doppelleben einhergehende Verbrauchtwerden nicht unendlich lang erträgt, sieht er sich, früher oder später, vor die Entscheidung gestellt: für Kunst oder Konsum. Viele Menschen, so sie denn überhaupt so weit kommen diese Entscheidung in realiter wahrzunehmen, scheinen sich für letzteres zu entscheiden. Massenkonsum und -medien zeugen eindrücklich davon. Dieser Fall trifft nicht für mich zu. Schon vor vielen Jahren hat sich die Kunst für mich entschieden, ein Umstand freilich, den ich erst langsam zu realisieren beginne. Als Folge entsteht nun dieses Schriftstück, das Zeugnis ablegt, nicht nur von einer, sondern von den vielen anderen, die mit Stolz von sich behaupten können, dass sie nicht funktionieren, dass sie nicht als Funktionäre der Willkür und Tyrannei kapitalistisch geprägter Managementauswüchse ausgeliefert sind.

Die vorliegende Schrift richtet sich an jene, die mit den Wechseln eines Doppellebens vertraut sind und an diejenigen, die nicht nur ihr Leben verändern, die einen Neuanfang wagen, sondern die sich, über ihr eigenes Leben hinausgehend, für die Anerkennung des *einen* Lebens einsetzen, das keines Doppellebens bedarf. Es geht um das eine, unvorstellbare Leben *„jenseits der Maschine"*[1], wie es mit einem Gedanken von Vilém Flusser formuliert werden kann. Zentral wird damit auch der Entwurf einer (Vor-)Stellung[2] davon, wer der Mensch ist, und was wir, als Gesellschaft, ihm und damit uns zumuten können und wollen. Die vorliegende

1 Flusser, Vilém: *Gesten. Versuch einer Phänomenologie,* Düsseldorf u. Bensheim. 1991, 35.

2 Im weiteren Verlauf wird die Bedeutung der (Vor-)Stellung einerseits als Synonym für eine theatrale Aufführung und andererseits als Einbildungskraft wie auch besondere Fähigkeit des Umgangs mit sich selbst und anderen, herausgearbeitet. Die Schreibweise soll auf die verschiedenen Deutungsmöglichkeiten hinweisen.

Schrift ist damit auch lesbar als eine Schrift gegen Diskriminierung und Degradierung, wie sie mir als Künstlerin und Denkerin des Öfteren begegnet. Eine Degradierung meines Lebens findet nicht nur, aber auch dadurch statt, dass meine Kunst von Außenstehenden, die meist Entrepreneure sind, als „Hobby", zuweilen auch als angenehmer Zeitvertreib, beschrieben wird, der, so meinen die Außenstehenden mir erklären zu müssen, von mir zu dem Zweck betrieben würde, eine Pause zu machen. Die Ablenkung vom Alltag, so erklären sie mir ungefragt, würde ich suchen, um mich dann genau diesem wieder voll ungeteilter Aufmerksamkeit widmen zu können. Dabei sagen sie: „Alltag", aber meinen den Broterwerb. Gefragt haben mich diese anderen nie, ob ich dem eigentlich zustimme, was sie da vermuten. Ungefragt und entschieden schreie ich heute und hier und jetzt und immer wieder: „Nein!"

Neben dieser Art von Degradierung und Diskriminierung, die die Sinnhaftigkeit meines Tuns außerhalb des Broterwerbs in Abrede stellt, erlebe ich auch Erniedrigungen durch sogenannte Vorgesetzte, die lange Zeit mein Doppelleben nicht wahr- und seine Bedeutung nicht ernstgenommen haben. Sie erleben nun, da ich eine Sprache gefunden habe und sie einsetze, dass sie es mit einer Mitarbeiterin zu tun haben, die nicht ohne Widerworte über sich verfügen lässt. Dies passt nicht in ihr Weltbild einer „dienenden Null"[3], die sich zu fügen habe, nur weil jemand sie für die Zeit bezahlt, während der sie mit Aufgaben beschäftigt wird, die den Vorgesetzten zu nervig, zeitraubend und sinnentleert sind, um sie selbst zu erledigen. David Graeber spricht in diesem Zusammenhang von „Bullshitjobs" und stellt heraus, dass die meisten Broterwerbsarbeiten jenseits eines sinnhaften Tuns angesiedelt sind:

> „Unter solchen Umständen ist es selbstverständlich, dass die Forderung nach einem ganz neuen, uns nicht vertrauten Recht – beispielsweise dem

[3] Das Bild einer „dienenden Null" als Ideal für diejenigen in einer postfordistischen Dienstleistungsgesellschaft, die selbst keine Arbeit schaffen, sondern vielmehr sich selbst für den Vollzug der Arbeit von anderen hingeben, rekurriert auf folgenden Beitrag: Sabine Buchmann, Kai van Eikels, Jörn Etzold, Karin Gludowatz, Alexandra Kleihues, Anja Lemke & Martin Jörg Schäfer, „Dienst am eigenen Potenzial, Szene 3, Benjamentas Knabenschule (aus: Robert Walser, *Jakob von Gunten*)", in: *art works. Ästhetik des Postfordismus*, hg. v. Sabine Buchmann, Kai van Eikels, Jörn Etzold, Karin Gludowatz, Alexandra Kleihues, Anja Lemke & Martin Jörg Schäfer, Berlin 2015, 83ff.

> Recht auf sinnvolle Beschäftigung – ein hoffnungsloses Unterfangen zu sein scheint. Heute ist es schon schwer genug, ernst genommen zu werden, wenn man Dinge fordert, die wir angeblich bereits haben. Von der Verhöhnung der Rechte sind vor allem die jüngeren Generationen betroffen. In den meisten wohlhabenden Ländern dürfte die Altersgruppe der 20- bis 30-Jährigen die erste Generation seit mehr als einem Jahrhundert sein, die im Ganzen mit nennenswert schlechteren Chancen und Lebensstandards rechnen muss als ihre Eltern. Gleichzeitig halten Linke und Rechte ihnen erbarmungslose Vorträge über ihre Ansprüche auf das Gefühl, etwas anderes verdient zu haben. Das macht es für jüngere Menschen besonders schwierig, sich über sinnlose Beschäftigung zu beklagen."[4]

Aus einem Interview mit einer Absolventin, die nach ihrem Studium zwecks Abbau von Schulden, die sich durch Studiengebühren angehäuft hatten, zunächst einmal jede Tätigkeit annahm, die sich ihr bot, zitiert Graeber:

> „Ich hatte schon das ‚Büroding' gemacht, und ich hatte das ‚Scheißjobding' gemacht, also wie schlimm kann ein Scheißbürojob eigentlich sein? Ich hatte keine Vorstellung von den Abgründen der tiefen Langeweile, in die ich unter einem Haufen von Bürokratie, entsetzlichem Management und unzähligen Bullshit-Aufgaben hinuntersinken würde."[5]

Was mein eigenes Leben angeht, so sah sich der mit meiner Sprache konfrontierte, sogenannte Vorgesetze dazu herausgefordert mit mir ein Gespräch zu führen, das allerdings, wie ich es bereits (zu) oft erduldet hatte, zu einer Monologisierung seinerseits wurde. Die Frage, die er sich wohl stellte, lautete, ob es für mich noch „Hoffnung" gäbe. Er legte mir nahe, das, was er als „Hobby" bezeichnete, was aber mein Leben ist, im Broterwerbskontext nicht zu erwähnen. Ferner teilte er mir ungefragt mit, dass ich mich seiner Meinung nach auf einer Irrfahrt befände und wieder zu mir kommen solle. Schließlich sei das, was ich da als Regisseurin vor, auf und hinter der Bühne täte, vom Prozess her identisch mit dem, was ich als

---

[4] Graeber, David: *Bull Shit Jobs. Vom wahren Sinn der Arbeit*, Stuttgart [3]2020, 197f. [ohne Fußnote, T. E.].

[5] Graeber, David: *Bull Shit Jobs. Vom wahren Sinn der Arbeit*, Stuttgart [3]2020, 199.

leitende Angestellte im öffentlichen Dienst einer Universität zu tun hätte. Im Klartext bedeutete dies nichts anderes, als dass mein sogenannter Vorgesetzter von mir erwartete, dass ich meine Lebenszeit anstelle in meine Theaterprojekte, in die Verrichtung meiner Erwerbsarbeit investieren sollte. Der Versuch mich unter Druck zu setzen, dabei der Bedeutung von Kunst als sinnvollem Tun, das eben nicht Mittel zum Zweck ist, ihre Relevanz abzusprechen, wird an dieser kurzen Episode mehr als deutlich. Mir scheint, dass es selbst die Ausnahme, von der noch Hannah Arendt in der Vita activa schrieb, dass die Gesellschaft sie einzig den Kunstschaffenden gewähre, heute nicht mehr gibt:

> „Was das öffentliche Urteil der Gesellschaft betrifft, so ist die Hauptaufgabe eines jeden Berufs, ein angemessenes Einkommen zu sichern, und die Anzahl derer, besonders in den freien Berufen, deren Berufswahl von einem anderen Ziel geleitet ist, ist rapide im Abnehmen begriffen. Die künstlerischen Berufe – genau gesprochen die einzigen ‚Werktätigen', welche die Arbeitsgesellschaft übriggelassen hat – bilden die einzige Ausnahme, die diese Gesellschaft zu machen bereit ist."[6]

Das vorliegende Werk setzt an bei der Frage, welche Erfahrungen andere Menschen in ihren Broterwerbsberufen machen, inwiefern diese diskriminierend oder mit Zwangshandlungen belegt sind, und geht über in Überlegungen dazu, welche Möglichkeiten es gibt, Widerstand im Alltag zu leisten und die persönliche Freiheit im Sinne einer menschenwürdigen Lebensführung zu wahren beziehungsweise einzurichten. Dabei begebe ich mich auf eine Spurensuche, die an den modellhaften Idealvorstellungen „beider" Leben ansetzt, in die ich mich verwickelt sehe, die so verschieden und dann doch auf eine so merkwürdige Art aneinander gebunden zu sein scheinen. Ich gehe dabei einem Anliegen nach, das ich bereits schon einmal im universitären Kontext während meines ersten Lebens, das ich das Abrichtungs(er)leben nenne, geäußert habe. Die Formulierung dieses Anliegens führte in diesem Abrichtungs(er)leben dazu, dass ich zum ersten Mal erfahren musste, dass es mit der Freiheit zu denken an einer deutschen Universität, oder zumindest an einer wirtschaftswissenschaftlichen Fakultät dieser deutschen Universität, nicht weit her ist. Mir wurde die Freiheit versagt, diesem Anliegen

---

6 Arendt, Hannah: *Vita activa oder Vom tätigen Leben*, München ^{20}2019, 150.

nachzugehen. Die Freiheit zu denken: Niemals war sie weiter weg, als in diesem Moment, in dem es mir versagt wurde, mögliche Verbindungen von Homo oeconomicus und Homo ludens aufzuspüren. Dabei handelte es sich bei dieser im Broterwerbskontext formulierten Frage bereits zu dem damaligen Zeitpunkt um eine, die sich als ein echtes Anliegen und als existentielle Frage meines Lebens herausstellen sollte. Womöglich ahnte mein sogenannter Vorgesetzter von der Schlagkraft dieser Frage, wenngleich es ihm unmöglich oder er vielleicht auch unfähig oder unwillens war, dies seinerseits ins Wort zu bringen.

Mit der Suche nach dem Homo oeconomicus beginne ich heute, in meinem zweiten Leben, das ich das Leben der Denkerin und Künstlerin nenne, bei Adam Smith, auch wenn der, wie ich herausfinde, selbst nicht das Konzept erfunden, es aber dennoch geprägt hat wie kein anderer. Dem gegenüber stelle ich den Homo ludens, wie er in Deutschland durch Friedrich Schiller geprägt wurde, um im weiteren Verlauf festzustellen, dass der Homo oeconomicus den Homo ludens okkupiert hat und für sich zu instrumentalisieren wusste (Kapitel 1). Herausgekommen sind der heutige Entrepreneur und der „Feel-good-Manager“, die den von Schiller so propagierten Selbstverwirklichungstrieb des Menschen auszunutzen und zugleich dessen ästhetische Anleihen zu verschweigen wissen, die mit dem vermeintlich rational angelegten Homo oeconomicus so gar nicht einhergehen wollen. Die Rahmung meiner Spurensuche wird durch den „neue[n] Geist des Kapitalismus“ von Ève Chiapello und Luc Boltanski geprägt.[7] Sie verweisen darauf, dass die Entwicklungen kapitalistischer Arbeitsweisen historisch gesehen immer darauf angewiesen waren Arbeitskraft zu binden mit der Zuspitzung bis ins 21. Jahrhundert, in dem nicht mehr nur die Arbeitskraft, wie es Karl Marx feststellte, sondern der Mensch als solcher und in Gänze durch die Auswüchse einer postfordistisch abgerichteten Sozialisierung im Arbeitsprozess verarbeitet wird. Die Sinnfrage zu stellen wird dabei systematisch, wenn nicht vorher, dann spätestens im Berufsleben oder in Vorbereitung darauf, abtrainiert. Dieser Umstand wird unter Bezugnahme auf Vilém Flussers Phänomenologie der Gesten (Kapitel 2.3) weiter ausgeführt.

Über das Verständnis von Freiheit, die, bezugnehmend auf Isaiah Berlin (Kapitel 2.1), nicht nur negativ im Sinne eines „Befreit-Seins-von“, sondern auch positiv als eine „Freiheit-zu“ gedeutet werden kann und mithilfe von Hannah

7 Boltanski, Luc & Chiapello, Ève: *Der neue Geist des Kapitalismus.* Aus dem Französischen von Michael Tillmann, Köln [38]2018.

Arendt als Fähigkeit zu denken spezifiziert wird (Kapitel 2.2), nähert sich die vorliegende Schrift der Inszenierung: „Karl Marx: Das Kapital, Erster Band“[8] von Rimini Protokoll an. Nach einer Einordnung der Inszenierung unter Berücksichtigung der künstlerischen Ausbildung von Helgard Haug und Daniel Wetzel, die, als Mitglieder des Künstler*innenkollektivs Rimini Protokoll, die Inszenierung verantworten (Kapitel 3), werden die Erzählungen von drei auf der Bühne dargestellten Berufsbiographien herausgegriffen (Kapitel 4). Sie werden zum einen auf Entfremdungserfahrungen und Zwänge unter dem „neuen Geist des Kapitalismus“[9] und zum anderen auf Unterbrechungen derselben befragt. Letztere werden als Gesten der Freiheit in Anlehnung an Vilém Flussers Phänomenologie der Gesten gedeutet.[10] So wird sichtbar, dass die Akteure Ralph Warnholz, Thomas Kuczynski und Ulf Mailänder, der als einziger nicht die eigene, sondern die Biographie eines anderen – des Investmentbetrügers Jürgen Harksen – darstellt, mit der Willkür und Tyrannei eines nachindustriell geprägten (Berufs-)Lebens im Deutschland der Wendezeit bis zur ersten Hälfte der 2000er Jahre konfrontiert sind. Zugleich wird deutlich, dass sie Wege der Unterbrechung und des Widerstands gegen die von ihnen erfahrenen Zwänge finden. Der Widerstand äußert sich dabei nicht als Revolution einer Arbeiterklasse, die sich anschickt eine interessengebundene Machtübernahme gewaltsam und strategisch durchzuführen, sondern als eine Störung postfordistischer Prozesse, die sich in den Alltag der Akteure in der Folge ihrer Denktätigkeiten einfügt. Diese Störung führt zu Verschiebungen sowohl eines vermeintlich vorgegeben alltäglichen Daseins wie auch der Reproduktion kapitalistischer Strukturen selbst und entzieht dem Machtprinzip des Herrschens und Beherrschtwerdens, das den Arbeitsprozessen zwecks Broterwerb inhärent ist, ihre Grundlage. Von diesen Störungen und der Bedeutung, die dabei der (Vor-)Stellung als dem Vermögen zu denken sowie der Fähigkeit einen Umgang mit sich und seinen Mitmenschen zu pflegen zukommt, erzählt die vorliegende Schrift.

---

8 Die Besprechung der Inszenierung bezieht sich durchgehend auf folgende Quelle: Haug, Helgard & Wetzel, Daniel: *Karl Marx: Das Kapital, Erster Band*. https://vimeo.com/129540373, Abruf am 09.12.21.

9 Boltanski, Luc & Chiapello, Ève: *Der neue Geist des Kapitalismus*. Aus dem Französischen von Michael Tillmann, Köln [38]2018.

10 Flusser, Vilém: *Gesten. Versuch einer Phänomenologie*, Düsseldorf u. Bensheim 1991.

Sie bezeugt ferner, dass meine Diskriminierungserfahrungen im Brotberuf kein Einzelfall sind, sondern dass die Einzelfälle der Vielen ein Problem markieren, dass die Gesellschaft in Gänze angeht. Sie berichtet von den Zwängen, die ein postfordistisches Wirtschaftsmodell im Erwerbsleben vieler unter dem „neuen Geist des Kapitalismus“[11] hervorbringt, davon, wie Menschen dazu erzogen werden sich auf ihre eigene Dienstbarkeit abzurichten. Aber sie zeugt auch davon, dass es Menschen vermögen, sofern sie ins Nachdenken kommen, das heißt, sie den Raum finden einen Umgang mit sich und ihren Mitmenschen zu pflegen (Kapitel 5), die Reproduktion kapitalistischer Strukturen und Mechanismen zu unterbrechen: Menschen sind zur Freiheit geboren, sie sind frei zu tun und zu lassen.

Am Ende werde ich (ver)kündigen – ein(en) Neuanfang.

[11] Boltanski, Luc & Chiapello, Ève: *Der neue Geist des Kapitalismus.* Aus dem Französischen von Michael Tillmann, Köln [38]2018.

1 Mythen über (Erwerbs-)Arbeit oder: Das Animal laborans 5.0

> „[...] denn so viel ist sicher, das Maß für die Welt ist nicht die zwingende Lebensnotwendigkeit, die sich in der Arbeit kundgibt, und es kann nicht in dem Reich von Mitteln und Zwecken gefunden werden, das maßgebend ist für die Herstellung der Weltdinge und maßgeblich noch für den Gebrauch, den wir von ihr machen."[12]

Die vorliegende Schrift nimmt ihren Ausgangspunkt in verschiedenen Beobachtungen und damit einhergehenden, vermeintlich gesellschaftskonformen Glaubenssätzen, die dem Arbeits- und Berufsleben von Menschen zugeordnet werden können, deren Berufstätigkeit sich zeitlich auf die Jahre der Wende vom 20. auf das 21. Jahrhundert bezieht. Es geht ferner um die Auseinandersetzung mit gesellschaftsformenden Überzeugungen, die sich auf das Leben von Menschen beziehen, deren Kindheit und Jugend in westlichen Industriestaaten, vorrangig in Deutschland, zu verorten ist. Dabei ist bereits an dieser Stelle kritisch festzuhalten, dass der Ausgangspunkt – das sogenannte Arbeits- und Berufsleben – eine bestimmte Perspektive reproduziert. Die scheinbar banale Setzung sich mit Überzeugungen auseinanderzusetzen, die „das" Arbeits- und Berufsleben formen, sagt zumindest etwas über den Stellenwert aus, den ich, als Autorin der vorliegenden Schrift, Beruf(lichkeit) und Arbeit angedeihen lasse. Darin wird eine Einstellung deutlich, die für eine westlich geprägte Industrie- und Massengesellschaft notorisch und bereits bei Hannah Arendt in ihrem Werk „Vita activa" als kritisch herausgearbeitet worden ist, wie das diesem Kapitel vorangestellte Zitat andeutet. Demnach seien die Tätigkeiten der modernen Gesellschaft auf das Arbeiten reduziert, wobei es vorrangig um die Sicherstellung existentieller Notwendigkeiten, die Aufrechterhaltung biologisch-körperlicher Vorgänge der Nahrungsaufnahme

---

[12] Arendt, Hannah: *Vita activa oder Vom tätigen Leben*, München ^{20}2019, 212.

und -verwertung, gehe.[13] Der bedeutsame Akt des „agere" als das Handeln initiierender Akt, das heißt, des In-Erscheinung-Tretens des Menschen in seiner Einzigartigkeit, die ihm qua Geburt gegeben ist, vor anderen Menschen, wird in der modernen Gesellschaft nivelliert, so Arendt. An die Stelle des Handelns, das sich im Beziehungsgewebe *zwischen* den Menschen als unwahrscheinlicher Akt, als das Andere im Vergleich zu immer gleichen Routinen und verwaltungsmäßig organisierten, zukunftsgeschlossenen und berechenbaren Abläufen ereignet, trete eine Abrichtung des Menschen auf seine durchführende und dienende Funktion. Letzteres wird von Arendt etymologisch auf den lateinischen Begriff „gerere" zurückgeführt:

> „[…] die dem Handeln eigentümliche Doppelseitigkeit des Vollzugs, daß es angefangen und vollendet werden muß, daß daher der Anfänger und Führer von anderen abhängt, die ihm mit der Durchführung helfen müssen, und daß andererseits diese anderen, die in seinem Gefolge auftreten, von ihm insofern abhängen, als sie ohne ihn nie etwas zu tun bekommen hätten, spaltet sich in zwei ganz und gar voneinander geschiedene Funktionen auf – die Funktion des Befehlens, die zum Vorrecht des Herrschers, und die Funktion, Befehle zu vollstrecken, die zur Pflicht seiner Untertanen wird. In dieser Aufteilung in Funktionen verwischt sich die ursprünglich dem Handeln selbst eigene Artikulation, die zwischen den Stadien des Beginnens und Vollbringens unterscheidet, und an die Stelle der dieser Artikulation adäquaten Bezüge zwischen dem Einen, der allein anfängt, und den Vielen, die gemeinsam vollbringen, tritt das Verhältnis zwischen Befehl und Vollstreckung, in dem der Befehlende und die vollstreckend Gehorchenden sich in keinem Moment des Handelns mehr miteinander verbünden."[14]

Die moderne Gesellschaft reduziert das Tun des Menschen also, gemäß den Ausführungen von Hannah Arendt, einerseits auf ein bloßes Funktionieren im Ablauf von Produktionsprozessen und damit auf den bloßen Vollzug einer Handlung und andererseits auf ein Machtverhältnis, bei dem Macht nicht als ein (Ver-)Mögen,

---

13 Arendt, Hannah: *Vita activa oder Vom tätigen Leben*, München [20]2019, 16.

14 Arendt, Hannah: *Vita activa oder Vom tätigen Leben*, München [20]2019, 235f.

sondern als eine Durchsetzung von Interessen aufgefasst wird. Dass, zumindest in der Polis der griechischen Antike, der Arbeit nur eine nebengeordnete Bedeutung zukam und für die der Polis An- und Zugehörigen die Sicherstellung der Grundversorgung selbstverständlich war, scheint in der Gesellschaft der Moderne ebenso vergessen, wie das Handeln, das den Menschen in seiner Einzigartigkeit im Kreise der Polis in Erscheinung treten und mit anderen Menschen in Kontakt treten ließ. An die Stelle eines Handelns, das sich um seinetwillen äußert und nicht, um einem Zweck dienlich zu sein, verkürzt sich das Verständnis des Tätigseins auf seine Durchführung und letztlich auf die Arbeit. Der Sinn dieser Arbeit besteht einzig in der Sicherstellung des Überlebens. In dieser alleinigen Ausrichtung auf den Nutzen verliert die Arbeit letztendlich ihren Sinn, wird also an seiner Stelle Sinnlosigkeit erzeugt.

> „Vergleicht man die moderne Welt mit den Welten, die wir aus der Vergangenheit kennen, so drängt sich vor allem der enorme Erfahrungsschwund auf, der dieser Entwicklung inhärent ist. Nicht nur, daß die anschauende Kontemplation keine Stelle mehr hat in der Weite spezifisch menschlicher und sinnvoller Erfahrungen, auch das Denken, sofern es im Schlußfolgern besteht, ist zu einer Gehirnfunktion degradiert, welche die elektronischen Rechenmaschinen erheblich besser […] vollziehen als das menschliche Gehirn. […] Aber selbst diese einzig auf die Arbeit abgestellte Welt ist bereits im Begriff, einer anderen Platz zu machen. […] In ihrem letzten Stadium verwandelt sich die Arbeitsgesellschaft in eine Gesellschaft von Jobholders, und diese verlangt von denen, die ihr zugehören, kaum mehr als ein automatisches Funktionieren, […] als bestehe die einzig aktive, individuelle Entscheidung nur noch darin, sich selbst gleichsam loszulassen, seine Individualität aufzugeben, bzw. die Empfindungen zu betäuben, welche noch die Mühe und Not des Lebens registrieren, um dann völlig ‚beruhigt' desto besser und reibungsloser ‚funktionieren' zu können."[15]

In dieser Gesellschaft von „Jobholders", die in der Öffentlichkeit nur noch zwecks Güter- und Warenaustausch zusammenkommt, verdrängt und vergisst der Mensch seinen Eigensinn, der ihn im Zweifel ja nur davon abhält, reibungslos

[15] Arendt, Hannah: *Vita activa oder Vom tätigen Leben*, München [20]2019, 410f.

zu funktionieren. Der Mensch tritt zu sich selbst und anderen Menschen in eine Distanz, die die Erfahrung von Lebendigkeit, davon ein Mensch sein und eigene Entscheidungen treffen zu können, verwehrt oder zumindest auf den Bereich des Privaten beschränkt:

> „Diejenigen jedoch, die der Warenmarkt in die Öffentlichkeit versammelt, sind primär nicht Personen, sondern Produzenten [...]. Der Impuls, der den Hersteller in die Öffentlichkeit und auf den Markt drängt, ist nicht das Verlangen nach anderen Menschen, sondern das Interesse an anderen Erzeugnissen, und die Macht, welche diese Marktsphäre entstehen läßt und am Dasein hält [...]. Diese eigentümliche, menschlich-personale Kontaktlosigkeit in einer Warengesellschaft hat Marx als Selbstentfremdung und Entmenschlichung des Menschen angeprangert, und das in ihr herrschende Primat des Warenaustauschs schließt in der Tat das Personale aus dem öffentlichen Bezirk aus und drängt alles eigentlich Menschliche in den Privatbereich der Familie oder die Intimität der Freundschaft."[16]

In dieser Gesellschaft, in der es darum geht eine Arbeitsfähigkeit sicherzustellen, ist die Etablierung funktionierender Teams essentiell. Eine scheinbare Vielfalt und Differenzierung von Menschen, die sich in diesen Teams mitnichten nach ihrer eigenen Teamfindungslogik zusammenfinden, sondern nach dem Willen von hierarchisch übergeordneten Vorgesetzten zusammengestellt werden, ist nur insofern gewollt und zugelassen, als dass sie sich durch ihre Vielfalt gegenseitig inspirieren, das heißt diese zur Abschöpfung für die Kreation von Innovationen, zum Beispiel neuen Produktideen, zur Verfügung stellen. Im Slang postfordistischer Unternehmensvertreter wird die willkürliche Zusammenstellung von Teams zum Zwecke der Hervorbringung von Produktinnovationen auch als „Diversity Management"[17] gekennzeichnet. Nahezu pervers mutet es dabei an, dass solche Teams, deren willkürliche Zusammenstellung nicht funktioniert, das heißt also, die nicht zu den erwünschten Gewinnsteigerungen führt, eigenverantwortlich die Konsequenzen zu tragen haben. In der Regel bedeutet dies, dass auf die Teammitglieder ein solcher Druck ausgeübt wird, dass diese scheinbar freiwillig

---

16 Arendt, Hannah: *Vita activa oder Vom tätigen Leben*, München [20]2019, 266f.

17 Buchenau, Peter (Hg.): *Chefsache Diversity Management*, Wiesbaden 2016.

ihre Niederlage einzugestehen und das Team oder gar das Unternehmen zu verlassen haben. Es geht um eine scheinbar freiwillige Selbstaufgabe – den Versuch, dass Teammitglieder, die den Erfordernissen, das heißt den messbaren Zahlen, des unternehmensinternen Arbeitsmarktes nicht entsprechen, sich selbst aussortieren: aus Scham und einer missverstandenen Rücksicht darauf, dem Gewinnstreben des Unternehmens und der internen Prestigesucht einzelner Abteilungen nicht im Wege zu stehen.

> „Die Emanzipation der Arbeit, da sie von der Emanzipation der Arbeiterklasse, ihrer Befreiung von Unterdrückung und Ausbeutung, gefolgt war, ist zweifellos ‚fortschrittlich', wenn wir den Fortschritt an der Abnahme von Gewalttätigkeit in der Menschengesellschaft messen. Ob sie noch fortschrittlich ist, wenn wir den Fortschritt an der Zunahme von Freiheit messen, ist sehr viel weniger sicher. Mit der einzigen Ausnahme der Folter kann sich keine von Menschen ausgeübte Gewalt mit der ungeheuren Naturkraft der Notwendigkeit, mit ihrer Kraft zu zwingen, vergleichen."[18]

In einer solchen Gemengelage, in der die postfordistische Gesellschaft nicht mehr nur, wie noch bei Karl Marx, die Arbeitskraft und damit das Produkt des Arbeiters, sondern den gesamten Menschen verwertet und sich dieser der Verwertung vermeintlich freiwillig unterzuordnen hat, ist es auch nicht verwunderlich, dass das noch heute im Grundgesetz verbriefte Recht auf Berufswahlfreiheit de facto nicht mehr besteht. Auch hier stellte bereits Hannah Arendt in der Vita Activa fest, dass Menschen der modernen Gesellschaft bestimmte Tätigkeiten, die in der Regel als „freie Berufe" bezeichnet werden, als Berufe gar nicht mehr in Betracht ziehen, da sie per se als ungeeignet dafür angesehen werden, die für die Notwendigkeiten des Überlebens benötigten finanziellen Mittel bereitzustellen. Alle Tätigkeiten werden dem Primat der Notwendigkeit unterworfen und, sofern sie sich diesem nicht unterordnen, zu Hobbys degradiert:

> „Innerhalb des arbeitenden Lebensprozesses der Gesellschaft im Ganzen erfüllt das ‚Spielen' des Künstlers die gleiche Funktion wie das Tennisspielen oder der Zeitvertreib des Hobbys im Leben des Individuums. Kurz, die

[18] Arendt, Hannah: *Vita activa oder Vom tätigen Leben*, München [20]2019, 153.

> Befreiung der Arbeit hat nicht zur Folge gehabt, daß man die Arbeitstätigkeit als gleichwertig und gleichberechtigt mit allen anderen Tätigkeiten der Vita activa ansetzt, sondern hat zu ihrer unbestrittenen Vorherrschaft geführt. Vom Standpunkt des ‚Ernstes des Lebens', der darin besteht, das Leben in der Arbeit zu reproduzieren und ‚to make a living', werden alle nicht-arbeitenden Tätigkeiten zum Hobby."[19]

Hannes Hofbauer verdeutlicht die prekäre Situation nicht nur des einzelnen Menschen, der für die Verwertung am Arbeitsmarkt erzogen wird, sondern der postfordistischen Gesellschaft, deren Leben sich hauptsächlich in der Sphäre des Arbeitens abspielt und durch das Paradigma „des" Marktes bestimmt wird. Die Maschinerie des Kapitalismus, die in der Erwirtschaftung von Geld durch Geld, dem kein materieller Gegenwert gegenübersteht, ihren vorläufigen Kulminationspunkt findet, wird von Hofbauer als Diktatur entlarvt. Dies scheint provokant, aber nur solange, bis die Virtualität zum Vorschein kommt, die sich durch den fehlenden Gegenwert der Geldmaschinerie, des Zinseszinses, ergibt, wodurch der Kapitalismus in Form einer unsozialen Marktwirtschaft[20] stets unfassbar bleibt, und genau dadurch nahezu unbemerkt Eingang in jegliche Lebensformen findet und auch die privatesten Sphären des Menschlichen erreicht, durchquert und okkupiert.

> „Die Diktatur des Kapitals betrifft Gesellschaft und Individuum gleichermaßen. Die parlamentarische Demokratie, altehrwürdige Begleiterin unserer auf Eigentum beruhenden Gesellschaftsordnung, ist spätestens in den 1990er-Jahren zu einer ‚liberalen Demokratie' mutiert. Der darin bestimmende konstitutionelle Liberalismus definiert Gesellschaft nach

---

19 Arendt, Hannah: *Vita activa oder Vom tätigen Leben*, München [20]2019, 151f. [ohne Fußnote, T. E.].

20 Bereits in seinem 1944 erstmals erschienenen Werk „The Great Transformation" hat der Wirtschafts- und Sozialwissenschaftler Karl Polanyi vor den Folgen einer Politik gewarnt, die den Menschen zum Untertan und Handlanger der Wirtschaft macht anstatt sie in den Dienst der Gesellschaft zu stellen. Das Werk wird bis heute in einer neokapitalistischen Wirtschaftslehre verschwiegen, die sich, sofern dies überhaupt thematisiert wird, an den normativen Vorstellungen in der Tradition von Adam Smith, Friedrich August von Hayek und Milton Friedman ausrichtet.

> Parametern der Profitfähigkeit. Die einzelnen Individuen werden in dieses enge Korsett privatisierter, verrechtlichter und alle Lebensbereiche kontrollierende Muster geschnürt. Multiple Souveränitätsverluste sind die Folge, sie betreffen das kollektive Gemeinsame genauso wie die Beziehung von Einzelnen zueinander."[21]

In dieser Gemengelage, in der die Vermessung des Menschen, seiner eigensten Fähigkeiten, Einstellungen und privatesten Wünsche und Angelegenheiten, zugleich Antrieb und Ergebnis marktwirtschaftlicher Verwertungsprozesse ist, sind nun also verschiedene Überzeugungen Ausgangspunkt der vorliegenden Schrift. In Anlehnung an Hans Otto Ötsch, der „den" Markt als einen Mythos im Sinne der Konstruktion von Interessenvertretern eines neoklassischen Wirtschaftsmodells kennzeichnet, könnte hier auch von mehreren Mythen gesprochen werden, die für den aus dieser Modellvorstellung heraus vermeintlich optimierten Konsumenten und Arbeitsmenschen virulent werden:

Mythos (a): Der Mensch definiert sich durch die Arbeit. Im besten Fall identifiziert er sich vollständig mit ihr. Der Mensch *ist* nur *etwas*, wenn er eine Arbeit besitzt beziehungsweise wenn er sich von der Arbeit in Besitz nehmen lässt. Im Umkehrschluss gilt, dass der Mensch ohne Arbeit ein Nichts ist. Der Mensch ist, wie Hannah Arendt es formuliert, ein „Animal laborans"[22].

Mythos (b): Der Mensch ist es der Gesellschaft, seinen Vorfahren und Nachkommen, schuldig, eine Arbeit aufzunehmen. Im Austausch für seine Aufopferung für die Gesellschaft in Form der Aufnahme einer Arbeit, wird dem Menschen die Erlaubnis erteilt, an der Gesellschaft zu partizipieren, das heißt als ein gleichwertiges Mitglied der Gesellschaft anerkannt zu werden. Arbeit und Partizipation stehen so gesehen in einem Tauschverhältnis. Die Erlaubnis zur Teilnahme an der Gesellschaft muss sich der Mensch hernach verdienen. Mit diesem Verdienst geht, im Tausch gegen die Arbeit, die Freiheit einher, zu einem Menschen zu werden respektive sich als Mensch entfalten und verwirklichen zu können.

Mythos (c): Der Primat menschlichen Tuns liegt in der Begleichung seiner Schuld(en) gegenüber der Gesellschaft. Schuld(en) und ihre Begleichung sind der

---

21 Hofbauer, Hannes: *Die Diktatur des Kapitals. Souveränitätsverlust im postdemokratischen Zeitalter*, Wien, ²2015, 7.

22 Arendt, Hannah: *Vita activa oder Vom tätigen Leben*, München ²⁰2019, 170.

(vermeintliche) Normalfall, der alltägliches Leben – die Lebensführung, Lebensstile und das Verhalten gegenüber anderen Personen – bestimmt.

Mythos (d): Arbeit muss, damit sie „etwas“ Wert ist, zum Beispiel um damit Schuld(en) begleichen zu können, entbehrungsreich für die Person sein, von der sie ausgeführt wird. Was dabei als entbehrungsreich gilt, bemisst sich nach der in die Arbeit investierten Lebenszeit.

Mythos (e): Das durch die Arbeit erfahrene oder durch die Ausbildung für die Arbeit aufgenommene Leid, das sich auch in der Entbehrung von Lebenszeit durch die Aufnahme eines lang andauernden Studiums niederschlagen kann, wird durch die Höhe des Arbeitslohnes kompensiert. Wer über ein hohes Einkommen verfügt, hat es sich durch die Aufopferung des Selbst in der und für die Arbeit verdient.

Es wird hier nochmals deutlich, was Hofbauer und andere feststellen:

> „Der Markt, oder besser: der Wert, den jemand auf dem Markt erzielt, wird zur bestimmenden Größe. Zu Zeiten von Karl Marx war dieser Wert noch auf den Menschen als ‚Ware als Arbeitskraft‘ beschränkt. [...] Heute geht es indes nicht mehr nur um die Kommodifizierung der menschlichen Arbeitskraft, sondern des Menschen in seiner gesamten gesellschaftlichen Substanz. Die neue Generation sieht sich gezwungen, das eigene Ganze zur Ware zu machen, sich selbst als Marke zu kreieren, Casting-Shows fungieren dabei als Lehrmeisterinnen. [...] Jeder dieser Casting-Shows folgt demselben Muster: Konkurrenzkampf bis zum Ausscheiden, nur einer bzw. eine überlebt den Wettkampf. Gelernt wird dabei eine sehr spezifische Form von asozialer Kompetenz, die damit zur neuen Kulturtechnik erhoben wird. Der Wert des einzelnen (nicht der seiner Arbeitsleistung) steht im Mittelpunkt; er (oder sie) wird als gesamte Person dem Konkurrenzkampf ausgesetzt, verwertet.“[23]

Die hier als Mythen skizzierten Aussagen verweisen darauf, dass der Mensch als das von Hannah Arendt so beschriebene Animal laborans alles andere als in der postfordistischen Gesellschaft überwunden ist. Zugleich deutet sich in der

[23] Hofbauer, Hannes: *Die Diktatur des Kapitals. Souveränitätsverlust im postdemokratischen Zeitalter*, Wien, ^{2}2015, 184.

Vermarktung des Menschen in seiner Gesamtheit, dem Zwang sich als eine Marke am (Arbeits-)Markt zu etablieren, eine veränderte Situation des Menschen in der postfordistischen Gesellschaft insofern an, als dass der Mensch keineswegs mehr auf Gleichförmigkeit und Berechenbarkeit ausgerichtet werden soll, sondern sein/ihr Tun vielmehr aufregend, abwechslungsreich und individuell zu sein habe. Dadurch ist das bereits von Hannah Arendt herausgestellte Funktionieren des Menschen keineswegs abgeschafft. Es potenziert sich eher darin, dass es sich dem Anschein eines bloßen Funktionierens entziehen muss, aber gleichwohl in seinen Ergebnissen nicht offen sein darf, sondern zum wirtschaftlich messbaren Erfolg verdammt ist. Davon ausgehend schließen sich Fragen an, die als Rahmung des vorliegenden Buches herangezogen werden. Es geht also nicht darum, diese Fragen nacheinander abzuarbeiten. Vielmehr markieren sie die Hintergrundfolie, auf deren Basis die Auswahl der weiteren Literatur sowie die Auseinandersetzung mit den Berufsbiographien vorgenommen wird, die in der Inszenierung von „Karl Marx: Das Kapital, Erster Band" von Rimini Protokoll vor- und ausgestellt werden. Folgende Fragen, die sich hier jeweils um die Themensammlungen von Arbeit, Entfremdung und Biographien anordnen lassen, sind also im Weiteren von Bedeutung:

Fragen zur (Erwerbs-)Arbeit:

- Inwiefern hat Arbeit eine Bedeutung jenseits der Sicherung eines Einkommens? Gibt es einen Mehr-Wert der Arbeit selbst oder bleibt als Output der Arbeit allein der Mehrwert als Produkt übrig, über das der/die Erzeuger*in nicht verfügt? Gibt es jenseits des zu schaffenden Mehrwerts andere Werte, für die Menschen einstehen oder die sie für sich, für ihr Leben und Handeln, als essentiell erkennen?

Fragen zur Entfremdung durch Arbeit:

- Welche Zwänge übt Arbeit im (Berufs-)Leben aus? Welche Widerstände entwerfen Akteure gegen solche Zwänge und Entfremdungserscheinungen und wie setzen sie diese um? Welche Werte werden in der Unterbrechung von Arbeitsroutinen sichtbar? Inwiefern liegt eine Kopplung von Arbeit und Freiheit vor beziehungsweise welche Bedeutung kommt der Freiheit eines Menschen angesichts der Notwendigkeit arbeiten zu müssen zu?

Fragen zur (Berufs-)Biographie:

- Gibt es ein Leben jenseits der Erwerbsarbeit und wie sieht es möglicherweise aus? Welchen Umständen, Ereignissen und Zufällen im Lebensverlauf verleihen die Akteure der Inszenierung von „Karl Marx: Das Kapital, Erster Band" eine Bedeutung? Welche Formen des (Nicht-)Tuns sind für Menschen jenseits der Arbeit zur Einkommenssicherung, der Erwerbsarbeit, von Bedeutung? Wofür setzen sich Menschen ein, wenn ihre Lebenszeit nicht durch Erwerbsarbeit okkupiert ist?

Im vorliegenden Schriftstück beleuchte ich die Ambivalenz der Freiheit, die im Kapitalismus immer schon enthalten ist und zugleich von diesem unterminiert wird. Ich gehe also davon aus, dass der Kapitalismus zu seiner Selbsterhaltung auf Ermöglichung von Freiheit angewiesen ist, diese jedoch immer auch mit bestimmten, und in jeder Phase des Kapitalismus neuen, Zwängen bzw. Entfremdungserscheinungen einhergeht. Konkret betrachte ich die Inszenierung „Karl Marx, Erster Band" von Rimini Protokoll und darin insbesondere die von drei Akteuren vertretenen und dargestellten Berufsbiographien, die sich in die Zeit von 1960–2007 einordnen lassen. Mein Anliegen ist es, ihre Narrative auf Verweise von Freiheits- und Entfremdungserfahrungen hin zu analysieren. Dabei beschäftige ich mich auch sehr grundlegend mit den Fragen danach, was „Freiheit" und „Entfremdung" in einer Polis bedeuten, die, wie es Luc Boltanski und Ève Chiapello formulieren, unter dem „neuen Geist des Kapitalismus"[24] zu deuten und zu verstehen sind.

Zentral ist für mich die Frage, inwiefern die Akteure in ihren Erzählungen auf Möglichkeiten verweisen und diese auch in Anspruch nehmen, kapitalistische Strukturen und Prinzipien nicht zu reproduzieren, sondern diese zu unterbrechen. Hierfür gilt es, das Funktionieren des Menschen unter den Vorzeichen der postfordistischen Kapitalismus zu betrachten. Dies ist unter Bezugnahme auf Hannes Hofbauer[25] in den vorherigen Ausführungen bereits angedeutet worden, bedarf aber einer weiteren, systematischen Aufarbeitung, um den Kontext zu bestimmen,

24 Boltanski, Luc & Chiapello, Ève: *Der neue Geist des Kapitalismus.* Aus dem Französischen von Michael Tillmann, Köln [38]2018.

25 Hofbauer, Hannes: *Die Diktatur des Kapitals. Souveränitätsverlust im postdemokratischen Zeitalter*, Wien, [2]2015.

in den die oben formulierten Mythen und darauf basierenden Fragekomplexe eingebettet sind. Nicht zuletzt markiert die Kontextualisierung auch den Deutungshintergrund für die Interpretation der in der Inszenierung von „Karl Marx: Das Kapital, Erster Band" dargestellten (Berufs-)Biographien.

1.1 Der Entrepreneur als Zwangskorsett des postfordistischen Menschen

Kapitalistische Produktionsweisen sind in einem antagonistischen Verhältnis von Zwangs- und Entfremdungserscheinungen einerseits und dem Drängen nach Freiheit im Sinne der Befreiung von diesen andererseits eingeschlossen:

> „Die Unterwerfung unter das Profitgesetz erzwingt, dass sich die Leute vom Profitgesetz freimachen und ohne Kalkül kreativ werden. [...] Wenn jeder sein eigener Unternehmer wird, verschärft das die Ausbeutung des Menschen, der sich mit Haut und Haaren, mit allen Energien seiner Arbeit verschreiben muss, gleichzeitig wird er aber als ganze Person ernst genommen und nicht auf ein paar abstrakte Funktionen reduziert."[26]

Ökonomisch gedeutet heißt das, dass der Prozess der Erwirtschaftung eines (vermeintlichen) Mehrwertes etwas freisetzt, das, je nach Standpunkt in diesem Prozess, für den einen die Unterwerfung unter den Zwang mitführt die Arbeitskraft gegen eine Entlohnung zur Verfügung stellen zu müssen, während sich daraus am anderen Ende des Produktionsprozesses die Möglichkeit ergibt einen Gewinn abzuschöpfen, der für die abschöpfenden Marktteilnehmenden zur freien Verfügung eingesetzt werden kann. Die Formulierung, dass in einem marktwirtschaftlichen Produktionsprozess Arbeitskraft „frei"gesetzt wird, beinhaltet dabei eine Doppelbödigkeit. Zum einen wird damit die Aktivierung und der Einsatz von Arbeitskraft für die Produktion eines Mehrwertes angesprochen. Wird keine Arbeitskraft benötigt, zum Beispiel, weil ein Nachfragestopp vorliegt oder die menschliche

---

[26] Hegemann, Carl: „Freiheit ist, grundlos etwas zu tun. Über die Zukunft eines Begriffs*", in: *Kreation und Depression. Freiheit im gegenwärtigen Kapitalismus*, hg. v. Christoph Menke & Juliane Rebentisch, Berlin 2010, 85.

Arbeitskraft durch technische Apparate ersetzt wird, meint die Freisetzung von Arbeitskraft zum anderen, dass Menschen aus einem Arbeitsverhältnis entlassen werden, dass ihnen also gekündigt wird. Aus einem marktwirtschaftlichen Sprachspiel heraus wird dies dann so verstanden, dass die Arbeitskraft dem Arbeitsmarkt zur Verfügung gestellt wird. Im einen wie im anderen Fall der „Freisetzung" ist es dabei nie der Mensch, der über seine Arbeitskraft verfügt. Die Freiheit, was mit ihr geschieht, ob sie im Produktionsprozess erschöpft oder vom Arbeitsmarkt (nicht-)beschäftigt wird, obliegt dem Akteur, der die Arbeitskraft zu seinem Nutzen, der Produktion eines Mehrwertes, (nicht) einsetzt. Nicht auf den Produktionsprozess, sondern auf das Ergebnis dieses Prozesses bezogen, das in der Regel mit der Auszahlung eines Gehaltes einhergeht, bedeutet Freiheit, dass die für die investierte Arbeitskraft erhaltende Entschädigung in einen neuen Prozess, den des Konsumierens, reinvestiert werden kann beziehungsweise soll. Hier liegt eine vermeintliche Wahlfreiheit insofern vor, als dass die entschädigte Arbeitskraft, die zu einem Funktionswechsel vom Produzenten zum Konsumenten angestiftet wird, selbst darüber entscheiden kann, wie sie die ihr zur Verfügung stehenden finanziellen Mittel wieder in den Kreislauf aus Produktion und Konsumption einspeist. Es handelt sich dabei um eine Scheinwahl, da die Entscheidung über die Reinvestition immer schon durch den Umfang der finanziellen Mittel begrenzt ist, die in der Regel nicht in unendlicher Höhe vorhanden sind, sondern maximal durch die Aufnahme von Krediten entgrenzt wird. Diese Entgrenzung ermöglicht ihrem Anschein nach ein „Mehr" an Konsumfreiheit, beruht jedoch ganz im Gegenteil auf einer Verschuldung, die den Lebensstil, das Handeln und Denken, oft für viele Jahre, bindet und damit eher als Form einer Versklavung des Menschen, denn als Freiheit einzuordnen ist.

> „In der Schuldenökonomie bedeutet Humankapital oder Selbstunternehmer zu werden, die Kosten und Risiken einer flexiblen und finanzialisierten Ökonomie auf sich zu nehmen. Diese Kosten und Risiken sind keineswegs nur die der Innovation, sondern auch und vor allem der Prekarität, der Armut, der Arbeitslosigkeit, des Rückgangs der Leistungen im Gesundheitswesen, der Wohnungsnot, etc. […]. Heute zeigt sich überaus deutlich, dass die Begriffe des Selbstunternehmers und des Humankapitals von der Gläubiger-Schuldner-Beziehung aus interpretiert werden müssen […]. Das, was der Kapitalismus in der Krise überall in Anspruch

> nimmt und aneignet, findet sich weniger im Wissen als im ‚Auf sich Nehmen' aller Kosten und Risiken, die von Staat und Unternehmen externalisiert worden sind."[27]

Ferner ist auch das zur Wahl stehende Angebot und sind auch die Ressourcen, dieses abzuschöpfen und vorzuhalten, sofern sie auf menschliche Arbeitskraft angewiesen sind, begrenzt. Die scheinbare Freiheit hinsichtlich der Wahl, ein (Erwerbs-)Einkommen zu reinvestieren, ist also von vorneherein eingeschränkt und basiert auf mehreren Ungleichheiten, die sich in der Verfügbarkeit eines Angebots sowie des Zugangs zu diesem niederschlagen. Dem Drang und dem Drängen nach Freiheit tut dies jedoch keinen Abbruch. Vielmehr mutiert der (drohende) Ausschluss vom Konsumgütermarkt zum Motor kapitalistischer Produktionsprozesse. Die Unfähigkeit zur Partizipation am Konsum ist mit einer Bankrotterklärung des Individuums gleichzusetzen, dem dadurch der gesellschaftliche Ausschluss droht, der wiederum zum Einsetzen eines Sterbeprozesses bei lebendigem Leib führt: „Für Menschen heißt Leben [...] soviel wie ‚unter Menschen weilen' (inter homines esse) und Sterben soviel wie ‚aufhören unter Menschen zu weilen' (desinere inter homines esse)."[28]

Die Partizipation am Konsumgütermarkt befriedigt das Bedürfnis, Teil einer Gesellschaft, als Mensch unter Menschen, zu sein, bis zu dem Punkt, an dem deutlich wird, dass der Kauf von Waren und ihre Zur-Schau-Stellung zwecks Bestätigung und Steigerung des Selbstwertes, von der Karl Marx als „Warenfetisch"[29] spricht, den menschlichen Kontakt nicht zu ersetzen vermag, der nur jenseits von Märkten, nicht aber auf oder in ihnen, zu finden ist.

---

[27] Lazzarato, Maurizio: *Die Fabrik des verschuldeten Menschen. Ein Essay über das neoliberale Leben*. Aus dem Französischen von Stephan Geene, Berlin ²2018, 57f.

[28] Arendt, Hannah: *Vita activa oder Vom tätigen Leben*, München ²⁰2019, 17.

[29] Zum Warenfetisch schreibt Marx zusammenfassend im ersten Kapitel von „Das Kapital": „Das Geheimnisvolle der Warenform besteht also einfach darin, daß sie den Menschen den gesellschaftlichen Charakter ihrer eignen Arbeit als gegenständliche Charaktere der Arbeitsprodukte selbst, als gesellschaftliche Natureigenschaften dieser Dinge zurückspiegelt [...]. Dieser Fetischcharakter der Warenwelt entspringt, [...] aus dem eigentümlichen gesellschaftlichen Charakter der Arbeit, welche Waren produziert." Zitat aus: Karl Marx, *Das Kapital. Kritik der politischen Ökonomie*, München ²2020, 84f.

Die bisherigen Ausführungen zur Arbeitskraft, die gegenwärtig aufgefordert ist sich als Unternehmer*in im Angestelltenverhältnis, also als Entrepreneur, oder als Solo-Selbständige*r zu vermarkten, zeigen die Auswüchse zumeist impliziter, aber gesellschaftsmächtiger Glaubenssätze an, die von Luc Boltanski und Ève Chiapello als der „neue Geist des Kapitalismus" bezeichnet und ausführlich beschrieben werden. Diese Paradigmen sind es, die solchen kapitalistischen Praktiken sowie Denkweisen den Weg bereiten, die circa ab dem Ende des 20. Jahrhunderts virulent werden. Sie lassen sich von jenen Entwicklungsstufen des Kapitalismus differenzieren, die, bezogen auf die Zeitspanne der einsetzenden Industrialisierung bis zum Beginn des 20. Jahrhunderts, von Boltanski und Chiapello als „Familienkapitalismus"[30], und, ab der Mitte des 20. Jahrhunderts unter dem zweiten Geist des Kapitalismus, auch als „Konzernkapitalismus"[31] beschrieben werden. Der „neue Geist des Kapitalismus" ist, so muten die Ausführungen Boltanskis und Chiapellos an, im Vergleich zu seinen Vorgängern beseelt von der Idee, sich durch die Wahl und Ausführung von Arbeit vermeintlich selbst verwirklichen zu können.[32] Möglich ist dies unter anderem, da der Dualismus von Arbeit und Nicht-Arbeit, der noch für den zweiten Geist des Kapitalismus maßgeblich war und die Privatsphäre von der Arbeit strikt getrennt hat, unter dem „neuen Geist des Kapitalismus" aufgehoben wird.[33]

Das Ego stellt, so lautet gleichermaßen die Anforderung wie auch das Narrativ unter dem „neuen Geist", seine Arbeitskraft nicht mehr in den Dienst von anderen; weder in den der Gesellschaft, die in ihrer Diversität auch gar nicht mehr als „die" eine Gesellschaft zu typisieren ist – die dies wahrscheinlich auch nie war, was jedoch geflissentlich vergessen wird –, noch in den Dienst eines Unternehmens oder Vorgesetzten. Letztere soll es auch gar nicht mehr geben. Vielmehr wird, so beschreiben es Boltanski und Chiapello, die Kontrollfunktion von Vorgesetzten auf die Arbeitenden selbst abgewälzt. Das oberste Gebot laute

30 Boltanski, Luc & Chiapello, Ève: *Der neue Geist des Kapitalismus.* Aus dem Französischen von Michael Tillmann, Köln [38]2018, 100.

31 Boltanski, Luc & Ève Chiapello, Ève: *Der neue Geist des Kapitalismus.* Aus dem Französischen von Michael Tillmann, Köln [38]2018, 57.

32 Vgl. Boltanski, Luc & Chiapello, Ève: *Der neue Geist des Kapitalismus.* Aus dem Französischen von Michael Tillmann, Köln [38]2018, 99f., 115, 119 & 121.

33 Boltanski, Luc & Chiapello, Ève: *Der neue Geist des Kapitalismus.* Aus dem Französischen von Michael Tillmann, Köln [38]2018, 141f.

dabei, dass die Arbeitenden die Erwartung der nächsthöheren Entscheidungsinstanz zu antizipieren haben, sie sich also so verhalten müssen, *als ob* sie die Verantwortung übernehmen und Entscheidungsbefugnisse der nächsthöheren Hierarchieebene *kennen und besitzen würden.*[34] Nicht mehr nur die Arbeitskraft, sondern der Mensch als solcher wird zu seinem eigenen Objekt, der Körper und mit ihm die privatesten Wünsche, Bedürfnisse, Ziele usw. zum Kapital degradiert, das es zur Ausführung der Arbeit einzusetzen und der Selbstkontrolle zu unterwerfen gelte.[35] Die auszuführende Arbeit sei dabei, wie bereits angemerkt, nicht als Arbeit am oder für das Unternehmen aufzufassen, sondern als ein Spiel, wonach die Arbeitenden letztlich so agieren sollen, als seien sie selbst die Unternehmer (obwohl sie dies de facto nie sein werden). Das Spiel des so „Tuns als ob" ist dabei jedoch nicht mehr, als ein strategisches Moment der Ausbeutung, nicht mehr nur der Arbeitskraft, sondern des Menschen, der sich in den Arbeitsprozess hineinbegibt und sich diesem in Gänze zur Verfügung stellt, da er der Täuschung aufsitzt, die Machtausübung, die sich letztlich gegen ihn selbst wendet und einzig der Gewinnerzielung des Unternehmens dient, sei von ihm genauso gewollt, diene seiner sogenannten Selbstverwirklichung. Unter dem „neuen Geist" wird der/die Mitarbeiter*in „ein Führungsspieler für sich selbst"[36]. Eine Utopie scheint dabei wahr zu werden: Das Ego wird eins mit seiner Arbeit, weshalb die Arbeit von diesem nicht mehr als Arbeit erkannt wird. Auf die Gefahr hierbei hat schon Arendt hingewiesen:

> „Wenn die Arbeit so leicht geworden ist, daß sie kein Fluch mehr ist, besteht die Gefahr, daß niemand mehr sich von der Notwendigkeit zu befreien wünscht, bzw. daß Menschen ihrem Zwang erliegen, ohne auch nur zu wissen, daß sie gezwungen sind."[37]

---

[34] Vgl. Boltanski, Luc & Chiapello, Ève: *Der neue Geist des Kapitalismus.* Aus dem Französischen von Michael Tillmann, Köln [38]2018, 125.

[35] Boltanski. Luc & Chiapello, Ève: *Der neue Geist des Kapitalismus.* Aus dem Französischen von Michael Tillmann, Köln [38]2018, 209.

[36] Boltanski, Luc & Chiapello, Ève: *Der neue Geist des Kapitalismus.* Aus dem Französischen von Michael Tillmann, Köln [38]2018, 158.

[37] Arendt, Hannah: „Der Mensch und die Arbeit", in: *Merkur* (1960), o. A. https://www.merkur-zeitschrift.de/autoren/der-mensch-und-die-arbeit/, Abruf am 09.12.21.

Die Arbeit erfährt also eine Aufwertung durch das Ego, das sich gerade nicht auf die Arbeit reduzieren lassen will, sondern sich als das Leben selbst präsentieren muss, um sich vom Alltagseinerlei der Kompanie der Entrepreneure abzuheben. Mit anderen Worten: Arbeit ist Leben, taucht in ihm unter, wird scheinbar eliminiert, obwohl sie doch ungleich tiefer in das Leben jedes Einzelnen eingreift. Die Arbeit formt nicht nur die Identität des Ego, so wie dies durch die Ergreifung eines Berufes in der Regel ein beabsichtigtes Ziel der Berufsausbildung ist[38], sondern sie *wird* zur Identität des Ego. Die Arbeit wird damit zu einer Arbeit am Selbst als einem Ego, das sich paradoxerweise selbst nicht genügen kann, weil es spürt, dass es Mensch nur unter Menschen ist. Auf der Suche nach sich selbst, die aber, ernsthaft betrieben, über das Ego hinaus- und auf ein Alter hinzugehen müsste, tritt das Ego in einen ewigen Kreislauf der vermeintlichen Selbstoptimierung ein, der letztlich sein Ende nur im Tod finden kann. Unter dem „neuen Geist des Kapitalismus" hat das Ego nichts anderes zu kennen und zu wollen, als zu arbeiten und die Arbeit mit einem vermeintlich unschuldigen und selbst so gewollten Spiel zu identifizieren, das mit dem Leben selbst zu verwechseln ist: zu arbeiten bedeutet hierbei zu leben, wobei dies letztlich nicht mehr bedeutet, als zu überleben. Die Reduzierung und Fokussierung auf die Arbeit verschafft dem Ego eine vermeintliche Identität und stillt nur scheinbar die Sehnsucht danach anzukommen, nachdem bereits zahlreiche Abrichtungsmechanismen von Ego durchlaufen wurde und erduldet worden sind. Aber welcher Preis ist für die vermeintliche Selbstverwirklichung zu bezahlen? Was als Anspruch und Wunsch nach Selbstverwirklichung formuliert wird, stellt sich als Selbstaufgabe dar. Selbstaufgabe ist hier in seiner Doppeldeutigkeit gemeint. Ego wird so sozialisiert, dass es einerseits sein Selbst(sein) als identitätsstiftende und zentrale Aufgabe seines Lebens anerkennt[39] und andererseits wird ihm jegliches Streben nach einem Alter außerhalb der Arbeit abtrainiert, es sei denn, dass sich damit Erholungszeiten verbinden,

---

38 Inwiefern hier womöglich der Ansatz zur reflexiven Wirtschaftspädagogik eine Ausnahme darstellt, in dessen Ausführungen Georg Tafner explizit auf die Relevanz verweist, den „mündige[n] Mensch mit seinen Lebensentwürfen" sowie seiner „Selbstbestimmungs- und Solidaritätsfähigkeit" in der Konzeption von Ausbildungsformaten zu berücksichtigen, könnte diskutiert werden: Georg Tafner, „Homo oeconomicus oder Ehrbarer Kaufmann – Reflexionen zum Verhältnis der Wirtschaftspädagogik zu den Wirtschaftswissenschaften", in: *bwp@Spezial* 14 (2017), 18.

39 Vgl. Boltanski, Luc & Chiapello, Ève: *Der neue Geist des Kapitalismus*. Aus dem Französischen von Michael Tillmann, Köln [38]2018, 470.

die dem Ego die Ruhe und Ablenkung verschaffen, die dafür notwendig sind, die Kräfte wieder auf die Arbeit und die Arbeit am Selbst ausrichten zu können. Unter dem „neuen Geist des Kapitalismus" findet der von Friedrich Hegel so beschriebene Kampf zwischen Bewusstsein und Selbstbewusstsein, der in der Beherrschung des einen über den anderen und letztlich der Negation des Selbst, seinem Aufgehen im Anderen, endet, seinen vorläufigen Höhepunkt.[40]

Der „neue Geist des Kapitalismus" beherrscht die Selbstabrichtung und -kontrolle des Egos bis zur Perfektion. Was un-wahr ist, beziehungsweise als Kategorisierung von Wahrheit und Falschheit als solches vorausgehen würde, ist dabei nicht von Belang, solange das, was als Identität im Netz[41] erscheint der Erwartung entspricht, die von außen an Ego herangetragen werden, von diesem aber als Selbsterwartungen inkorporiert werden müssen. Die Gesellschaft richtet sich nicht nur als Konsum- und Wissensgesellschaft, sondern als eine Simulations- und Manipulationsgesellschaft ein.[42] Simulation ersetzt beim Animal laborans die Fähigkeit, identitätsstiftende Momente zuzulassen, zumindest dort, wo sich Arbeitsprozesse dem Verdacht der Manipulation nicht erwehren können. Wer in den Spiegel schaut, erblickt die vermeintliche Fratze des Unvollkommenen, die sich jedoch mit entsprechenden Konsumgütern nach den konformistischen Vorstellungen einer Massengesellschaft, die genau dies nicht sein will, unendlich umgestalten lässt:

> „Wenn, wie es gegenwärtig der Fall ist, in der Arbeitswelt ein starker Singularisierungsdruck auf den Menschen lastet, dann herrschen extreme

40 Hegel, Georg Wilhelm Friedrich: *Phänomenologie des Geistes.* Auf d. Grundlage d. Werke von 1832–1845 neu ed. Ausg., Frankfurt am Main ²1989, 148f.

41 Eine Identität, wie sie hier angesprochen wird, ist in doppeltem Sinne als eine „Netzidentität" zu verstehen. So bezieht sich „Netz" zum einen auf das berufliche Netzwerk, das aus einer wachsenden Anzahl von Kontakten zu Menschen besteht, mit denen die Hoffnung verbunden ist, dass sie dazu beitragen Projekte und damit Einkommen zu generieren beziehungsweise mit denen gemeinsam Projekte erfolgreich bewältigt werden. Zum anderen bezieht sich der Begriff des „Netzes" auf internetbasierte, digitale Figurenkonstruktionen, die als Avatare von Ego geformt werden und ihrerseits auf Ego identitätsstiftend einwirken. Beide Implikationen sind auch bei Boltanski und Chiapello angelegt: *Der neue Geist des Kapitalismus.* Aus dem Französischen von Michael Tillmann, Köln ^{38}2018, 157f. & 495.

42 Boltanski, Luc & Chiapello, Ève: *Der neue Geist des Kapitalismus.* Aus dem Französischen von Michael Tillmann, Köln ^{38}2018, 497.

> Spannungen zwischen dem Engagement in Beziehungen, die im Sinne der Authentizitätsgrammatik interpretiert werden, und der Denunziation von Manipulationsverfahren. Das gilt für die stark [sic!] Wachstumsbranche der Intellektuellen- und Künstlerberufe, in denen man einen eignen Reputationswert erwerben muss. Es gilt aber immer häufiger auch für all jene Berufe, die von der Prekarisierung betroffen sind und in denen dieser Wert die Voraussetzung dafür ist, in einem neuen Projekt beschäftigt zu werden. [...] Die Vorstellung, man könne ‚manipuliert' worden sein, ist unerträglich, weil das persönliche Überlebensvermögen in einer Welt auf dem Spiel steht, in der man dazu gezwungen ist, sich selbst zu verwirklichen."[43]

Mit dem Erwartungs- geht ein Anpassungsdruck einher. Die Netzidentität wird zum Maßstab für Ego: Wer über keine verfügt, geht als ein Nichts in der Unendlichkeit von Raum und Zeit der vernetzten Welt unter, ebenso wie das Ego, das sich dem Anpassungsdruck widersetzt. Identität gewinnt, wer sich über die Vernetzung mit anderen eine Reputation zu verschaffen vermag und Reputation erhält, wer Opfer bringt; in erster Linie, wer sich, das heißt sein Leben, den Projekten hingibt. Letztere strukturieren die Arbeit unter dem „neuen Geist des Kapitalismus".[44] Sie bieten einen Orientierungspunkt für die Versammlung verschiedener Netzidentitäten. Erfolg hat, wer für und unter einem Projekt verschiedene Netzidentitäten für einen begrenzten Zeitraum versammeln und das Projekt mit einem Reputationsgewinn für alle Beteiligten zu vermarkten fähig ist. Die Vermarktung darf dabei nicht als eine solche in Erscheinung treten, sondern muss als Überzeugung auftreten. Damit ist gemeint, dass die Akteure nicht nur so tun müssen, als ob sie von ihrem Projekt überzeugt sind, unabhängig davon, wie inhaltsleer es auch sei, sondern sie müssen sich selbst als Teil des Projekts auffassen. Daher können sie gar nicht anders, als von ihrem Projekt überzeugt zu sein, sofern sie sich selbst nicht preis- also aufgeben wollen. Das Projekt inkarniert sich, frisst sich so in die Körper der Netzidentitäten ein, wird von ihnen verschlungen, verdaut und damit zum Bestandteil des Körpers, der den Netzidentitäten als äußere Hülle

---

43 Boltanski, Luc & Chiapello, Ève: *Der neue Geist des Kapitalismus.* Aus dem Französischen von Michael Tillmann, Köln [38]2018, 498.

44 Boltanski, Luc & Chiapello, Ève: *Der neue Geist des Kapitalismus.* Aus dem Französischen von Michael Tillmann, Köln [38]2018, 471.

sowie Energielieferant und Inspiration ihrer identitätsbildenden Prozesse zur Verfügung steht.

Die Bezahlung der Projektarbeiter besteht in der vermeintlichen Identitätsstiftung, die, je nach Netzwerk, in dem sich ihre Träger bewegen, variabel ist. Der ungebundene Mensch wurzelt nur noch in sich selbst, wobei das Selbst nicht als präexistierendes mitgegeben und auch nicht Folge von Erfahrungen ist, sondern sich aus der Zahl und dem Wert der hergestellten Verbindungen ergibt: „Jeder ist nur deswegen er selbst, weil er das Beziehungsgeflecht bündelt, das ihn darstellt."[45] Der Preis für die vermeintliche Identitätsstiftung besteht in der Notwendigkeit, flexibel und anpassungsfähig zu sein. Boltanski und Chiapello verweisen hier auf Bellinger (1992), der das Bild eines Chamäleons entworfen hat, dem der Netz- und Projektarbeiter entsprechen müsse.[46] Äußere Umstände geben vermeintlich vor, wer und wie das Ego zu sein hat. Eine Persönlichkeit, die sich darin auszeichnet, situationsunabhängig identische Einstellungen und Handlungsweisen zum Ausdruck zu bringen, ist in einer auf Netzwerken und -identitäten beruhenden Realität hinderlich:

> „Der ungebundene Mensch opfert einen gewissen Aspekt seines Seelenlebens, seiner Beständigkeit sich selbst gegenüber, um sich so besser seinen Kontaktpersonen und den stets veränderlichen Situationen, in denen er handeln muss, anzupassen. (Das wiederum setzt voraus, zugunsten einer eingeschränkten Rationalität auf eine allzu große Berechenbarkeit zu verzichten)."[47]

Die Angst vor dem Verlust der Überlebensfähigkeit, die sich in einer unbestimmten Dauerbesorgnis niederschlägt eine Erwerbsarbeit zu verlieren beziehungsweise Projekte oder Jobs gar nicht erst zu bekommen, die das Überleben sichern, führt zu der Übermacht des Kapitals, konkret: derjenigen, die über die Vergabe von Arbeitsverträgen verfügen. Nicht mehr nur Arbeitslosigkeit bedroht das

---

45 Boltanski, Luc & Chiapello, Ève: *Der neue Geist des Kapitalismus.* Aus dem Französischen von Michael Tillmann, Köln [38]2018, 172.

46 Boltanski, Luc & Chiapello, Ève: *Der neue Geist des Kapitalismus.* Aus dem Französischen von Michael Tillmann, Köln [38]2018, 171.

47 Ebd.

Überleben. Prekäre Arbeitsbedingungen, beispielsweise als Folgen von Lohndumping oder dem Wegfall zeitlich unbefristeter Verträge, sind mittlerweile ebenso lebensbedrohlich und tragen in Japan bereits eine feste Bezeichnung. Während in Europa noch von Burnout und Boreout gesprochen wird, beides Syndrome, die als therapierbar gelten, wird der Tod in Folge von Überarbeitung, der nicht selten als Suizid eintritt, in Japan als „Karoshi" bezeichnet. In Folge von mehreren Fällen von „Karoshi" beginnt sich dort auch Widerstand in Form von Selbsthilfegruppen und Vereinen zu formieren, die von Angehörigen der Karoshi-Opfer gegründet werden.[48]

Folgen der Flexibilität, die von Boltanski und Chiapello auch als „Ungebundenheitsimperativ"[49] bezeichnet wird, sind eine Entpersonalisierung des arbeitenden Menschen, der zu einem vermeintlich ersetzbaren Produktionsfaktor im Arbeitsprozess verkommt. Seine Ungebundenheit bezahlt der vermeintliche Produktionsfaktor Mensch mit dem Verzicht auf die Kernfamilie und Freundschaften, allgemeiner: mit Entwurzelung und Bindungslosigkeit.[50] Aushalten kann der so entwurzelte Mensch dies entweder darüber, sich bewusst eines Funktionierens unterzuordnen,[51] oder zumindest darüber, sich das Nachdenken über diese prekäre Situation zu verwehren und stattdessen in einen Zustand der Selbstberuhigung á la: „Alle anderen machen das auch so, daher kann es nicht falsch sein!" zu verfallen. Eine andere Möglichkeit besteht darin, den sich über die Situation aufstauenden Frust und Ärger in eine Abwehrreaktion zu überführen, die in der Tyrannei der Umgebung endet. Was in jedem Fall zutage zu treten scheint, ist eine eingeschränkte Rationalität, derer es also bedarf, um den Zwang

48 In der ARD-Audiothek findet sich ein Beitrag, in dem Angehörige von Karoshi-Opfern interviewt und auf ihre Erfahrungen hin befragt werden, die sie durch ihre Öffentlichkeitsarbeit machen, wenn sie auf die Gefahren von Karoshi und die damit zusammenhängenden Unternehmenspraktiken und Repressionen hinweisen: SWR2: *Karoshi – Tod durch Überarbeitung in Japan*, Sendereihe „Leben", Sendung vom 27.06.19. https://www.ardaudiothek.de/episode/leben/karoshi-tod-durch-ueberarbeitung-in-japan/swr2/64102634/, Abruf am 09.12.21.

49 Boltanski, Luc & Chiapello, Ève: *Der neue Geist des Kapitalismus.* Aus dem Französischen von Michael Tillmann, Köln [38]2018, 169.

50 Vgl. Boltanski, Luc & Chiapello, Ève: *Der neue Geist des Kapitalismus.* Aus dem Französischen von Michael Tillmann, Köln [38]2018, 170.

51 Vgl. Flusser, Vilém: *Gesten. Versuch einer Phänomenologie,* Düsseldorf u. Bensheim 1991, 35.

zur Bindungslosigkeit zu ertragen. Damit wird auch sichtbar, dass der „Neokapitalismus“[52] auf einem nicht beruht, der jedoch von den ökonomischen Modellen weitestgehend und stillschweigend vorausgesetzt wird: dem Menschen als einem rational Handelnden. Walter Otto Ötsch, der mit seinem Werk „Mythos Markt. Marktradikale Propaganda und ökonomische Theorie“ die verschiedenen Paradigmen erarbeitet und kritisiert, die von der Wirtschaftswissenschaft in ihrer eindimensionalen Ausrichtung auf neoklassische Wirtschaftstheorie formuliert und propagiert werden, schreibt zum Homo oeconomicus, wie er aus ökonomischer Perspektive zu denken ist: „Begreifen Sie den wirtschaftenden Menschen als autonomes Individuum. Fassen Sie ihn als isoliert und unabhängig von anderen auf. Befreien Sie ihn radikal von jedem sozialen Anstrich.“[53] Und weiter heißt es:

> „Verstehen Sie den Menschen radikal als Automaten bzw. als maschinenhaftes Wesen. [...] Fassen Sie den wirtschaftenden Menschen stillschweigend als (primitiven) Computer auf. Lassen Sie keine anderen Züge gelten.“[54]

> „Verstehen Sie den Menschen als logisches Wesen. Blenden Sie alle Widersprüche radikal aus: seine Zwiespälte, seine Irrationalitäten, sein Unbewusstes, seine spontanen Launen.“[55]

> „Verschweigen Sie, dass es im Modell DES MARKTES keine Menschen mit Bewusstsein, Selbst-Bild und Selbstwertgefühl gibt.“[56]

---

52 Boltanski, Luc & Chiapello, Ève: *Der neue Geist des Kapitalismus.* Aus dem Französischen von Michael Tillmann, Köln [38]2018, 31.

53 Ötsch, Walter O.: *Mythos Markt. Marktradikale Propaganda und ökonomische Theorie,* Marburg [2]2009, 121 [ohne Hervorhebung, T. E.].

54 Ötsch, Walter O.: *Mythos Markt. Marktradikale Propaganda und ökonomische Theorie,* Marburg [2]2009, 140 [ohne Hervorhebung, T. E.].

55 Ötsch, Walter O.: *Mythos Markt. Marktradikale Propaganda und ökonomische Theorie,* Marburg [2]2009, 154.

56 Ötsch, Walter O.: *Mythos Markt. Marktradikale Propaganda und ökonomische Theorie,* Marburg [2]2009, 180 [Hervorhebung im Original, T. E.].

> „Verstehen Sie ‚logisch', ‚rational', ‚optimal' und ‚effizient' als ‚natürliche' Aspekte des Menschen. Verstehen Sie den Menschen als ‚rationales' Wesen."[57]

Um zu verhindern, dass die arbeitenden Menschen angesichts ihrer Zwangslage in eine unproduktive Schockstarre verfallen, verfügt der „neue Geist des Kapitalismus" über mindestens zwei Mechanismen, die ihren Teil dazu beitragen, dass sich die Arbeitnehmer*innen, scheinbar freiwillig, für die Arbeit aufopfern. Aus Sicht derjenigen, die über die Macht der Vergabe von Arbeitsver- und -aufträgen mit der Ausgabe von entsprechenden (Mindest-)Löhnen verfügen, geht es um die Frage, wie das Potential, das sich zur Verwertung anbietet, bestmöglich ausgeschöpft werden kann. Dieser Mechanismus wurde eingangs bereits unter dem Begriff des Entrepreneurship als Form der vermeintlich selbstgewollten Ausbeutung bereits angesprochen. Es handelt sich um eine Selbstausbeutung, die ihr Vorbild im Künstlergenie findet, ohne dass dabei jedoch die Verbindung zur Kunst thematisiert wird, die im Neokapitalismus höchstens als Form der Erholung, ansonsten aber Geldverschwendung und daher nicht förderwürdig angesehen wird. Anja Lemke verweist hier auf Friedrich Schillers Programm zur ästhetischen Erziehung, das hier als Steilvorlage dient:

> „In einer Arbeitswelt, die vom Einzelnen gerade nicht mehr die Spezialisierung fordert, sondern einen Arbeitnehmer braucht, der sich ‚ganz' in den Produktionsprozess einbringt, der die ständige Arbeit an sich selbst und die Verbesserung und Weiterbildung seiner unterschiedlichen Fähigkeiten als Bedingung für die aktive Teilhabe am gesellschaftlichen Leben akzeptiert, liefert der ursprünglich von Schiller als Kritik an den Deformationen der modernen arbeitsteiligen Gesellschaft gedachte Entwurf einer ästhetischen Erziehung durchaus Ansatzpunkte."[58]

---

57 Ötsch, Walter O.: *Mythos Markt. Marktradikale Propaganda und ökonomische Theorie*, Marburg ²2009, 187 [ohne Hervorhebung, T. E.].

58 Lemke, Anja: „Ästhetische Erziehung als Arbeit am Selbst. Schillers Bildungsprogramm aus der Perspektive postfordistischer Kontrollgesellschaften", in: *Experimentalanordnungen der Bildung. Exteriorität – Theatralität – Literarizität,* hg. v. Bettine Menke & Thomas Glaser, Paderborn 2014, 145.

Inwiefern Schillers Bildungsprogramm als Vorlage für das Bild des Entrepreneurs gelesen werden kann, dessen Potentiale freigesetzt, das heißt für den Arbeitsprozess nutzbar gemacht werden, bei einer gleichzeitigen Selbstkontrolle, die sich in erster Linie gegen die eigene Person richtet, soll in dem zweiten der beiden folgenden Teilkapitel herausgearbeitet werden. Zuvor geht es jedoch noch um einen anderen Mechanismus, der die Grundlage für die Installation des Entrepreneurship darstellt. So würde die scheinbar freiwillige Unterwerfung kaum funktionieren, wenn einzig Gehalt oder Lohn dafür gezahlt würden.

> „Der Zwang muss verinnerlicht und begründet werden, eine Aufgabe, die von der Soziologie traditionellerweise der Sozialisierung und den Ideologien zugeschrieben wurde. Als Beitrag zur Reproduktion der Gesellschaftsordnung besteht die Wirkung der Ideologien vor allem darin, dass die Menschen durch sie ihr Lebensumfeld nicht als unerträglich wahrnehmen."[59]

Die Aktivierung und Umsetzung der Potentiale in Arbeitstätigkeit und damit verbundene Innovationen, die den Gewinn sowohl des Unternehmens oder der Abteilung als auch der eigenen Reputation versprechen, bedürfen einer Umgebung, die auf die Entrepreneure entlastend wirkt. Sein Potential ausschöpfen kann nur, wer sich in Sicherheit wiegt und wohl fühlt. Insofern besteht ein weiterer Mechanismus darin, das Büro nicht mehr als Büro erscheinen zu lassen, sondern als erweitertes zu Hause zu inszenieren.

> „Es gibt deshalb nicht nur ein ästhetisches Grundbedürfnis, in einer Umgebung zu leben, in der ich mich wohlbefinde, sondern auch ein Grundbedürfnis, mich zu zeigen und durch meine Anwesenheit meine Umgebung atmosphärisch mitzubestimmen."[60]

Ferner ist nicht nur die physikalische Umgebung darauf ausgerichtet die im Unterbewusstsein mitschwingenden Ängste von Job- oder Statusverlust sowie die damit

---

[59] Boltanski, Luc & Chiapello, Ève: *Der neue Geist des Kapitalismus.* Aus dem Französischen von Michael Tillmann, Köln [38]2018, 46.

[60] Böhme, Gernot: *Atmosphäre. Essays zur neuen Ästhetik*, Berlin [3]2017, 42.

verbundenen Stressoren leise, bestenfalls eine Zeitlang zur Gänze auszuschalten. Vorgesetzte, die als solche nicht in Erscheinung treten, obwohl sie de facto existieren und über formale Macht verfügen, die sie bei Bedarf auch einsetzen, treten als gleichberechtigte Partner*innen, in ihrer Selbstdarstellung, als Erfüllungsgehilfen ihrer Untergebenen auf. Simuliert wird hier eine Situation des Primus inter pares, wobei der Primus keinesfalls nur eine repräsentative Aufgabe innehat, sondern sich seiner formellen Überlegenheit sehr wohl bewusst ist und keinen Zweifel lässt, diese, wenn nötig, einzusetzen. Zuweilen geschieht dies natürlich auch sehr indirekt, zum Beispiel, wenn Kommunikationswege mit den nächsthöheren Instanzen unterbunden werden, was allerdings zunächst nicht ersichtlich ist, sondern erst nach Jahren oder durch Zufall offenbar wird.

Mit dem Bild des arbeitenden Menschen hin zum Entrepreneur, der seine Potentiale ganz in den Dienst des Unternehmens bzw. der Unternehmensprojekte stellt, überzeugt davon, dass dies selbst so gewollt ist, ändert sich auch das Bild des Führungspersonals. Ging es unter dem zweiten Geist des Kapitalismus noch darum, Hierarchieebenen als Karriereversprechen zu verstehen, als Ingenieur oder Firmendirektor das Unternehmen unendlich zu vergrößern und auf Effizienz auszurichten[61], geht es heute darum, die Mitarbeiter*innen zu begeistern, ihr scheinbar unermüdliches Engagement zu wecken und zu vermitteln, dass sie sich für die Durchführung „jeglicher" Projekte, in realiter nur solcher, die in der Regel dem Unternehmenswohl und -gewinn dienen, der Rückendeckung der Vorgesetzten gewiss sein können.[62] Vorgesetzte interessieren sich scheinbar für ihre Mitarbeiter*innen, bemühen sich darum, Kontakte auch im Privaten zu pflegen, was insofern nicht schwer ist, als dass die Trennung von Arbeits- und privater Lebenszeit aufgehoben wird. Sie bestehen nicht öffentlich auf ihren Vorgesetztenstatus, sondern treten in Distanz dazu. Mit anderen Worten: Sie entfalten eine sympathische Wirkung auf die ihnen unterstellten Mitarbeiter*innen.[63] Für die Schaffung einer Wohlfühlatmosphäre ist es nicht selten, dass große Unternehmen und Konzerne dafür sogar einen eigenen

---

61 Boltanski, Luc & Chiapello, Ève: *Der neue Geist des Kapitalismus.* Aus dem Französischen von Michael Tillmann, Köln [38]2018, 57 & 168.

62 Vgl. Boltanski, Luc & Chiapello, Ève: *Der neue Geist des Kapitalismus.* Aus dem Französischen von Michael Tillmann, Köln [38]2018, 158.

63 Vgl. Boltanski, Luc & Chiapello, Ève: *Der neue Geist des Kapitalismus.* Aus dem Französischen von Michael Tillmann, Köln [38]2018, 160f.

Posten schaffen: den „Feel-Good-Manager“[64]. Damit wird ein kapitalistisches Konzept reaktiviert, das im familienweltlich geprägten Kapitalismus bereits durch Adam Smith angelegt wurde. Der Unternehmer hatte sich demnach einerseits risikoaffin, ganz nach dem Vorbild der imperialistischen Eroberer, zu verhalten. Das egoistische Streben nach persönlichem Reichtum wurde keineswegs als moralisch verwerflich betrachtet, sondern war Teil der Erwartungshaltung, die an den jeweiligen Firmenchef gestellt wurde.[65] Zugleich war dieser jedoch gefordert an traditionell und protestantisch geprägten Werten von Sitte, Moral und Anstand festzuhalten. Der Firmenchef kannte seine Mitarbeiter*innen und sie kannten ihn. Ein Klima vermeintlich gegenseitiger Wertschätzung zeugte von den scheinbaren Wohltaten der als erweiterte Familien verstandenen Unternehmen.[66] Die Idee vom Unternehmer als Egoisten und Eroberer, die sich heute noch in der Modellierung ökonomischen Handelns gemäß des Homo oeconomicus wiederfindet, wurde von Adam Smith mit der Forderung an den Unternehmer zusammengebracht, „Sympathie“ zu empfinden. Dies brachte jedoch dem Unternehmer, der zwar gegenüber seinen Untergebenen durchaus Sympathie empfinden konnte, sich aber letztlich in seinen Verhaltensentscheidungen doch nur an den Gewinnen ausrichtete, den Vorwurf der Heuchelei ein.[67] Nicht zuletzt auch deshalb, veränderte sich das Idealbild des Unternehmers und wurde dieses zu einem vermeintlich strikt rational Handelnden stilisiert, der sich in einer bürgerweltlichen und industriellen Polis allein auf die Entwicklung von Zahlen und die Gestaltung effizienter Prozessabläufe zu konzentrieren hatte. Großunternehmen und Konzerne begannen sich herauszubilden, die allein schon aufgrund ihrer Größe auch immer weniger persönliche

64 Hierzu wird von der Industrie- und Handelskammer Potsdam gar eine zertifizierte Weiterbildung angeboten und offen propagiert, dass es sich dabei um einen „Trend für die Personalbindung“ handele: Industrie- und Handelskammer Potsdam: *Feelgood Manager/in (IHK). Trend für die Personalbindung – die IHKs bieten Lösungen.* https://www.ihk-potsdam.de/ihk-bildungszentrum/lehrgaenge/feelgood-manager-ihk-/4006028, Abruf am 09.12.21.

65 Vgl. Boltanski, Luc & Chiapello, Ève: *Der neue Geist des Kapitalismus.* Aus dem Französischen von Michael Tillmann, Köln [38]2018, 57 & 100.

66 Vgl. Boltanski, Luc & Chiapello, Ève: *Der neue Geist des Kapitalismus.* Aus dem Französischen von Michael Tillmann, Köln [38]2018, 149.

67 Boltanski, Luc & Chiapello, Ève: *Der neue Geist des Kapitalismus.* Aus dem Französischen von Michael Tillmann, Köln [38]2018, 55.

Kontakte zwischen den Hierarchieebenen zuließen. In einer durch Projektarbeit organisierten Arbeitsgesellschaft, wie sie sich circa seit den 1990er Jahren herauszukristallisieren beginnt, sind die unter dem zweiten Geist des Kapitalismus verächtlich als „Vitamin B“ bezeichneten Beziehungen jedoch wieder gesellschaftsfähig geworden. Daher soll in einem nächsten Abschnitt auf das Konzept der Sympathie eingegangen werden, das in der heutigen Arbeitswelt reaktiviert wird und für die Installation des Entrepreneurs die Voraussetzung schafft. Zugleich wird in der Aufarbeitung deutlich werden, dass sich bei Adam Smith mit dem Verweis auf das Gewissen ein Bild in dessen Ausführungen einschreibt, das einen Ansatz des Widerstands gegen jene Heuchelei ermöglicht, gegen die sich die aufkommende Kritik unter dem zweiten Geist des Kapitalismus richtete. Am Beispiel von Adam Smiths „Sympathie“ wird deutlich, wie sehr der Kapitalismus darauf angewiesen ist sich selbst zu unterminieren. Hierhin liegt gleichermaßen eine Chance für die „Freiheit, frei zu sein“[68], wie für die Gefahr der Entstehung neuer Entfremdungen und Zwänge.

1.2 Sympathie als Bestandteil kapitalistischer Ideologie: Spurensuche bei Adam Smith

Mit dem Homo oeconomicus wird ein Modell entworfen, in dem der Mensch auf ein egoistisches, das heißt stets auf seinen eigenen Vorteil bedachtes, Wesen reduziert wird, dem einzig daran gelegen ist den größtmöglichen Nutzen aus der Verwertung seiner Umwelt und seiner Arbeitskraft zu ziehen mit dem Ziel, daraus einen Gewinn in Form der Akkumulation von Kapital nicht nur zu generieren, sondern zu maximieren. Zurückgeführt wird der Homo oeconomicus, auf den auch Karl Marx in „Das Kapital. Eine Kritik der politischen Ökonomie“ rekurriert, auf die Ausführungen von Adam Smith (1723–1790) in seinem 1776 erschienenen ökonomischen Hauptwerk „An Inquiry into the Nature and Causes of the Wealth of Nations“, mit dem er die Nationalökonomie begründet, aus der im weiteren Verlauf der Jahrhunderte auch die Wirtschaftswissenschaft hervortritt, wie sie heute standardmäßig unter ausschließlicher Bezugnahme auf die

---

[68] Arendt, Hannah: *Die Freiheit, frei zu sein,* München [12]2020.

neoklassische Mikroökonomie gelehrt wird.[69] Der Begriff „Homo oeconomicus" wird zwar von Smith so nicht verwendet, sondern ist vor allem durch Vilfredo Pareto (1848–1923) in seiner Schrift „Anwendungen der Mathematik auf Nationalökonomie" (1902) geprägt worden.[70] Das Bild vom Menschen als einem auf sein Eigeninteresse bezogenen Akteur zeichnet Adam Smith jedoch genauso, wie die Arbeitsteilung und das Marktgleichgewicht als Elemente des ökonomischen Handelns, sodass seine Rolle als Wegbereiter kapitalistischer Produktionsprozesse unumstritten ist. Ebenso finden sich jedoch kritische Stimmen, die darauf hinweisen, dass das ökonomische Hauptwerk von Smith vor dem Hintergrund seines bereits 1759 erschienenen philosophischen Werkes „Theory of moral sentiments" gedeutet werden müsse, in dem er, basierend auf dem Konzept der Sympathie, ein altruistisches Menschenbild entworfen habe:

> „Seine Figur des ‚Wirtschaftsmenschen' dürfte nur verständlich, eine Deutung seiner logischen Struktur und erkenntnistheoretischen Funktion nur möglich sein unter Berücksichtigung der weltanschaulichen und philosophischen Voraussetzungen der ‚Wealth of Nations'. Diese wiederum sind nur verständlich in Hinblick auf die ‚Theorie der ethischen Gefühle'."[71]

Demnach begründet Adam Smith mit dem Konzept der Sympathie ein Vorläufermodell zum egoistischen Menschen, in dem gerade die Uneigennützigkeit menschlichen Handelns hervorgehoben wird. In der Historie der Entwicklung der Wirtschaftswissenschaft als akademischer Disziplin, die sich von der praktischen Philosophie abzuheben versuchte und in der bis heute scheinbar alle Verbindungen zur Philosophie gekappt sind, entbrannte, Willi Bongard zufolge, ein Streit um die Deutungshoheit hinsichtlich des Umgangs mit den sich widersprechenden Modellierungen menschlichen Verhaltens in Smiths Werken: Beschreibt Smith mit dem egoistisch handelnden Menschen ein Real- oder ein Idealbild? War es gar zu einem Gesinnungswandel gekommen, wonach Smith das von ihm

---

69 Ötsch, Walter O.: *Mythos Markt. Marktradikale Propaganda und ökonomische Theorie*, Marburg 2009, 105.

70 Kremser, Christian E. W.: „Die Historizität des Homo oeconomicus. Ein Plädoyer für die Relativität dieses Menschenbildes", in: *zfwu* 14/2 (2013), 218f.

71 Bongard, Willi: *Nationalökonomie, wohin? Realtypen des wirtschaftlichen Verhaltens*, Wiesbaden 1965, 24f.

zunächst entworfene, altruistische Menschenbild durch das spätere ersetzt hat?[72] Oder handelt es sich, wie Walther Eckstein unter Berücksichtigung verschiedener Biographen von Adam Smith hervorhebt, bei Smiths Hauptwerken doch um „Teile *eines* Kurses [...], so daß es von vorneherein unwahrscheinlich erscheinen muß, daß Smith eine solche grundsätzlich verschiedene Einstellung in den beiden Werken zum Ausdruck bringen wollte"[73]? Ungeachtet der fehlenden Antworten auf diese Fragen, die auch unter dem sogenannten „Adam Smith Problem"[74] subsumiert werden, bleibt festzuhalten, dass in der neokapitalistischen Standardlehre der wirtschaftswissenschaftlichen Disziplin, die sich hinsichtlich der Modellierung wirtschaftlicher Realität an der mathematisch fundierten Naturwissenschaft orientiert[75], der Mensch als soziales Wesen abhandengekommen ist:

> „Definieren wir einen sozialen Raum als Menge aller zwischenmenschlichen und intersubjektiven Phänomene und beziehen wir hier auch Gesellschaft und Staat mit ein. Wie kann man diesen weitläufigen Bereich aus einer Wissenschaft ausschließen, die von Menschen und ihrem sozialem [sic!] Miteinander handelt? Der Neoklassik gelingt dieses Kunststück, indem sie ihren Gegenstandsbereich derart begrenzt, dass kein Schimmer eines sozialen Raums mehr zu finden ist, – und zweitens, indem sie ‚Menschen' erfindet, denen keine sozialen Eigenschaften anhaften."[76]

Im Vergleich dazu wird der Mensch in der „Theorie der ethischen Gefühle" noch als ein Individuum vorgestellt, das Entscheidungen, obwohl es sie im Sinne eines nutzenmaximierenden Kalküls treffen könnte, dies nicht tut, da es die

---

72 Vgl. Bongard Willi: *Nationalökonomie, wohin? Realtypen des wirtschaftlichen Verhaltens*, Wiesbaden 1965, 25.

73 Eckstein, Walther: „Das Verhältnis der ‚Theory' zum ‚Wealth of Nations' und die Grundprinzipien der Smithschen Ethik", in: *Adam Smith – Theorie der ethischen Gefühle*, hg. v. Horst D. Brandt auf der Grundlage der Übersetzung von Walther Eckstein, Hamburg 2010, XLV.

74 Wagner-Tsukamoto, Sigmund: „The Adam Smith Problem Revisited. A Methodological Resolution", in: *Journal des Économistes et des Études Humaines* 19/1 (2013), 63.

75 Ötsch, Walter O.: *Mythos Markt. Marktradikale Propaganda und ökonomische Theorie*, Marburg 2009, 107.

76 Ötsch, Walter O.: *Mythos Markt. Marktradikale Propaganda und ökonomische Theorie*, Marburg 2009, 114.

Befindlichkeiten anderer Menschen in seine Handlungsentscheidungen aus moralischen Gründen einzubeziehen habe:

> „Ein Einzelner darf niemals sich selbst auch nur irgendeinem anderen Einzelnen so sehr vorziehen, daß er diesen anderen verletzen oder beleidigen würde, um sich dadurch einen Vorteil zu verschaffen, mag auch der Vorteil, der ihm daraus erwächst, weit größer sein als der Schaden oder die Beleidigung des anderen."[77]

In seine individuellen Entscheidungen bezieht der Mensch hier das Wohlergehen anderer Menschen ein: Er ist menschlich in dem Sinne, als dass er sich an die Stelle eines anderen hineinzuversetzen vermag, der von einer Entscheidung betroffen sein könnte, die er selbst nicht zu verantworten hat, deren Auswirkungen für ihn jedoch durchaus spürbar werden könnten. Diese gedankliche Vor-Stellung von Mitmenschen ist nicht auf einem verstandesmäßigen Kalkül gegründet, sondern macht sich affektiv bemerkbar. „Sympathie" bezieht sich also nach Smith auf die Fähigkeit, die Gefühlslage anderer Menschen nicht unbedingt rational nachvollziehen, sondern Freude oder Leid, die die Mitmenschen bewegt, ebenfalls, wenn auch nicht in gleicher Form oder Intensität, empfinden zu können. Es geht letztlich darum fühlen zu können, was und wie der andere fühlt und damit um die Fähigkeit, sich in die Situation einer anderen Person hineinzuversetzen, diese also affektiv nachempfinden zu können. Smith verdeutlicht in einer Begriffsklärung, dass es ihm ausdrücklich nicht nur darum geht, dass Menschen nur durch anderer Menschen Kummer in einen bewegten Gefühlszustand geraten, sondern dass Menschen ebenso Freude miteinander teilen:

> „‚Erbarmen' und ‚Mitleid' sind Wörter, die dazu bestimmt sind, unser Mitgefühl mit dem *Kummer* anderer zu bezeichnen. Das Wort ‚Sympathie' kann dagegen, obgleich seine Bedeutung vielleicht ursprünglich die gleiche

[77] Smith, Adam: „Über die Grundlage der Urteile, die wir über unsere eigenen Gefühle und unser eigenes Verhalten fällen, und über das Pflichtgefühl. Über den Einfluß und die Autorität des Gewissens", in: *Adam Smith – Theorie der ethischen Gefühle*, hg. v. Horst D. Brandt auf der Grundlage der Übersetzung von Walther Eckstein, Hamburg 2010, 216.

> war, jetzt doch ohne Verstoß gegen den Sprachgebrauch dazu verwendet werden, um unser Mitgefühl mit jeder Art von Affekten zu bezeichnen."[78]

Paul Bloom weist daraufhin, dass das affektive Nachempfinden von Gefühlen anderer im heutigen Sprachgebrauch als Fähigkeit zur Empathie eingeordnet wird.[79] Wenn Adam Smith also die „Sympathie" adressiert, so sollte diese, entsprechend Blooms Ausführungen, als Einfühlungsvermögen verstanden und vom Mitgefühl differenziert werden, das Bloom als verstehensbasierte (rationale) „compassion"[80], bezeichnet.

Den Ursprung von Sympathie, respektive Empathie, führt Smith dabei nicht auf die Beobachtung einer Gefühlsregung bei anderen Personen zurück. So verdeutlicht er, dass der Mensch Sympathie zu empfinden in der Lage ist, selbst wenn die Person, deren Gefühle vermeintlich nachempfunden werden, keine Gefühlsregungen zu äußern scheint oder diese gar entgegengesetzt zu den Gefühlen der beobachtenden Person sind. Nach Smith ist die Empfindung von Gefühlsregungen also weniger auf die Beobachtung eines affektiven Verhaltens von anderen, als auf die beobachtete Situation selbst zurückzuführen:

> „Sympathie entspringt also nicht so sehr aus dem Augenblick des Affektes, als vielmehr aus dem Augenblick der Situation, die den Affekt auslöst. Wir fühlen mitunter für einen anderen einen Affekt, dessen er selbst ganz und gar unfähig zu sein scheint; denn dieser Affekt entsteht in unserer Brust, sobald wir uns in seinen Fall hineindenken, aus der Einbildungskraft; während er in seinem Herzen durch die Wirklichkeit nicht hervorgerufen wird.

---

78 Smith, Adam: „Über die Schicklichkeit oder sittliche Richtigkeit der Handlungen. Von dem Gefühl für das sittlich Richtige. Von der Sympathie", in: *Adam Smith – Theorie der ethischen Gefühle*, hg. v. Horst D. Brandt auf der Grundlage der Übersetzung von Walther Eckstein, Hamburg 2010, 8.

79 Bloom, Paul: *Against Empathy. The Case for Rational Compassion*, London 2018, 16.

80 Bezugnehmend auf ein Zitat von Olga Klimecki bringt Paul Bloom den Unterschied zwischen Empathie als Einfühlungsvermögen und Compassion als Mitgefühl folgendermaßen auf den Punkt: „In contrast to empathy, compassion does not mean sharing the suffering of the other: rather, it is characterized by feelings of warmth, concern and care for the other, as well as a strong motivation to improve the other's well-being. Compassion is feeling for and not feeling with the other." Zit. n. Bloom, Paul: „Against Empathy. The Case for Rational Compassion", London 2018, 138.

> [...] Das Mitleid des Zuschauers muß vielmehr ganz und gar aus der Erwägung entstehen, was er selbst wohl fühlen würde, wenn er in die gleiche unselige Lage versetzt wäre und wenn er dabei gleichzeitig fähig wäre – was vielleicht unmöglich ist – diese Lage mit seiner gegenwärtigen Vernunft und Urteilskraft zu betrachten."[81]

Obschon Smith von vorneherein dem Sympathieempfinden egoistische Motive abspricht, wird aus seinen Ausführungen deutlich, dass es sich bei dem Versuch, sich in die Situation eines anderen Menschen hineinzuversetzen, der mit dem Ziel verbunden ist, zu fühlen, was dieser andere Mensch fühlt, um ein übergriffiges Verhalten handelt. Smith geht davon aus, dass es per se möglich sei, nicht nur genau das zu empfinden, was die andere Person fühle, sondern dass es auch möglich sei die Umstände und Entstehungsgeschichten in der Empfindung berücksichtigen zu können, von denen die beobachtende Person annimmt, dass sie für die Wahrnehmung eines Affektes von Bedeutung wären. Die Übergriffigkeit besteht hier aus mindestens dreierlei Annahmen: erstens, vermeintlich zu wissen, wie es der anderen Person gehe, zweitens, davon auszugehen, dass das eigene Empfinden genau dem Empfinden der anderen Person entsprechen würde und drittens, die gesamten Lebensumstände in der Empfindung grundlegen zu können, von denen angenommen wird, dass sie auch die andere Person betreffen.

> „Wenn ich mit dir Beileid empfinde, weil du deinen einzigen Sohn verloren hast, und ich deinen Kummer nachzufühlen trachte, dann überlege ich nicht, was ich, ein Mensch von dieser bestimmten Stellung und diesem bestimmten Beruf, erdulden würde, wenn ich einen Sohn hätte und dieser unglückseligerweise stürbe, sondern ich überlege, was ich erdulden würde, wenn ich wirklich du wäre, und ich tausche nicht nur meine Verhältnisse mit den deinen, sondern ich tausche auch die Person und die Rolle mit dir. Ich empfinde darum meinen Kummer durchaus nur um deinetwillen,

81 Smith, Adam: „Über die Schicklichkeit oder sittliche Richtigkeit der Handlungen. Von dem Gefühl für das sittlich Richtige. Von der Sympathie", in: *Adam Smith – Theorie der ethischen Gefühle*, hg. v. Horst D. Brandt auf der Grundlage der Übersetzung von Walther Eckstein, Hamburg 2010, 10f.

> nicht im mindesten um meinetwillen. Er ist also nicht im mindesten egoistisch.“[82]

Was hier in den Ausführungen von Smith zur Sympathie deutlich wird, ist, dass mit diesen eine Priorisierung des Erlebens der sympathisierenden Person einhergeht. Die Person, die Sympathie beziehungsweise Empathie empfindet, bestimmt demnach also mit dem, von dem sie *annimmt*, dass diese und jene Umstände die Situation beeinflussen würden, den Maßstab, wonach eine Situation beurteilt wird. So sagt das Einfühlungsvermögen, in den Worten von Smith: die Empfindung von Sympathie, eher etwas über die Annahmen der sich einfühlenden Person, als über die Person aus, in deren Lage sich die einfühlende Person hineinzuversetzen sucht.

Mit dem Verweis auf die Sympathie als Einfühlung verfolgt Smith das Anliegen, Motive und moralische Urteile, die von anderen zur Rechtfertigung oder Begründung des eigenen Handelns herangezogen werden, nachvollziehen zu können. Die Basisannahme besteht dabei darin, dass nur, wer fühle, was und wie der andere fühle, auch dessen Beweggründe sich zu verhalten nachvollziehen könne. Dass es sich dabei um eine verkürzte Annahme handelt, die dazu führt, dass ein Dualismus von Emotio und Ratio mit einer Übermacht des Gefühls gegenüber dem Verstand etabliert wird, aus dem heraus gerade keine weiteren oder zumindest nicht per se „gute, faire“ Handlungen entstehen, verdeutlicht Bloom.[83] Vor dem Hintergrund, dass Adam Smith explizit den Vorwurf zu entkräften versucht, dass die Einfühlung in die Gefühlslage von anderen auch gegen die Person verwendet werden kann, der Sympathie entgegengebracht wird, ist die Vermutung naheliegend, dass er sich des manipulativen Potentials durchaus bewusst ist. Nicht zuletzt deshalb führt er daher die Frage ins Feld, wie es dem Menschen möglich sei seine egoistischen Motive zwecks Erreichung eines höheren Ziels zu überwinden:

> „Wenn uns immer alles das, was uns selbst betrifft, um so viel tiefer berührt als alles das, was andere betrifft, was ist es dann, was den Edelmütigen in

[82] Smith, Adam: „Über einige Systeme der Moralphilosophie. Über die verschiedenen Systeme, die in bezug auf das Prinzip der Billigung aufgestellt worden sind“, in: *Adam Smith – Theorie der ethischen Gefühle*, hg. v. Horst D. Brandt auf der Grundlage der Übersetzung von Walther Eckstein, Hamburg 2010, 519f.

[83] Vgl. Bloom, Paul: *Against Empathy. The Case for Rational Compassion*, London 2018, 214.

> allen Fällen, den niedrig Denkenden wenigstens manchmal fähig macht, seine eigenen Interessen den größeren Interessen anderer zu opfern?"[84]

Die Frage zielt auf die Entwicklung eines weiteren Prinzips, das Smith der Sympathie zur Seite stellt, mit der Absicht das implizit vorhandene, manipulative Potential der Einfühlung zu entkräften. Smith identifiziert im weiteren Verlauf ein höchstes Ziel, von dem er annimmt, dass dieses eine alleinige Ausrichtung der Lebensführung an einem Eigeninteresse unterbinde. Dieses Ziel als Handlungsmotiv ist insofern von einer anderen Qualität, als dass es an dem einzigen mit Sicherheit voraussagbaren Zukunftsszenario anknüpft, das jeden Menschen ereile: den Tod. So fordert Smith dazu auf, dass jeder Mensch sich angesichts dieser unausweichlichen Zukunft die Frage stellen müsse, was von ihm bleibe, ob und wie er, über den Tod hinaus, in Erinnerung bleiben möchte. Das Verlangen nach Anerkennung, nicht nach materiellem Reichtum und Status, sondern nach einer Anerkennung dessen, wer der Mensch als Mensch gewesen sei, wie er charakterliche Größe gezeigt habe, sei, so Smith, der Antrieb für ein altruistisches Handeln. In diesem Gedanken, der ausgehend vom Tod auf ein Jenseits verweist, mag eine christlich geprägte Sehnsucht nach dem hoffnungsvollen und paradiesischen Leben nach dem Tod mitschwingen. Die Ausrichtung am ewigen Leben als höchstes Leitmotiv dessen, was als ehrbares Leben gilt, hat aus heutiger Sicht einer säkularisierten Welt seine Schlagkraft verloren und sich eher in das Gegenteil gewendet.[85] Unabhängig von der Motivlage, an der Smith die Überwindung egoistischer Verhaltensweisen ausrichtet und die sich über die Jahrhunderte bis heute verschoben

---

84 Smith, Adam: „Über die Grundlage der Urteile, die wir über unsere eigenen Gefühle und unser eigenes Verhalten fällen, und über das Pflichtgefühl. Über den Einfluß und die Autorität des Gewissens", in: *Adam Smith – Theorie der ethischen Gefühle*, hg. v. Horst D. Brandt auf der Grundlage der Übersetzung von Walther Eckstein, Hamburg 2010, 214.

85 Anmerkung der Verfasserin: So scheint sich die Frage nach dem Jenseits für viele Menschen gar nicht mehr zu stellen. Zu fragen ist damit heute, was dem Menschen außer seiner Netzidentität, seinen Datenprofilen und -accounts in verschiedenen sozialen Netzwerken noch geblieben ist. Die Frage nach dem Leben nach dem Tod und dessen Implikationen für ein gegenwärtiges Handeln hat sich verschoben hin zur Frage nach einem möglichst intensiven Leben im „Hier und Jetzt". Dieses scheint nur etwas, scheint nur wahrhaftig zu sein, in dem Moment, in dem ein neuer Post, ein neues Projekt oder ein neuer (Beziehungs-)Status im Profil der Netzidentität erscheint.

haben mag, ist jedoch das Prinzip, mit dem Smith die Auseinandersetzung mit den eigenen Motiven beschreibt, auch heute noch interessant:

> „Es ist Vernunft, Grundsatz, Gewissen, es ist der Inwohner unserer Brust, der innere Mensch, der große Richter und Schiedsherr über unser Verhalten. Er ist es, der uns, so oft wir im Begriffe stehen, so zu handeln, daß wir die Glückseligkeit anderer in Mitleidenschaft ziehen, mit einer Stimme, die imstande ist, unsere vermessensten Leidenschaften in Bestürzung zu versetzen, zurückruft, daß wir nur *einer* aus der Menge sind und in keiner Hinsicht besser als irgendein anderer dieser Menge; […] er zeigt uns, wie schön es ist, auf den größten eigenen Vorteil zu verzichten und ihn dem noch größeren Interesse anderer Menschen aufzuopfern […]. Es ist nicht die Liebe zu unserem Nächsten, es ist nicht die Liebe zur Menschheit […]. Es ist eine stärkere Liebe, eine mächtigere Neigung, die in solchen Fällen im allgemeinen eingreift: eine Liebe zu allem, was ehrenwert und edel ist, das Verlangen nach Größe, Würde und Erhabenheit unseres Charakters.“[86]

Was hier hervorgehoben werden soll, ist die von Smith gesehene Notwendigkeit dem Prinzip der Sympathie, anhand dessen die Motive *anderer* nachvollzogen werden, das Prinzip einer dritten Instanz anbei zu stellen, mit dem es möglich wird, die *eigenen* Handlungsabsichten und -motive einer Beurteilung zu unterziehen. Bei diesem Prinzip einer dritten Instanz handelt es sich um die gedankliche Konstruktion eines dritten Menschen, der die Handlungsabsichten aus einer anderen Perspektive betrachten kann, als der Mensch, dessen Handlungsmotiv beurteilt werden soll und auch anders als der Mensch, der durch die zu beurteilenden Handlungsmotive und davon ausgehenden konkreten Handlungen betroffen wäre.

> „Ehe wir einen gerechten Vergleich zwischen jenen entgegengesetzten Interessen anstellen können, müssen wir unseren Standort verändern. Wir dürfen sie weder von unserem, noch auch von seinem Platze aus betrachten,

[86] Smith, Adam: „Über die Grundlage der Urteile, die wir über unsere eigenen Gefühle und unser eigenes Verhalten fällen, und über das Pflichtgefühl. Über den Einfluß und die Autorität des Gewissens“, in: *Adam Smith – Theorie der ethischen Gefühle*, hg. v. Horst D. Brandt auf der Grundlage der Übersetzung von Walther Eckstein, Hamburg 2010, 215.

> weder mit unseren eigenen Augen, noch mit den seinigen, sondern wir müssen sie von dem Platze und mit den Augen einer dritten Person ansehen, die in keiner näheren Beziehung zu einem von uns beiden steht, und die mit Unparteilichkeit zwischen uns richtet."[87]

Die dritte Person, die hier metaphorisch für das Gewissen eingesetzt wird, und die Fähigkeit zur Einfühlung, die bei Smith als Sympathie bezeichnet wird, werden von Smith als Bedingungen für die Auslebung von Menschlichkeit, mit anderen Worten einer humanitären Lebensführung, die sich einer sozialen Verantwortung annimmt, konzipiert. Dies ist für den in diesem Werk entworfenen Gedanken- und Argumentationsgang insofern relevant, als dass, wie weiter oben skizziert, unter dem dritten Geist des Kapitalismus die Fähigkeit sich einzufühlen reaktiviert wird. „Feel-good-Manager" sind nicht nur für reibungslose Verwaltungsabläufe zuständig, sondern auch dafür, dass sich Mitarbeiter*innen am Arbeitsplatz wohlfühlen, dass sie sich verstanden und in ihren Nöten und ihrer Kritik ernstgenommen fühlen. Leitmotiv ist hier meines Erachtens allerdings mitnichten eine menschliche Lebensführung, sondern die Bereitstellung einer Arbeitsumgebung, in der die Mitarbeiter*innen gerne und umfassend bereit sind, ihre Potentiale zur Bewältigung von Projekten zur Verfügung zu stellen. Eine Aktivierung des Gewissens als einem Kompass für das, was sich erst aus einer Distanz zum unmittelbaren Erleben heraus beurteilen lässt, wird dabei außen vorgelassen. Ein innerer Aufruhr soll vielmehr vermieden und die Schaffung einer Atmosphäre, in der sich die Mitarbeiter*innen wahrgenommen und anerkannt fühlen, durch Sympathiebekundungen bekräftigt werden. Der „Feel-good-Manager" wird also eher dafür eingesetzt das schlechte Gewissen zu beruhigen, es zu betäuben, als ihm die Möglichkeit in Erscheinung zu treten zu geben. Dies heißt allerdings auch, dass das Gewissen als innerer Kompass seine Schlagkraft nicht eingebüßt hat. Es ist immerhin noch heute so bedeutsam, dass ein Berufsbild zu dessen Bearbeitung geschaffen wird.

Dass sich ein Gewissen nicht per se in das alltägliche Leben einschaltet, weiß auch Adam Smith. Er zeigt zudem auf, dass sich die innere Stimme der dritten

---

[87] Smith, Adam: „Über die Grundlage der Urteile, die wir über unsere eigenen Gefühle und unser eigenes Verhalten fällen, und über das Pflichtgefühl. Über den Einfluß und die Autorität des Gewissens", in: *Adam Smith – Theorie der ethischen Gefühle*, hg. v. Horst D. Brandt auf der Grundlage der Übersetzung von Walther Eckstein, Hamburg 2010, 213.

Person gegenüber den äußeren Stimmen von Personen, die das Umfeld der Person maßgeblich mitbestimmen, Kolleg*innen, Vorgesetzte, Familienmitglieder, Freunde und so weiter, nur schwer durchsetzen kann, wenn diese mit ihrer Meinung die eine, innere Stimme übertönen:

> „Die Gewalt und der Lärm, mit welchen der Tadel manchmal ausgegossen wird, scheint unser natürliches Gefühl für das Lobenswerte und das Tadelnswürdige zu betäuben und zu lähmen; [...] Der von uns in Gedanken vorgestellte unparteiische Zuschauer unseres Verhaltens scheint seiner Meinung zu unseren Gunsten nur mit Furcht und Zögern Ausdruck zu geben, wenn die Meinung aller wirklichen Zuschauer, wenn die Meinung derjenigen, mit deren Augen und von deren Standort aus er unser Verhalten anzusehen trachtet, einhellig und entschieden gegen uns ist."[88]

Ausgehend von der im Vergleich zu den äußeren Stimmen relativ geringeren Durchsetzungsfähigkeit der inneren Stimme, ist es nachvollziehbar, wenn Smith die Notwendigkeit zur Erziehung der Gewissensbildung anmahnt. Wie eine solche Gewissensbildung ablaufen kann oder sollte, wessen der Mensch bedarf, um sich seiner eigenen Motive bewusst zu werden, thematisiert Smith nicht weiter. Es scheint vielmehr so, dass die dritte Person zeitweise ausgesetzt würde und durch andere, als der Person selbst, um deren Gewissen es geht, wieder installiert werden müsse. Es entsteht das Bild eines Gewissens, das sich beliebig an- und ausschalten lässt und über dessen De-Aktivierung letztlich die Person selbst nicht verfüge.

> „Der Mensch in unserer Brust, der gedachte und ideale Beobachter unseres Fühlens und Verhaltens, muß oft durch die Gegenwart eines wirklichen Beobachters geweckt und an seine Pflicht erinnert werden [...]."[89]

---

88 Smith, Adam: „Über die Grundlage der Urteile, die wir über unsere eigenen Gefühle und unser eigenes Verhalten fällen, und über das Pflichtgefühl. Von dem Verlangen nach Lob und dem Verlangen nach Lobenswürdigkeit; und von der Furcht vor Tadel und der Furcht vor Tadelnswürdigkeit", in: *Adam Smith – Theorie der ethischen Gefühle*, hg. v. Horst D. Brandt auf der Grundlage der Übersetzung von Walther Eckstein, Hamburg 2010, 206f.

89 Smith, Adam: „Über die Grundlage der Urteile, die wir über unsere eigenen Gefühle und unser eigenes Verhalten fällen, und über das Pflichtgefühl. Über den Einfluß und

Das Gewissen als einem Kompass für die Beurteilung von Handlungsmotiven und als einem Vorgang des Denkens, das durch die einzelne Person selbst in Gang gesetzt und verantwortet werden könnte, würde damit seiner Eigenständigkeit, durch die es sich ja gerade auszeichnet, enthoben. Es besteht hier zumindest die Gefahr des Verlusts der Deutungshoheit der beurteilenden Person über ihre eigenen Handlungsmotive. Weiterführend stellt sich die Frage, wessen es bedarf, um in einem Denkvorgang zu einem begründeten Urteil über eine Situation und damit verbundenen Handlungsoptionen zu gelangen und inwiefern dies angesichts von Entfremdungserfahrungen unter dem neuen Geist des Kapitalismus von Bedeutung ist.

Zusammenfassend lässt sich bis hierhin festhalten, dass die Reaktivierung von Sympathie unter dem dritten Geist des Kapitalismus im Sinne eines Einfühlungsvermögens, wie es durch Smith beschrieben wurde, durchaus wiedererkennbar ist. Die Aufarbeitung von Smiths Ausführungen zeigt dabei jedoch auch auf, dass mit dem Gewissen ein weiteres Prinzip beschrieben wird, das unter dem dritten Geist des Kapitalismus, anders als die Sympathie, außen vorgelassen, ja vermutlich eher bekämpft als gefördert wird. Dies konkretisiert sich auch über die Interpretation der Berufsbiographien aus „Karl Marx: Das Kapital, Erster Band" und ist darüber hinaus für das Verständnis einer Ästhetik als politischem Gegenwartstheater von Bedeutung.

Unter dem neuen Geist des Kapitalismus ist das Gewissen, das noch in den Ausführungen von Adam Smith eine Rolle spielt, zur Gänze geschwunden. Der freigewordene Platz wird im Arbeitskontext nun, so scheint es, von der Sympathie ausgefüllt. Damit einher geht die Anforderung an den arbeitenden Menschen, in der Arbeit das zu sehen, was sonst von Familie und Freunden dem Privatleben zugeordnet wurde. Der Mensch scheint sich mit seiner Sorge um seine Existenzsicherung wieder ganz zu einem Animal laborans[90] zurückentwickelt zu haben, mit dem Unterschied,

die Autorität des Gewissens", in: *Adam Smith – Theorie der ethischen Gefühle*, hg. v. Horst D. Brandt auf der Grundlage der Übersetzung von Walther Eckstein, Hamburg 2010, 243.

90 Hannah Arendt widmet der Kritik des industriellen Menschen als Animal laborans in ihrer Vita activa ein Kapitel. Dort heißt es dazu unter anderem: „Was immer wir meinen mögen, wenn wir von Säkularisierung sprechen, historisch kann sie auf keinen Fall als ein Verweltlichungsprozeß im strengen Sinne des Wortes angesehen werden; denn die Moderne hat nicht eine diesseitige Welt für eine jenseitige eingetauscht, und

dass er/sie heute der Arbeit nicht mehr nur die Arbeitskraft, sondern sich als ganzen Menschen zur Verfügung zu stellen hat. Dies macht der Mensch nicht einfach so; die Beruhigung des Gewissens funktioniert im Austausch für das Versprechen ein ganzer Mensch werden zu können, sich selbst verwirklichen zu können, sofern im Arbeitskontext die Aufgabe des privaten Menschen eingelöst wird – sofern sich der Mensch für die Arbeit aufgibt, sich ihr opfert. Die Selbstverwirklichung wird so zu einem starken Motiv, dem es gelingt, die Stimme des Gewissens zum Schweigen zu bringen und das Tun des Menschen ganz auf die Arbeit abzurichten.

Im Rahmen der Interpretationen der ausgewählten Berufsbiographien aus „Karl Marx: Das Kapital, Erster Band" wird nach der Bedeutung der Gewissensbildung, der Sympathie und der vermeintlichen Selbstverwirklichung zu fragen sein. Die historischen Wurzeln von letzterem werden daher in Kapitel 1.4 unter Bezugnahme auf Friedrich Schiller thematisiert. Dem voraus geht mit Kapitel 1.3 ein Verweis auf die Gefahr der Instrumentalisierung, der sich die Kunst grundsätzlich ausgesetzt sieht, wenn sie, wie hier geschehen und weiter geschehen wird, Kritik am Kapitalismus übt.

1.3 Instrumentalisierungsversuche von Kunst und Kultur durch Ökonomie: Der Homo ludens als Homo oeconomicus

Spätestens seitdem für das Jahr 2009 zum ersten Mal der vom Bundesministerium für Wirtschaft und Energie (BMWi) jährlich in Auftrag gegebene

genaugenommen hat sie nicht einmal ein irdisches, jetziges Leben für ein jenseitig-künftiges gewonnen; sie ist bestenfalls auf es zurückgeworfen. Die Weltlosigkeit, die mit der Neuzeit einsetzt, ist in der Tat ohnegleichen. […] Der ‚gesellschaftliche Mensch' in einer ‚vergesellschafteten Menschheit' deutet auf ein Endstadium der Gesellschaft, in dem es auch Klasseninteressen nicht mehr gibt, sondern nur das eine, alles beherrschende und dirigierende Interesse, dessen Subjekt erst die Klasse und dann die klassenlose Menschengesellschaft ist, aber niemals mehr der Mensch oder die Menschen. […] das Einzelleben ist dem Gattungsleben eingefügt durch die Arbeit […]. Und was nicht der Lebensnotdurft dient, nicht von dem lebendigen Stoffwechsel direkt erzwungen ist, ist entweder überflüssig oder erklärt sich als eine der menschlichen Spezies eigentümliche Funktion […]." Zit. n. Arendt, Hannah: *Vita activa oder Vom tätigen Leben*, München [20]2019, 408f.

Monitoringbericht zur Entwicklung der Kultur- und Kreativwirtschaft erscheint, werden die Aktivitäten von Kunst- und Kulturschaffenden anhand von ökonomischen Kennzahlen scheinbar flächendeckend in Deutschland erhoben und bewertet. Es wird deutlich, dass jegliche Lebensbereiche kapitalistisch erfassbar sind und dementsprechend vermessen werden, selbst jene, die sich, zumindest historisch gesehen, als antikapitalistisch positioniert haben. In diesem Zusammenhang verweisen Luc Boltanski und Ève Chiapello auf die sogenannte Künstlerkritik als Kritik am Kapitalismus, die von Künstler*innen im Rahmen der internationalen Protestbewegung in den 1960er Jahren forciert und durch Aufstände und Protestaktionen vor allem von Studierenden getragen wurde.[91] Was als Protest gegen Ungerechtigkeit, verkrustete Strukturen unter Nichtbearbeitung der nationalsozialistischen Vergangenheit Deutschlands, Kriegshandlungen im Allgemeinen und eine rigide Sexualmoral seinen Anfang fand, entwickelte sich zu einem für den Kapitalismus nützlichen Nährboden, insofern, als dass die durch die Kritik zum Vorschein kommenden Missstände durch das kapitalistische System aufgenommen wurden und in der Folge durchaus auch zu gesellschaftlichen Veränderungen im Sinne der Kritik geführt haben. Die Kritik am Kapitalismus und seinen weitergehenden Auswirkungen auf die Vorstellungen eines gesamtgesellschaftlichen Zusammenlebens wurde so zu einem Motor des Kapitalismus, der sich dadurch der Form nach verändert hat, das heißt, der neue Märkte und Produktionsformen entwickelt und damit einhergehend Abhängigkeitsverhältnisse verändert oder neu geschaffen hat. Die These von Boltanski und Chiapello lautet, dass der Kapitalismus zur Aufrechterhaltung seiner Gewinnerzielung auf die beständige Erschließung und Ausschöpfung neuer Märkte angewiesen ist. Ein Zugang zu diesen erfolge über die Formulierung von Kritik, die vom Kapitalismus aufgenommen wird und in Form der Entwicklung von Reaktionsmöglichkeiten eben genau neue Märkte mit neuen Produkten hervorzubringen in der Lage ist. Zu seiner Aufrechterhaltung ist der Kapitalismus also auf seine ständige Unterminierung angewiesen. Für die Äußerung von Kritik ergibt sich daraus die Gefahr potentiell immer durch den Kapitalismus für dessen Zwecke instrumentalisiert werden zu können.

---

[91] Vgl. Boltanski, Luc & Chiapello, Ève: *Der neue Geist des Kapitalismus*. Aus dem Französischen von Michael Tillmann, Köln [38]2018, 75ff.

> „Insofern die Kritik den Kapitalismus in den Stand versetzt, eine Vorstellungswelt zu entwickeln, die notwendig ist, damit die Menschen sich auf den Prozess der Gewinnerzielung einlassen, stellt sie sich indirekt in den Dienst des Kapitalismus und ist eines der Instrumente, die ihm überhaupt erst Kontinuität verleihen. Das stellt die Kritik vor spürbare Schwierigkeiten, weil sie leicht in die Zwickmühle gerät, entweder nutzlos zu verhallen oder aber vereinnahmt zu werden."[92]

Im Monitoringbericht des BMWi zur sogenannten Kultur- und Kreativwirtschaft werden anhand der Berechnung ihrer Bruttowertschöpfung verschiedene Teilmärkte differenziert und ihre Bedeutung im Vergleich zur Gesamtwirtschaft davon abgeleitet.

> „Die Bruttowertschöpfung in der Kultur- und Kreativwirtschaft liegt mit ihren 100,5 Milliarden Euro in etwa gleichauf mit der des Maschinenbaus […]. Andere wichtige Branchen in Deutschland, wie die Chemische Industrie, die Energieversorger oder aber die Finanzdienstleister, werden von der Kultur- und Kreativwirtschaft hinsichtlich der Wertschöpfung deutlich übertroffen. Nur die Branche Fahrzeugbau (Automobilindustrie und sonstiger Fahrzeugbau) liegt mit deutlichem Abstand vorne."[93]

Für „die" Kultur- und Kreativwirtschaft mit ihren Teilmärkten, deren inhaltliche Kriterien zur Ein- und Abgrenzung nicht benannt werden und daher mehr als angezweifelt werden können, ergeben sich aus dieser Art der Vermessung nur zweifelhafte Vorteile. Immerhin, so könnte man aus einer wohlwollenden Stimmung heraus gewillt sein zu formulieren, gelangt eine Branche so zur Sichtbarkeit, die für nicht wenige Menschen heute den Kontext ihrer Erwerbsarbeit und damit der Sicherung ihrer existenziellen Lebensgrundlage darstellt, aber über Jahrhunderte bis heute in ihrer Bedeutung missachtet wurde, obwohl sie zugleich als Role-Modell für die Arbeitsverhältnisse im 21. Jahrhundert dient:

---

[92] Boltanski, Luc & Chiapello, Ève: *Der neue Geist des Kapitalismus.* Aus dem Französischen von Michael Tillmann, Köln [38]2018, 523.

[93] Bundesministerium für Wirtschaft und Energie (Hg.), *Monitoringbericht Kultur- und Kreativwirtschaft*, Berlin 2019, 9.

> „In den Beschreibungen der Arbeitsverhältnisse des 21. Jahrhunderts gibt es eine Übertragung des Künstlertums auf sämtliche Arbeitsverhältnisse […]. Frei, das heißt prekär, aber auch ‚kreativ' wie ein Künstler soll es sein. Beziehungsweise […] die neuen Anforderungen der Arbeitswelt können auch als Reaktion auf den ‚kreativen' Anspruch der Tätigen auf Selbstverwirklichung interpretiert werden. ‚Kreativität' ist nun zwar ein Schlagwort der Künstlermythen des 19. Jahrhunderts. Mit den Praktiken der Kunstproduzierenden und des Kunstbetriebs des 20. und des beginnenden 21. hat es aber recht wenig zu tun: […]. Die Metaphorisierung der Arbeit als Kunst geht mit einem Vergessen der Kunst einher."[94]

Über ihre Bruttowertschöpfung lässt sich „die" Kultur- und Kreativwirtschaft darüber hinaus gegenüber anderen Branchen legitimieren und als relevant herausstellen. Zugleich wird damit ein zweifelhaftes Argument bemüht. Die Tätigkeit von Kunst- und Kulturschaffenden wird in ein Zahlenkorsett hineingezwungen, das über seine willkürliche Zusammenstellung eine Größe beansprucht, die, bei ganz anderer Zusammenstellung, so gar nicht gegeben ist. Was jedoch viel schwerer wiegt, ist der Umstand, hier einen vermeintlichen Markt etablieren zu wollen, deren Akteure über ihre Zugehörigkeit zu diesem Markt gar nicht erst befragt worden sind. Letztlich handelt es sich um die Zuordnung zu einem Markt, die willkürlich von Finanzanalyst*innen vorgenommen wurde und daher eine Scheinzugehörigkeit suggeriert beziehungsweise die Willkür der Marktkonstruktion als solche aufzeigt. In seiner 2009 erschienenen Kritik des Kapitalismus unter dem Titel „Mythos Markt" schreibt Walter Otto Ötsch:

> „DER MARKT ist ein Propaganda-Begriff und kann als solcher exakt analysiert werden. Er weist auf eine fiktive Wirtschaft ohne empirischen Beleg. […] Es gibt keinen Markt, ihn kann und wird es niemals geben. […] Der Begriff DER MARKT wurde in der ökonomischen Theorie erfunden. Die große Erzählung von den segensreichen Folgen DES freien MARKTES

94 Lemke, Anja & Schäfer, Martin J.: „Erziehung und Bildung als ästhetische Arbeit am Selbst. Szene 4 – Zeremoniell der Übergabe des Lehrbriefs", in: *art works. Ästhetik des Postfordismus*, hg. v. Sabeth Buchmann, Helmut Draxler, Clemens Krümmel & Susanne Leeb, Berlin 2015, 127.

> beherrscht die Ökonomen [...]. Fast alle Ökonomen argumentieren mit DEM MARKT und vertreten marktradikale Standpunkte. Keiner von ihnen hat eine globale Krise für möglich gehalten."[95]

Die Implementation einer vermeintlichen Kultur- und Kreativwirtschaft über den Monitoringbericht des BMWi deutet auf die Notwendigkeit des Kapitalismus hin, sich immer neue Märkte erschließen zu müssen, um den Mythos des unendlichen Fortschritts aufrecht zu erhalten. Dabei macht er nicht Halt vor der Vereinnahmung von Tätigkeitsfeldern, deren Relevanz so weit degradiert wurde, dass sich ihre Aktivitäten darin nur noch als Hobbys zu eignen scheinen, wie dies bereits durch Hannah Arendt kritisch und kritisierend festgestellt worden ist.[96]

Dass sich der Kapitalismus nun der Kunst und Kultur als Lebensbereich zuwendet, der sich zur Implementation eines neuen Marktes eignet, zeigt, wie hoch der Bedarf an neuen Marktsegmenten zur Fortführung des kapitalistischen Systems ist und auch, dass die derzeitige Situation angespannt ist. Der Mythos des unendlichen Wachstums des Kapitalismus steht auf dem Spiel.

> „Die Suche nach neuen Ertragswegen ist ein wichtiger Motor des Wandels, wenn es darum geht, die Folgen der Marktsättigung durch die Entwicklung neuer Produkte oder Dienstleistungen zu überwinden – vor allem dadurch, dass bisher außerhalb der Marktsphäre liegende Bereiche marktwirtschaftlich erschlossen werden [...]."[97]

Mit der Vereinnahmung von Kunst und Kultur als einem Marktsegment, geht auch die Vereinnahmung des Homo ludens durch die ökonomische Leitvorstellung des auf die Nutzenmaximierung reduzierten Menschen im Konzept des Homo oeconomicus einher. Auf die undifferenzierte Form, in der Arbeit als ein vermeintlich unschuldiges, gar notwendiges Spiel vermarktet wird, das zum gesellschaftlichen Zusammenhalt beitrage, nicht etwa, weil es zum Nachdenken über das eigene und

---

95 Ötsch, Walter O.: *Mythos Markt. Marktradikale Propaganda und ökonomische Theorie*, Marburg 2009, 11f. [Hervorhebung im Original, T. E.].

96 Vgl. Arendt, Hannah: *Vita activa oder Vom tätigen Leben*, München [20]2019, 151f. [Siehe auch: S. 12f. in der vorliegenden Arbeit].

97 Boltanski, Luc & Chiapello, Ève: *Der neue Geist des Kapitalismus*. Aus dem Französischen von Michael Tillmann, Köln [38]2018, 521f.

das gesellschaftliche Leben anrege, sondern weil es dem Menschen ein gutes Gefühl des Aufgehobenseins verleiht, verweist nachfolgendes Zitat:

> „Eine Gesellschaft ohne Spiele versinkt in die ‚Zombie-Trance' eines leeren, automatischen Funktionierens. Und wenn wir daraus auftauchen wollen, müssen wir spielen. Nur die Spielfreude zeigt den Weg zum ganzen Menschen. Diese These geht bekanntlich auf Friedrich Schillers Briefe über die ästhetische Erziehung des Menschen zurück und sie scheint mir aktueller denn je. Dass der Mensch nur ganz Mensch ist, wenn er spielt, wird heute mit dem Begriff der ‚Immersion' bezeichnet. Gemeint ist die Magie des totalen Involviertseins. Es handelt sich hier also nicht einfach um eine Freizeitbeschäftigung. Spielst du noch Spiele oder lebst du sie schon?"[98]

Das, was hier als „Magie" des Spiels tituliert wird, ist die „Immersion" als Verinnerlichung des Prinzips von Arbeit und Erholung von der Arbeit, wobei das Spiel hier Mittel zum Zweck wird, die Erholung des Menschen nicht dem Menschen dient, sondern dazu führt, dass der Mensch sich wieder in die Arbeit hineinbegibt.

> „Geleitet von der Überzeugung, Arbeit sei produktiver, effektiver und letztlich sogar effizienter, wenn man sie als lustvolle, quasi selbstzweckhafte, inspiriert-inspirierende Wertschöpfung betreibt statt als notwendiges Übel täglicher Erledigungen, ist das postfordistische Denken angewiesen auf Ästhetik zur Plausibilisierung des Entschlusses, mit allem, den Strukturen, den ethisch-sozialen Grundlagen und dem Wert selbst von Arbeit zu spielen."[99]

Als Vorbild für die vermeintlich unnütze Nützlichkeit des Spielens, wie sie in dem obigen Zitat von Norbert Boltz angedeutet wird, wird Friedrich Schiller mit seinen Ausführungen zur ästhetischen Erziehung des Menschen herangezogen. Es

---

98 Bolz, Norbert: *Wer nicht spielt, ist krank. Warum Fußball, Glücksspiel und Social Games lebenswichtig für uns sind*, München 2014, 12.

99 Buchmann, Sabine, van Eikels, Kai, Etzold, Jörn, Gludowatz, Karin, Kleihues, Alexandra, Lemke, Anja & Schäfer, Martin J.: „Einleitung", in: *art works. Ästhetik des Postfordismus*, hg. v. Sabine Buchmann, Kai van Eikels, Jörn Etzold, Karin Gludowatz, Alexandra Kleihues, Anja Lemke & Martin Jörg Schäfer, Berlin 2015, 15.

ist daher angebracht, sich diese Ausführungen genauer anzuschauen, um die davon ausgehende Dynamik der Instrumentalisierung des Homo ludens durch den Homo Oeconomicus nachzuvollziehen. Damit ist dann zugleich die Gefahr der Reproduktion verbunden. Zugleich liegt im Nachvollzug jedoch auch die Möglichkeit verborgen, jene Stellschrauben zu entdecken, die zur Unterbrechung dieser Dynamik führen. Mit anderen Worten: Sofern es hier gelingt eine neue Lesart anzubieten, die sich womöglich *zwischen* Homo oeconomicus und Homo ludens ergibt und damit allerdings eine genaue Differenzierung voraussetzt, lässt sich das gewählte Vorgehen legitimieren. Ebenso möglich ist es jedoch, das sollte hier nicht verschwiegen werden, dass es dieses „Zwischen" gar nicht gibt, dass da nur eine Leere, eine Leerzeile ist.

1.4 Das Künstlergenie als fragwürdiges Role Model: Spurensuche bei Friedrich Schiller

Unter dem zweiten Geist des Kapitalismus mit seiner Hochzeit in der zweiten Hälfte des 20. Jahrhunderts[100] bildeten sich Gewerkschaften als Ausdruck eines gesellschaftlichen Sicherheitsstrebens, die sich für die Implementation von Aufstiegsmöglichkeiten in mittelständischen und großen Betrieben in Abhängigkeit der Betriebszugehörigkeitsdauer einsetzten. Berufliche Lebenswege wurden so berechenbar: mit dem Abschluss eines Studiums ging automatisch die Möglichkeit des Erwerbs einer anspruchsvollen Arbeitstätigkeit einher.[101] Die Option, in Führungspositionen hineinzuwachsen, war gegeben und schaffte finanzielle sowie kognitive Anreize für die Arbeitnehmer*innen sich im Betrieb zu engagieren. So waren mit dem Aufstieg innerhalb des Betriebes nicht nur Gehaltserhöhungen verbunden, sondern veränderten sich auch Aufgabenbereiche und Verantwortlichkeiten in regelmäßigen Abständen, sodass der Entwicklung von Routinen entgegengewirkt werden konnte, die ihrerseits nur zu Ermüdungserscheinungen oder Langeweile geführt hätten. Ferner wirkten die realisierten Karriereoptionen

[100] Boltanski, Luc & Chiapello, Ève: *Der neue Geist des Kapitalismus.* Aus dem Französischen von Michael Tillmann, Köln [38]2018, 129ff.

[101] Boltanski, Luc & Chiapello, Ève: *Der neue Geist des Kapitalismus.* Aus dem Französischen von Michael Tillmann, Köln [38]2018, 131.

als Signal der Anerkennung für die Loyalität und das Engagement der Arbeitnehmer*innen und stillten so das menschliche Grundbedürfnis beachtet und anerkannt zu werden. Die Installation von Aufstiegsmöglichkeiten und die damit verbundenen Absicherungen werden von Boltanski und Chiapello auch als Reaktion auf die Sozial- und Künstlerkritik der 1960er Jahre verstanden, die in erster Linie aus dem Kreis von Studierenden und Intellektuellen heraus angeführt wurde und heute vor allem als Demonstrationen der 68er bekannt sind.[102] Die Anliegen der 68er waren vielfältig und beinhalteten massive Kritiken nicht nur am weltpolitischen Geschehen, den Aufrüstungen der sogenannten Supermächte im Kalten Krieg, dem Vietnamkrieg, speziell in Deutschland auch dem Bau der Berliner Mauer, sondern auch an wirtschaftlichen und kulturellen Entwicklungen. Rudi Dutschke, der als einer der Anführer der westdeutschen Studentenbewegung der 1960er Jahre sowie Mitbegründer subversiver Aktionen und Aktionskunst als Mittel gegen die Gewaltformen eines kapitalistischen Systems galt, verfasste auch Beiträge zur Marxschen Kritik am Kapitalismus unter gleichzeitiger Betonung der Handlungsfreiheit des Individuums gegenüber den gesellschaftlichen Verhältnissen.[103] Gegen das zur Durchrationalisierung des gesamten Lebens und Sterbens führende Diktat des Kapitals formierte sich Widerstand. Die Flower-Power-Bewegung entwarf zum kapitalistischen Modell einen Gegenentwurf, in dem vor allem das Recht auf individuelle Selbstbestimmung hervorgehoben wurde. Hieraus entstanden neue Erprobungen und Formen des Zusammenlebens, die sich in der Bildung von Kommunen, meistens im ländlichen Raum, niederschlugen. Die Kernfamilie als Idealmodell einer westlich-kapitalistischen Lebensweise wurde hier in Frage gestellt, ging einher mit der feministischen Emanzipationsbewegung und fand ihre Fortführung in diversen Subbewegungen, unter anderem des Punk oder auch in der heutigen LGBTQIA*-Bewegung.

Die individuelle Selbstbestimmung findet ihren Vorläufer in der Vorstellung vom Künstlergenie des 18. Jahrhunderts beziehungsweise in der Künstlerkritik an den gesellschaftlichen und durch die Französische Revolution geprägten

---

[102] Boltanski, Luc & Chiapello, Ève: *Der neue Geist des Kapitalismus*. Aus dem Französischen von Michael Tillmann, Köln [38]2018, 215ff.

[103] Vgl. Dutschke, Gretchen: *Rudi Dutschke. Wir hatten ein barbarisches, schönes Leben. Eine Biographie*, Köln 1996, 38–40 & 53–55.

Verhältnissen.[104] Friedrich Schiller ist hierbei wortführend. Doch so nachvollziehbar und relevant sein Anliegen zur Herstellung einer neuen Gesellschaftsordnung in der Zeit einer heute als Sturm und Drang bezeichneten literarischen Epoche auch war, wonach nicht mehr die Geburt in einen Stand hinein über den Rest des Lebens bestimmen sollte, sondern die Überwindung der Ständeordnung mit der Annahme des vernunftbegabten Menschen prägend war, so kritisch sind seine Ausführungen beziehungsweise deren Tragweite heute zu betrachten. Nachfolgend geht es darum, die Kritikpunkte an Schillers Ausführungen hinsichtlich ihrer Bedeutung für das Streben nach Selbstverwirklichung zu skizzieren, das durch den zweiten Geist des Kapitalismus hindurchträgt und unter dem dritten Geist des Kapitalismus in einer Idealvorstellung des Arbeitnehmers als Entrepreneur gipfelt. Zugleich soll jedoch auch auf Elemente aus den Schillerschen Schriftstücken hingewiesen werden, die aus der postfordistischen Perspektive zu einer neuen Lesart der ausgewählten Textteile hinführen können. Diese schlägt jenseits der vermeintlichen Selbstverwirklichung eine neue Bedeutung des Ästhetischen vor und ist anschlussfähig an die bei Adam Smith herausgestellte Gewissensbildung, nicht als eine moralische Instanz, sondern als eine innere Haltung vom Umgang des Menschen mit sich und anderen.

1.4.1 Das Moment zweifelhafter Selbstverwirklichung als Begründung einer neuen Gesellschaftsordnung bei Friedrich Schiller

Hinsichtlich der von ihm entworfenen Gesellschaftsordnung schreibt Schiller in seinem letzten von insgesamt 27 Briefen, die in „Über die ästhetische Erziehung des Menschen“ zusammengefasst werden:

> „Mitten in dem furchtbaren Reich der Kräfte und mitten in dem heiligen Reich der Gesetze baut der ästhetische Bildungstrieb unvermerkt an

[104] Vgl. Lemke, Anja: „Ästhetische Erziehung als Arbeit am Selbst. Schillers Bildungsprogramm aus der Perspektive postfordistischer Kontrollgesellschaften“, in: *Experimentalanordnungen der Bildung. Exteriorität – Theatralität – Literarizität*, hg. v. Bettine Menke & Thomas Glaser, Paderborn 2014, 132.

> einem dritten, fröhlichen Reiche des Spiels und des Scheins, worin er dem Menschen die Fesseln aller Verhältnisse abnimmt und ihn von allem, was Zwang heißt, sowohl im Physischen als im Moralischen entbindet. Wenn in dem *dynamischen* Staat der Rechte der Mensch dem Menschen als Kraft begegnet und sein Wirken beschränkt – wenn er sich ihm in dem *ethischen* Staat der Pflichten mit der Majestät des Gesetzes entgegenstellt und sein Wollen fesselt, so darf er ihm im Kreise des schönen Umgangs, in dem ästhetischen Staat, nur als Gestalt erscheinen, nur als Objekt des freien Spiels gegenüberstehen."[105]

In der Umformung des dynamische Naturstaates – damit bezeichnet Schiller die durch die Französische Revolution in Bewegung versetzten Massen, die sich gegen Repressionen, Mangelerscheinungen und menschenunwürdige Zustände auflehnen – hin zu einem ethischen Staat, mit dem er wiederum eine auf dem Kantschen Vernunftbegriff beruhende Gesellschaftsordnung meint, die jedoch über eine Idealvorstellung noch nicht hinausgeht und seinem Duktus nach eher die Bezeichnung als (zweifelhaft) moralischer Staat verdient hätte, bedürfe es nach Schiller einer Zwischenform, in der die überholte Gesellschaftsordnung abgebaut und die neue vorbereitet würde. Schillers dialektisches Denken wird hier sichtbar. Der dynamische Naturstaat ist dabei als These zu verstehen, dem der ethische Staat als Antithese gegenübersteht. Der Übergang von der einen in die andere Gesellschaftsordnung soll dabei durch den ästhetischen Staat ermöglicht werden. Letzterer steht also bei Schiller gleichermaßen sowohl für die Überwindung des dynamischen Naturstaates als auch für das Versprechen eine neue, ideale Gesellschaftsordnung in Form des ethischen Staates zu errichten und ist damit, aus einer philosophischen Deutung heraus, als Synthese zu verstehen, in der These und Antithese auf einer höheren Ebene ineinander aufgehen. Schiller schreibt hinsichtlich des Übergangs der einen zur anderen Gesellschaftsordnung:

---

[105] Schiller, Friedrich: „Siebenundzwanzigster Brief", in: Über die ästhe*tische Erziehung des Menschen. In einer Reihe von Briefen*. Mit Ausführungen Rudolf Steiners über Wesen und Bedeutung von Schillers Ästhetischen Briefen u. e. Nachwort von Heinz Zimmermann, hg. v. Verlag Freies Geistesleben, Stuttgart [2]1989, 114. [Hervorhebung im Original, T. E.].

> „Man muß also für die Fortdauer der Gesellschaft eine Stütze aufsuchen, die sich von dem Naturstaate, den man auflösen will, unabhängig macht. Diese Stütze findet sich nicht in dem natürlichen Charakter des Menschen, der, selbstsüchtig und gewalttätig, vielmehr auf Zerstörung als auf Erhaltung der Gesellschaft zielt; sie findet sich ebensowenig in seinem sittlichen Charakter, der, nach der Voraussetzung, erst gebildet werden soll, und auf den, weil er frei ist und *weil er nie erscheint*, von dem Gesetzgeber nie gewirkt und nie mit Sicherheit gerechnet werden könnte. Es käme also darauf an, von dem physischen Charakter die Willkür und von dem moralischen die Freiheit abzusondern [...] um einen dritten Charakter zu erzeugen, der, mit jenen beiden verwandt, [...] vielmehr zu einem sinnlichen Pfand der unsichtbaren Sittlichkeit diente."[106]

Unübersehbar ist hier der Versuch Schillers mit dem Verweis auf die „unsichtbare Sittlichkeit" daraufhin zu wirken, bürgerkriegsähnliche Zustände zu vermeiden und stattdessen den Menschen zwischen einer Notwendigkeit des Umgangs mit Veränderungen einerseits und seiner Fähigkeit, sich gegen diese zu behaupten, also beharrlich seinen Standpunkt zu vertreten, andererseits zu verorten.

> „Nur indem er sich verändert, *existiert* er [der Mensch, T. E.]; nur indem er unveränderlich bleibt, existiert *er*. Der Mensch, vorgestellt in seiner Vollendung, wäre demnach die beharrliche Einheit, die in den Fluten der Veränderung ewig dieselbe bleibt."[107]

An diesem Zitat deutet sich die grundsätzliche Unterscheidung ein, die Schiller zunächst einführt, um These und Antithese zu entwickeln, deren Dualismus er

---

106 Schiller, Friedrich: „Erster Brief", in: Über die ästhet*ische Erziehung des Menschen. In einer Reihe von Briefen*. Mit Ausführungen Rudolf Steiners über Wesen und Bedeutung von Schillers Ästhetischen Briefen u. e. Nachwort von Heinz Zimmermann, hg. v. Verlag Freies Geistesleben, Stuttgart ²1989, 11f.

107 Schiller, Friedrich: „Elfter Brief", in: Über die ästhe*tische Erziehung des Menschen. In einer Reihe von Briefen*. Mit Ausführungen Rudolf Steiners über Wesen und Bedeutung von Schillers Ästhetischen Briefen u. e. Nachwort von Heinz Zimmermann, hg. v. Verlag Freies Geistesleben, Stuttgart ²1989, 42. [Hervorhebung im Original, T. E.].

dann in einer Synthese aufzuheben versucht. Abbildung 1 erfasst das dialektische Schema einmal graphisch.

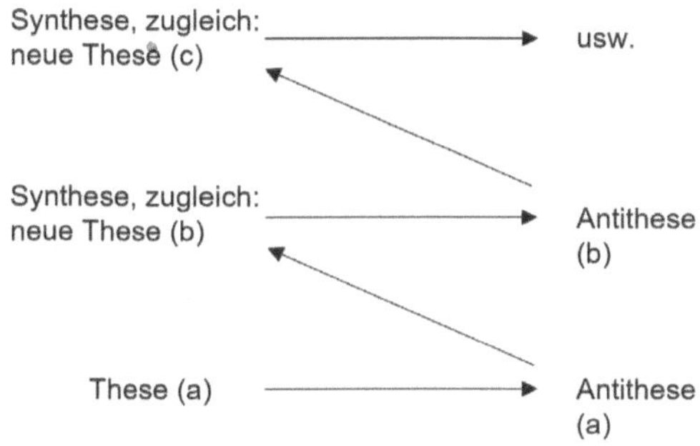

Abbildung 1: Traditionelles Schema zum dialektischen Denken und seiner Aufhebung in der Synthese (eigene Darstellung)

Dabei wird auch deutlich, dass Schiller seinen dialektischen Ansatz nicht nur zur Begründung einer neuen Gesellschaftsordnung heranzieht, sondern damit auch ein Idealbild vom Menschen beziehungsweise dessen „sittlichem" Tun entwirft. Die Unterscheidung, die er hier einführt, ist zum einen die vom Menschen, der sich in der Welt bewegt, dessen Leben den Veränderungen im Zeitverlauf von der Geburt bis zum Tod unterworfen ist, die sich dem Menschen zugleich als scheinbar natürliche, selbstverständliche Gegebenheit präsentieren. Schiller nennt diese Dimension, die in ihrem Dasein scheinbar ungefragt vom Menschen akzeptiert wird, derer sich der Mensch bemächtigt, um zu tun, was vermeintlich getan werden müsse, die Materie oder auch Welt, und den Drang, sich mit dieser Dimension scheinbar unumgehbar auseinandersetzen zu müssen, den Stofftrieb. Der Stofftrieb, den Schiller synonym auch mit dem Empfindungsvermögen des Menschen beschreibt, ermöglicht es diesem zugleich, die ihn umgebenden und auch eigenen Veränderungen, mit denen er als Mensch konfrontiert ist, zu bewältigen.

Zum anderen, so verdeutlicht Schiller, müsse der Mensch jedoch mehr sein als nur ein Geschöpf, das den Veränderungen, der Welt, unterworfen sei. Hier äußert sich sicher auch die Prägung Schillers durch eine christlich-protestantische Tradition, mit der er durch den Besuch einer Lateinschule in seinen Jugendjahren in Kontakt gekommen ist. Demnach ist unvorstellbar, dass der Mensch scheinbar willkürlich den Veränderungen der Zeit unterworfen ist; vielmehr muss es der Mensch sein, der sich über die Welt, und so letztlich auch sich selbst, erhebt und die Veränderungen dem unterordnet, was sein soll, was dem Menschen als dessen Berufung aufgegeben ist. So konzipiert Schiller die Persönlichkeit des Menschen als den Formtrieb, der sich des Stofftriebes bemächtigt, der die Person, ihre Empfindungen, ausdrückt, um an ihrer Stelle den Verstand walten zu lassen. Es deutet sich hierin der Argumentationsgang der Aufklärung an, wonach der Ratio der Vorrang vor der Sinnlichkeit zu geben ist und Emotionen mit Gefühlen gleichgesetzt werden, die den Menschen daran hindern, seinen Verstand einzusetzen und seine Vernunft walten zu lassen:

> „Solange er [der Mensch, T. E.] bloß empfindet, bloß begehrt, und aus bloßer Begierde wirkt, ist er noch nichts weiter als *Welt*, wenn wir unter diesem Namen bloß den formlosen Inhalt der Zeit verstehen. Seine Sinnlichkeit ist es zwar allein, die sein Vermögen zur wirkenden Kraft macht, aber nur seine Persönlichkeit ist es, die sein Wirken zu dem seinigen macht. Um also nicht bloß Welt zu sein, muß er der Materie Form erteilen; um nicht bloß Form zu sein, muß er der Anlage, die er in sich trägt, Wirklichkeit geben. Er verwirklicht die Form, wenn er die Zeit erschafft und dem Beharrlichen die Veränderung, der ewigen Einheit seines Ichs die Mannigfaltigkeit der Welt gegenüberstellt; er formt die Materie, wenn er die Zeit wieder aufhebt, Beharrlichkeit im Wechsel behauptet und die Mannigfaltigkeit der Welt der Einheit seines Ichs unterwürfig macht."[108]

Nach Schiller realisiert sich der Mensch in seinem Dasein, das heißt, indem sich die Person der Welt stellt, sie also in ihr wirkt, ist sie erfüllt. Anders formuliert: indem sich der Mensch mit seinem Alltag, seinen vermeintlichen Pflichten, dem, was vermeintlich sein muss, auseinandersetzt, ist er beschäftigt. Im Moment des Tuns, seiner vermeintlichen Pflichterfüllung, ist der Mensch nichts, außer dem, was er tut.

> „Materie aber heißt hier nichts als Veränderung oder Realität, die die Zeit erfüllt; mithin fordert dieser Trieb, daß Veränderung sei, daß die Zeit einen

[108] Schiller, Friedrich: „Elfter Brief", in: Über die ästhe*tische Erziehung des Menschen. In einer Reihe von Briefen*. Mit Ausführungen Rudolf Steiners über Wesen und Bedeutung von Schillers Ästhetischen Briefen u. e. Nachwort von Heinz Zimmermann, hg. v. Verlag Freies Geistesleben, Stuttgart [2]1989, 43. [Hervorhebung im Original, T. E.].

> Inhalt habe. Dieser Zustand der bloß erfüllten Zeit heißt Empfindung, und er ist allein, den sich das physische Dasein verkündigt. [...] indem der Mensch das Gegenwärtige empfindet, ist die ganze unendliche Möglichkeit seiner Bestimmungen auf diese einzige Art des Daseins beschränkt. [...] Der Mensch ist in diesem Zustande nichts als eine Größeneinheit, ein erfüllter Moment der Zeit [...].“[109]

Dort, wo nicht die Bewältigung des Alltags den Menschen „erfüllt“ respektive beschäftigt, drängt der Formtrieb darauf, dass der Mensch seiner vermeintlichen Berufung folgt. Hierbei wird davon ausgegangen, dass in jedem Menschen eine solche „natürlich“ angelegt sei, dass es nur darauf ankäme, diese in Erscheinung treten zu lassen. Die Anlage zur Berufung, das, was Schiller synonym auch als Persönlichkeit oder Gestalt bezeichnet, führt er interessanterweise zurück auf die Eingebundenheit des einzelnen Menschen in eine Ahnenreihe. Der Mensch wird hier von Schiller in seinem Bezug zu einem Gattungswesen konzipiert:

> „Wo also der Formtrieb die Herrschaft führt [...], da ist die höchste Erweiterung des Seins, da verschwimmen alle Schranken, da hat sich der Mensch aus einer Größeneinheit, auf welche der dürftige Sinn ihn beschränkte, zu einer *Ideeneinheit* erhoben, die das ganze Reich der Erscheinungen unter sich faßt. Wir sind bei dieser Operation nicht mehr in der Zeit, sondern die Zeit ist in uns mit ihrer ganzen nie endenden Reihe. Wir sind nicht mehr Individuen, sondern Gattung; das Urteil aller Geister ist durch das unsrige ausgesprochen, die Wahl aller Herzen ist repräsentiert durch unsre Tat.“[110]

Während hinsichtlich der Gesellschaftsordnung der dynamische Staat und der ethische Staat These und Antithese darstellen, die im ästhetischen Staat als

---

109 Schiller, Friedrich: „Zwölfter Brief“, in: Über die ästhe*tische Erziehung des Menschen. In einer Reihe von Briefen.* Mit Ausführungen Rudolf Steiners über Wesen und Bedeutung von Schillers Ästhetischen Briefen u. e. Nachwort von Heinz Zimmermann, hg. v. Verlag Freies Geistesleben, Stuttgart ²1989, 44.

110 Schiller, Friedrich: „Zwölfter Brief“, in: Über die ästhe*tische Erziehung des Menschen. In einer Reihe von Briefen.* Mit Ausführungen Rudolf Steiners über Wesen und Bedeutung von Schillers Ästhetischen Briefen u. e. Nachwort von Heinz Zimmermann, hg. v. Verlag Freies Geistesleben, Stuttgart ²1989, 47.

Synthese aufgehen, sind es hinsichtlich des Menschen sein Stoff- und Formtrieb, das Empfinden und das Denken, durch die These und Antithese begründet werden. Sie führt Schiller ebenfalls in einer Synthese zusammen.

> „Wo beide Eigenschaften sich vereinigen, da wird der Mensch mit der höchsten Fülle von Dasein die höchste Selbständigkeit und Freiheit verbinden und, anstatt sich an die Welt zu verlieren, diese vielmehr mit der ganzen Unendlichkeit ihrer Erscheinungen in sich ziehen und der Einheit seiner Vernunft unterwerfen."[111]

In einer graphischen Darstellung, die das obige, dialektische Schema von These, Antithese und Synthese aufgreift, stellt sich dies so dar (Abb. 2).

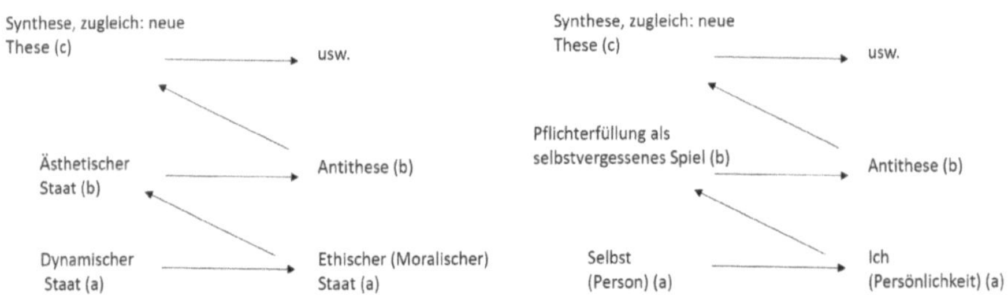

Abbildung 2: Das dialektische Denken von Friedrich Schiller bezogen auf die Gesellschaftsordnung und „den" Menschen (eigene Darstellung)

Im Spieltrieb, den Schiller als Trieb höherer Ordnung konzipiert, gehen Stoff- und Formtrieb auf. Mit diesem Aufgehen verbindet Schiller das Ziel, dass sich die widerstreitenden Kräfte von Pflichterfüllung und Selbstverwirklichung, von Wahrheit, die von ihm nicht näher bestimmt wird, und Freiheit, harmonisieren:

---

[111] Schiller, Friedrich: „Dreizehnter Brief", in: Über die ästhe*tische Erziehung des Menschen. In einer Reihe von Briefen.* Mit Ausführungen Rudolf Steiners über Wesen und Bedeutung von Schillers Ästhetischen Briefen u. e. Nachwort von Heinz Zimmermann, hg. v. Verlag Freies Geistesleben, Stuttgart ²1989, 49.

> „das Schöne soll nicht bloßes Leben und nicht bloße Gestalt, sondern lebende Gestalt, das ist Schönheit sein, indem sie ja dem Menschen das doppelte Gesetz der absoluten Formalität und der absoluten Realität diktiert. Mithin tut sie auch den Ausspruch: der Mensch soll mit der Schönheit *nur spielen*, und er soll *nur mit der Schönheit* spielen. Denn, um es endlich auf einmal herauszusagen, der Mensch spielt nur, wo er in voller Bedeutung des Worts Mensch ist, und *er ist nur da ganz Mensch, wo er spielt.*“[112]

Das „schöne Spiel“ ist dabei jedoch nicht ohne einen Preis zu haben. Wer Mensch werden will, so verdeutlicht Schiller, könne dies nur unter Qualen. Die Aktualisierung des Formtriebes, der Persönlichkeit, ist nur durch die Unterordnung des Stofftriebes zu realisieren. Die im Dasein tätige Person gilt es, im wahrsten Sinne des Wortes, auszudrücken. Anders formuliert: die Gestalt tritt nur in Erscheinung, sofern es ihr gelingt, die Person, als den eigentlichen Träger der Gestalt, zu überwinden. In der Konsequenz tritt freilich die Gestalt nie auf, denn gerade der Körper, die Empfindungen im Dasein sind es ja, die überwunden werden sollen. Die Verwirklichung der Gestalt, mit einem heutigen Begriff: die Selbstverwirklichung, setzt sich nur um den Preis der Selbstaufgabe in die Tat um. Schiller verdeutlicht diesen Prozess der Selbstverwirklichung, der eigentlich ein Prozess der Selbstaufgabe, der Absage an den Körper und seine Empfindungen ist, am Beispiel von Künstlern und Philosophen:

> „Wie der Scheidekünstler, so findet auch der Philosoph nur durch Auflösung die Verbindung und nur durch Marter der Kunst das Werk der freiwilligen Natur. Um die flüchtige Erscheinung zu haschen, muß er sie in die Fesseln der Regeln schlagen, ihren schönen Körper in Begriffe zerfleischen und in einem dürftigen Wortgerippe ihren lebendigen Geist aufbewahren.“[113]

---

[112] Schiller, Friedrich: „Fünfzehnter Brief“, in: Über die ästhe*tische Erziehung des Menschen. In einer Reihe von Briefen.* Mit Ausführungen Rudolf Steiners über Wesen und Bedeutung von Schillers Ästhetischen Briefen u. e. Nachwort von Heinz Zimmermann, hg. v. Verlag Freies Geistesleben, Stuttgart ²1989, 59.

[113] Schiller, Friedrich: „Erster Brief“, in: Über die ästhe*tische Erziehung des Menschen. In einer Reihe von Briefen.* Mit Ausführungen Rudolf Steiners über Wesen und Bedeutung

Die Problematik liegt dabei darin, dass das, was jemand hervorbringt, nach Schiller immer auch einer Pflicht genügen solle. Diese jedoch wird nirgends näher bestimmt, sondern bleibt unbestimmt und fällt damit einer Willkür anheim. Schiller beschreibt dabei selbst den Vorgang, bei dem das, was hervorgebracht wird, in seiner Dienstbarkeit nicht in Erscheinung treten dürfe. Das, was als Pflichterfüllung von außen auferlegt wird und letztlich willkürlich, weil nicht näher bestimmt, ist, wird stattdessen internalisiert und tritt so als vermeintlicher Wille in Erscheinung, das, was aufgrund äußerer Zwänge („Pflicht“) hervorgebracht wurde, selbst gewollt zu haben. Es geht hier um die Interiorisierung von dem, was *vermeintlich* sein müsse, was *vermeintlich* als ordentliche Bürgerpflicht selbstverständlich sei. Etzold und Eikels bezeichnen dies mit dem Verdacht auf eine „verkappte Disziplinierung“[114]. Schiller schreibt hierzu:

> „Was er besitzt, was er hervorbringt, darf nicht mehr bloß die Spuren der Dienstbarkeit, die ängstliche Form seines Zwecks an sich tragen; neben dem Dienst, zu dem es da ist, muß es zugleich den geistreichen Verstand, der es dachte, die liebende Hand, die es ausführte, den heitern und freien Geist, der es wählte und aufstellte, widerscheinen.“[115]

Hier wird nun auch deutlich, inwiefern die Selbstverwirklichung, die den postfordistischen Arbeitnehmer*innen als Entrepreneur inhärent ist, kritisch zu betrachten ist. In der Lesart nach Schiller, wie sie bis hierhin vorgestellt worden ist, wird seit dem 18. Jahrhundert ein Prozess der inneren Abrichtung kultiviert, wonach sich der Mensch nicht nur gegen seine ihm eigene Entwicklungslogik, seine Empfindungen und Wünsche ausbilden muss, sondern wonach er selbst auch noch zu

von Schillers Ästhetischen Briefen u. e. Nachwort von Heinz Zimmermann, hg. v. Verlag Freies Geistesleben, Stuttgart ²1989, 6.

114 Buchmann, Sabine, van Eikels, Kai, Etzold, Jörn, Gludowatz, Karin, Kleihues, Alexandra, Lemke, Anja & Schäfer, Martin J.: „Dienst am eigenen Potenzial, Szene 3, Benjamentas Knabenschule (aus: Robert Walser, *Jakob von Gunten)*“, in: *art works. Ästhetik des Postfordismus*, hg. v. Sabine Buchmann, Kai van Eikels, Jörn Etzold, Karin Gludowatz, Alexandra Kleihues, Anja Lemke & Martin Jörg Schäfer, Berlin 2015, 86f.

115 Schiller, Friedrich: „Siebenundzwanzigster Brief“, in: Über die ästhe*tische Erziehung des Menschen. In einer Reihe von Briefen.* Mit Ausführungen Rudolf Steiners über Wesen und Bedeutung von Schillers Ästhetischen Briefen u. e. Nachwort von Heinz Zimmermann, hg. v. Verlag Freies Geistesleben, Stuttgart ²1989, 112.

wollen hat, was ihm eigentlich zuwider ist. In den Dienst einer vermeintlich höheren Ordnung gestellt, dient die Selbstverwirklichung, solange sie implizit oder explizit mit der Notwendigkeit einhergeht, das Überleben der eigenen Existenz zu sichern, nicht dem Selbst, sondern vielmehr allem *außer* dem Selbst. Dies bedeutet nun nicht, dass Menschen sich nicht berufen fühlen können oder sie keine Persönlichkeit besitzen. Aber es bedeutet, dass weder eine Berufung noch eine Persönlichkeit in den Arbeitsverhältnissen einer heutigen Wissens- und Leistungsgesellschaft erwünscht sind oder jedenfalls, dass Menschen eine Berufung und Persönlichkeit abgesprochen werden, solange sie in der Ausführung ihrer Arbeitstätigkeiten nicht funktionieren, das heißt, solange sie sich nicht scheinbar freiwillig den Wünschen und Zielen ihrer Vorgesetzten unterordnen, die ihrerseits nur an dem strategischen Ausbau ihrer Machtposition und letztlich der Akkumulation von Kapital, zum Beispiel durch die Einwerbung von Drittmitteln im wissenschaftlichen Kontext oder sonstigen Projektmitteln, interessiert sind.

1.4.2 Im Rahmen: Zur Anschlussfähigkeit ausgewählter Elemente eines Ästhetik- und Bildungsverständnisses nach Friedrich Schiller

In der Auseinandersetzung mit Friedrich Schillers Anliegen sollten bis hierhin folgende Punkte klargeworden sein: Sein Programm einer ästhetischen Erziehung gründet auf einem dialektischen Ansatz, durch den die dargestellten Antagonismen, die sich jeweils auf These und Antithese beziehen lassen, ineinander aufgehen. Nicht die Dialektik als solche, wohl aber der Versuch ihrer Überwindung durch die Herstellung einer Synthese, ist höchst problematisch. Auf den Menschen bezogen hat dies die Konsequenz, dass dieser seine Empfindungen, seine Wünsche, das, was ihn als Menschen besonders, einzigartig und gerade nicht kompatibel mit, und damit nicht funktionsfähig in, einer Masse macht, abzuschaffen hat. Eine derartige Absonderung des Menschlichen vom Menschen kann so nicht in Erscheinung treten, denn es würde, in dieser Deutlichkeit, wahrscheinlich von den meisten Menschen als menschenunwürdiges Moment ihres Lebens abgelehnt werden. Insofern ist es nicht unwesentlich, dass Schiller durch die Spaltung des Menschen in Person und Persönlichkeit, respektive Gestalt, letzterer die Macht gibt, die Empfindungen der Person, die in jedem Moment ihres Daseins in der

Welt erfüllt ist, kontrollieren zu können. Die Gestalt steht hier für den Teil des Menschen, der als Geist vom Körper des Menschen getrennt ist und der fähig ist, sich des Körpers und der Empfindungen der Menschen zu bemächtigen, mit anderen Worten: diesem geringgeschätzten Teil des Menschen den vermeintlich eigenen Willen aufzudrängen. In diesem Sinne heißt Selbstverwirklichung in der Tradition von Schiller, dass sich der rationale Wille des Menschen gegen seine sinnlichen und körperlichen Empfindungen durchsetzt. Oder noch einmal anders formuliert: dass der Wille des Menschen „frei"gesetzt wird, der das vermeintlich wahre Selbst des Menschen zum Vorschein bringt. Selbstverwirklichung des Menschen bei Schiller ist so die Abrichtung des Menschen gegen sein Empfinden, die Implementation eines Misstrauens *gegen* sich selbst und die Kultivierung eines Menschen, der sich, weil ihm sein eigener Sinn, sein *Eigensinn* abhandengekommen ist, nach Außen richtet. Was ihm bleibt, wenn er auf seine eigenen Empfindungen nicht mehr bauen kann, ist dann die Ausrichtung nach außen, die Suche nach anderen und anderem, Vorgesetzten und Vorschriften, die ihm noch Halt versprechen. Mit der Zeit wird sich so eine Routine der Selbstvergessenheit einstellen, die, mit jedem weiteren vermeintlichen Erfolg zu funktionieren, verstärkt wird. Selbstverwirklichung nach Schiller beruht so a) auf der Aufspaltung des Menschen in Person (Empfindung) und Persönlichkeit (Denken), b) der in der Tradition von René Descartes': „Cogito ergo sum!" stehenden Bevorzugung des Denkens vor dem Empfinden und c) dem in Reaktion auf die Französische Revolution hervorgerufenen Harmoniestreben, das in Schillers ästhetischem Programm in die Aufhebung der Antagonismen, letztlich des Menschen als Mensch und seiner Abrichtung auf die Erfüllung von und durch Pflichten, mündet.

Es gibt also mehr als genug Gründe, Schiller und dessen Programm einer ästhetischen Erziehung äußerst kritisch zu betrachten. Wenn er hier nun doch Erwähnung findet, so liegt dies an drei Punkten, die ich in der Folge kurz benennen möchte. Sie führen zum Entwurf eines Gedankens, der, bei aller Kritik und gebotenen Umsicht im Umgang mit Schillers ästhetischem Programm, das Narrativ der Selbstverwirklichung und dessen Formung des Menschen als Aufgabe im doppelten Sinn, wonach das Denken sich gegen das eigene Empfinden durchzusetzen habe und zugleich die Aufgabe zu einem Aufgeben des letzteren führt, zu unterbrechen vermag.

Bei Schiller nimmt nicht nur der Mensch seinen Ausgangspunkt in einer Aufspaltung, der Person, die sich im Dasein aufhält, und der Ratio, die als Persönlichkeit eine körperlose Gestalt formt, sondern ist auch die akute Gesellschaftsordnung durch widerstreitende Kräfte bestimmt. Die antagonistischen Kräfte im Menschen, wie auch in der Gesellschaft, stehen sich unvereinbar gegenüber. Der Ausweg, den Schiller wählt, um dem Streben nach Harmonie gerecht zu werden, liegt in einem gewaltsamen Akt zur Aushebelung ihrer Grenzen, durch die sie auf einer übergeordneten Ebene zu einem neuen Ganzen zusammenfließen sollen. Dieser Akt der gewaltsamen Auflösung von Verschiedenheit wird hier entschieden abgelehnt. Die Verschiedenheit an sich, die Schiller jedoch als wesentlich im Menschen anlegt, soll in der vorliegenden Arbeit weiterverfolgt werden. Hierbei soll hervorgehoben werden, dass die Beobachtung des Menschen einerseits als einer Person, die in den alltäglichen Routinen sowie der Notwendigkeit des Überlebens verstrickt ist, und andererseits als einer Person, die durchaus fähig ist sich dieser Verstrickung bewusst zu werden, über sie nachzudenken und daraus Konsequenzen zu ziehen, nachvollziehbar ist. Es wird hier deutlich, dass ein Mensch grundsätzlich zwei voneinander verschiedene Haltungen sich selbst und seiner Umwelt gegenüber einnehmen kann. Im Alltag, den Schiller als „Dasein" bezeichnet, geht es um die Bewältigung lebensnotwendiger oder solcher Dinge, die eine unmittelbare Aufmerksamkeit auf sich ziehen. Davon zu differenzieren ist die Fähigkeit, wonach Menschen in der Lage sind, sich selbst und die Dinge, mit denen sie beschäftigt waren oder von denen sie annehmen, dass sie mit ihnen in Zukunft beschäftigt sein werden, zu bedenken. Dabei wird, anders als bei Schiller, die Fähigkeit sich zu be*finden*, sich und die Beziehungen zu empfinden, nicht als minderwertig gegenüber dem Denken abgestuft. Vielmehr wird hier davon ausgegangen, dass die Fähigkeit für jemanden oder etwas, auch die eigene Person, etwas zu empfinden, mit einer Person oder Situation zu empfinden, den Anstoß dafür gibt, über diese Person oder Situation nachzudenken. Andersherum wird auch davon ausgegangen, dass das Nachdenken über jemanden oder etwas eine Empfindung auslösen kann und die im Denken befindliche Person also darauf aufmerksam macht, dass das, worüber sie nachdenkt, von Bedeutung ist. Die Haltungen des Denkens und Empfindens, die Schiller also im Form- und Stofftrieb andeutet, werden hier durchaus als relevant und für den Menschen grundsätzlich prägend angenommen. Anders als bei Schiller sollen diese jedoch nicht in einer Synthese gegen- und ineinander aufgehoben werden, sondern verstehen sich als komplementär zueinander. Die Vorgänge des Denkens und Empfindens werden hier also als sich gegenseitig bedingend angenommen. Hierfür bewahren sie ihre jeweilige Form. Die Differenz ist hier also nicht ein in einem

Prozess der Abrichtung zu überwindendes Störmoment, sondern ermöglicht die Ausrichtung, den Blick auf das, was gewesen ist oder sein wird. Die Fähigkeit sich in einer anderen Perspektive dar- und vorzustellen, sich und der Welt in einer betrachtenden Haltung gegenüberzutreten, wird von Schiller auch als Reflexion bezeichnet: „Die Betrachtung (Reflexion) ist das erste liberale Verhältnis des Menschen zu dem Weltall, das ihn umgibt."[116] Zu denken meint hier nicht, sich von der Welt loszulösen oder in ihr aufzugehen. Der Mensch ist niemals, so wie es Schiller formuliert, eine Null[117], an „Mangel jeder besondern Determination"[118] leidend und somit bestimmungslos. Ich gehe davon aus, dass ein Mensch (un-)bestimmt sein mag, aber in diesem Zustand keine Null, sondern auf dem Weg des Umschlagens, auf dem Weg ist, eine Bestimmung zu finden. Dabei befindet er sich immer schon in Gesellschaft, das heißt in dem Moment, wo der Mensch sich besinnt, ihm sich eine Ahnung hinsichtlich seines Befindens einstellt, kommt er nicht umhin, sich in Gänze zu stellen. Im Denken bleibt der Mensch nicht allein, sondern ist er in der Gesellschaft von allem, was den Menschen angeht. Das Denken hält sich nicht an räumlichen und zeitlichen Grenzen auf, sondern passiert dem Denkenden. Dies bedeutet, dass der denkende Mensch von anderen Menschen und Lebewesen umgeben ist, von allem, über das sich dem Menschen mitteilt, wer er ist oder sein könnte: nicht als einzelnes, abgespaltenes Wesen, sondern als Mensch, der unter anderen Menschen und mit ihnen weilt. Im Vorgang des Denkens, in dem der/die Denkende mit sich allein aber nicht einsam ist, bezeugt die Welt in ihrer Abwesenheit die/den Denkende(n). Auch hierauf, auf die Bedeutung des anderen, der Welt, nicht in ihrer biologischen Funktion der Erzeugung von Menschen, sondern als *Bezeugung* vom Menschen als Mensch, verweist Schiller:

---

[116] Schiller, Friedrich: „Fünfundzwanzigster Brief", in: Über die ästhe*tische Erziehung des Menschen. In einer Reihe von Briefen.* Mit Ausführungen Rudolf Steiners über Wesen und Bedeutung von Schillers Ästhetischen Briefen u. e. Nachwort von Heinz Zimmermann, hg. v. Verlag Freies Geistesleben, Stuttgart [2]1989, 97.

[117] Schiller, Friedrich: „Einundzwanzigster Brief", in: Über die ästhe*tische Erziehung des Menschen. In einer Reihe von Briefen.* Mit Ausführungen Rudolf Steiners über Wesen und Bedeutung von Schillers Ästhetischen Briefen u. e. Nachwort von Heinz Zimmermann, hg. v. Verlag Freies Geistesleben, Stuttgart [2]1989, 79.

[118] Ebd.

> „Soll der Mensch [...] aus jedem abhängigen Zustand zur Selbständigkeit und Freiheit den Aufschwung nehmen können, so muß dafür gesorgt werden, daß er in keinem Momente bloß Individuum sei und bloß dem Naturgesetz diene."[119]

Dabei kritisiert Schiller, dass der Mensch sich nur allzu oft als Einzelwesen verstehe, dem darüber der Sinn für die Gemeinschaft abhandenkomme. Damit gehe zugleich die Hervorbringung einer Gesellschaft einher, die, an die Stelle eines Gemeinsinns, die Vereinzelung von Menschen bewirke:

> „Mit *seiner* Menschenwürde unbekannt, ist er weit entfernt, sie in andern zu ehren, und der eignen wilden Gier sich bewußt, fürchtet er sie in jedem Geschöpf, das ihm ähnlich sieht. Nie erblickt er andre in sich, nur sich in andern, und die Gesellschaft, anstatt ihn zur Gattung auszudehnen, schließt ihn nur enger und enger in sein Individuum ein."[120]

Letztlich ist es die Bedeutung der Imagination, der Vorstellung, die es dem Menschen ermögliche, ein Leben in Freiheit zu leben: „Auf den Flügeln der Einbildungskraft verläßt der Mensch die engen Schranken der Gegenwart, [...] um vorwärts nach einer unbeschränkten Zukunft zu streben [...]."[121] Zusammenfassend soll hier festgehalten werden, wodurch Form- und Stofftrieb bei Schiller geprägt sind. Dabei sind in Tabelle (1) jene Elemente grau unterlegt, die in dieser Arbeit als anschlussfähig für die *Aktualisierung* eines Ästhetikverständnisses aufgefasst werden, das eine Auseinandersetzung mit den Zwängen und

---

[119] Schiller, Friedrich: „Dreiundzwanzigster Brief", in: Über die ästhe*tische Erziehung des Menschen. In einer Reihe von Briefen.* Mit Ausführungen Rudolf Steiners über Wesen und Bedeutung von Schillers Ästhetischen Briefen u. e. Nachwort von Heinz Zimmermann, hg. v. Verlag Freies Geistesleben, Stuttgart [2]1989, 88.

[120] Schiller, Friedrich: „Vierundzwanzigster Brief", in: Über die ästhe*tische Erziehung des Menschen. In einer Reihe von Briefen.* Mit Ausführungen Rudolf Steiners über Wesen und Bedeutung von Schillers Ästhetischen Briefen u. e. Nachwort von Heinz Zimmermann, hg. v. Verlag Freies Geistesleben, Stuttgart [2]1989, 91.

[121] Schiller, Friedrich: „Vierundzwanzigster Brief", in: Über die ästhe*tische Erziehung des Menschen. In einer Reihe von Briefen.* Mit Ausführungen Rudolf Steiners über Wesen und Bedeutung von Schillers Ästhetischen Briefen u. e. Nachwort von Heinz Zimmermann, hg. v. Verlag Freies Geistesleben, Stuttgart [2]1989, 93.

Entfremdungserscheinungen ermöglicht, die sich unter dem „neuen Geist des Kapitalismus" nahezu unbemerkt in das Leben der Menschen einnisten. Dazu gehören das Verständnis des Menschen, der in Vielheit angelegt ist, die Bedeutung des Menschen als einem Gattungswesen für den Vorgang des Denkens und das Verständnis vom Denken als Reflexion.

Form- und Stofftrieb sind durch solche Merkmale charakterisiert, wie sie in Tabelle (1) angegeben werden.

	Stofftrieb	**Formtrieb**
bezogen auf …	Person, Materie (Überleben)	Persönlichkeit (Gestalt)
	Körper	Geist
	Empfindungen	Denken
	Notwendigkeit das Überleben zu sichern (unter anderem auch durch Pflichterfüllung)	Realisierung von Menschenwürde
	Wahrheit	Freiheit
Ausgangspunkt	Die sich verändernden *Zustände* des Lebens	Das Bedürfnis eine Gestalt zu bilden (Persönlichkeit in Erscheinung treten zu lassen)
Zielt ab auf …	Umgang mit Veränderungen	Stabilität/Dauerhaftigkeit (der Persönlichkeit)
Der Mensch	erlebt sich gegenwärtig in einem Moment des Tuns	erfährt sich als Mensch unter Menschen (als Mitglied der Gattung Mensch, die eine Vergangenheit und Zukunft hat)
	geht in der Welt auf	ist zur Selbstreflexion fähig
	empfängt (erlebt) Wirklichkeit	formt (denkt und handelt), ergreift die Welt

Tabelle 1: Stoff- und Formtrieb bei Friedrich Schiller

So, wie bei Adam Smith in der Konzeption des Gewissens, nicht als moralische Aufteilung der Welt in „gut“ und „böse“, sondern als eine innere Haltung, wie der Mensch mit sich und anderen einen Umgang pflegt[122], eine Anschlussfähigkeit an heutige Diskurse zur Kapitalismuskritik erkannt worden ist, haben sich auch bei Schiller Gedanken eingeschrieben, deren Aktualisierung unter den Voraussetzungen des neuen Geistes des Kapitalismus einen Ansatz bieten, sich den Zwängen und Entfremdungserscheinungen einer projektbasierten Polis und daraus entstehenden Leistungsgesellschaft zu widersetzen. Freilich bedarf es, um diese Aktualisierungen vornehmen zu können, der entschiedenen Abgrenzung gegen bestimmte Entscheidungen, die Schiller in seinen Ausführungen vertritt: Anstelle der Überwindung von Antagonismen gilt es, ihre gegenseitige Bedingtheit anzuerkennen. Es geht nicht um eine Gleichschaltung, die aus der Aufhebung der Differenzierung von Denken und Empfinden, von These und Antithese in der Synthese, zweifelsohne erfolgt, sondern um eine Anerkennung der Verschiedenheit. Anstelle der Synthese ergibt sich dann, so mein Vorschlag, ein komplementäres Aufeinanderbezogensein von Person und Persönlichkeit: das eine *ist* nicht ohne das andere; es geht dabei weder um die Aufhebung eines Empfindens zugunsten des Denkens, noch um die Aufhebung des Denkens um der Empfindung willen. Vielmehr ist die Empfindung, der Körper, die Voraussetzung dafür, überhaupt denken zu können. Denken bedeutet wiederum nicht, sich dem Common Sense, als dem, was in einer Leistungsgesellschaft vermeintlich alle denken und wollen unterzuordnen, sondern vielmehr einen Umgang mit sich, mit seinen Empfindungen, zu finden. Person und Persönlichkeit begegnen sich, aber nicht als Feinde, die einander in einem Kampf überwinden müssten, die sich gegeneinander durchzusetzen hätten, sondern in einer freundschaftlichen Gesinnung, die es dem denkenden Ich erlaubt, die Empfindungen der Person, die ich immer schon bereits bin, anzuschauen und begründet anzunehmen oder dies auch sein zu lassen. Das denkende Ich, auf das hier vorwegnehmend unter Bezugnahme auf Hannah Arendt verwiesen wird, ist so in der Reflexion auch mehr als nur mit einer eigenen Nabelschau beschäftigt. Es geht bei einer Reflexion nie „nur“ um den Menschen als ein Einzelwesen, sondern immer um den Menschen, und das lernen wir von Schiller, als einem Gattungswesen. Der Mensch mag zwar allein sein, wenn er sich zum Denken zurückzieht, aber er ist dabei niemals einsam, so formuliert es Hannah

[122] Siehe hierzu auch: Kapitel 1.2 in der vorliegenden Arbeit.

Arendt, und, so möchte ich hier ergänzen, es geht dabei auch niemals „nur“ um die eine Person, sondern um die Gesellschaft, in der er sich befindet. Der Mensch ist *immer* auch ein Mensch *unter anderen Menschen* – er ist nicht loszulösen von seiner Eingebundenheit in eine Weltgemeinschaft von Lebewesen.

Der Denkfigur eines Menschen als Einzelwesen erteilt Schiller zwar eine Absage, aber er schafft es nicht, die Konsequenzen daraus für die Darlegung seines Ästhetikverständnisses zu ziehen. Deutlich machen möchte ich hier, in Abgrenzung von meiner zu Schillers Position, folgendes: Wenn der Mensch über sich nachdenkt, dann kommt in ihm zum Tragen, was Menschen vor ihm gedacht haben. Der Mensch tritt nicht als Tabula Rasa auf, sondern er *ist* bereits immer schon vorhanden, immer schon als Mensch in seiner ganzen Fülle zugegen, wenn er denkt. Und dieses Denken ist nicht nur geprägt durch die sogenannte Sozialisation, die dem Menschen bis dahin zugekommen ist, die ihn bis dahin überlebensfähig und von daher auch zugerichtet hat, sondern sie kann, da sie selbst im Moment des Denkens nicht anwesend ist, auch selbst zum Gegenstand des Denkens werden. Ferner bleiben die Gedanken nicht tatenlos, sondern sind bereits Taten, die etwas damit tun, ob und wie sich ein Mensch nicht nur sich selbst, sondern auch seinen Mitmenschen zuwendet. Die Gedanken verlieren hier ihre Unschuld als vermeintlich tatenlose Dinge, die in eine Sphäre des Kognitiven verbannt sind: In dem Moment, wo sie gedacht sind, sind sie ein Tun und als solches finden sie sich vermittels des Körpers, mit dem sie untrennbar verwoben sind, in der Welt und im Menschen ein. In Abgrenzung zu Schiller lautet hier der Vorschlag, den Menschen mit seinem Eintritt in das Leben, das heißt von seiner Geburt an, als ein vollkommenes Lebewesen zu verstehen, in dem bereits alle Möglichkeiten zu sein angelegt sind. Während der Mensch in der Vorstellung von Schiller einen Fluchtpunkt markiert, das heißt, dass der Mensch zu einem solchen während seines Lebens noch werden muss, stellt er hier einen Ausgangspunkt in der Gegenwart dar. Einerseits bewegen sich auf diesen Raum und Zeit hin, findet sich der Mensch durch Raum und Zeit bewegt, andererseits bewegt er sich durch Zeit und Raum. Dabei überwindet er sich jedoch nicht in dem Sinne, wie sich bei Schiller das Selbst zwecks Pflichterfüllung abschafft. Vielmehr pendelt der Mensch zwischen den Extremen von Körper und Geist, seiendem und denkendem Ich, Person, die sich im Alltag auf Bewährungsproben gestellt sieht und Persönlichkeit, die über die Zeit hinweg immer wieder als Moment zwischen den Bewährungsproben in Erscheinung tritt. Es entsteht so, in Abgrenzung zu Schiller und zugleich unter

Berücksichtigung ausgewählter Elemente seines Denkens, eine andere, strukturalistische Vorstellung vom Menschen, wie sich dieser durch Raum und Zeit bewegt. Dabei ist die Bewegung im Raum als eine vieldimensionale aufzufassen, die nicht nur zwischen Materie und Form stattfindet, sondern auch dem und den Menschen „passiert". Die Bewegung ereilt den Menschen, positioniert ihn unvorhersehbar und jeweils wieder neu, aber nicht beliebig, im Raum. Positionierungen sind damit nicht nur zwischen Materie und Form, sondern auch in verschiedenen Höhen möglich. So entsteht das Bild eines spiralförmigen Pendels, das auch Bewegungen und Bewegtheiten nach oben und unten zulässt. Anders als bei Schiller, kommt hier der Ästhetik nicht die Bedeutung eines interesselosen Spiels zu; vielmehr geht es, ausgehend vom Menschen, um den Umgang, den er mit sich selbst und der Welt, pflegt. Dabei kommt es weniger auf die Dimensionen von Materie und Form an, als darauf, dass durch die spiralförmige Pendelbewegung gleichermaßen Kontakte, als auch Differenzierungen *zwischen* den Dimensionen ermöglicht werden. Die Pendelbewegung wird damit zu einer dritten Instanz, die im Innern des Menschen wirkt und bewirkt, dass der Mensch sich angehalten sieht sein Tun in der Welt zu bedenken. Die vorherigen Überlegungen von Adam Smith zur dritten Person fließen an dieser Stelle in das Verständnis vom Menschen, von dem, was passiert, wenn er bei sich ist oder zu sich kommt, ein.

Materie / **Form**	Person (im alltäglichen Leben)
Persönlichkeit („denkendes Ich")	Ästhetik als komplementäres Beziehungsgefüge zwischen Materie und Form

Tabelle 2: Ästhetik als komplementäres Beziehungsgefüge

Neben einem veränderten Verständnis von dem, was Ästhetik vermag und bedeutet, deutet sich hier auch ein Verständnis von Freiheit an, das sich von jenem bei Friedrich Schiller unterscheidet, der Freiheit einzig als das Befreitsein von Zwängen deutet. Bevor auf den Freiheitsbegriff eingegangen wird, der in der vorliegenden Arbeit von Bedeutung ist, soll das folgende Schaubild die bis hierhin ausgeführten Gedanken noch einmal graphisch zusammenfassen. Im Anschluss wird dann in einem weiteren Kapitel die Frage der „Freiheit" unter Bezugnahme auf die Ausführungen von Isaiah Berlin und Hannah Arendt zurückgegriffen. Anhand von „Karl Marx: Das Kapital, Erster Band" von Rimini Protokoll wird dann an ausgewählten (Berufs-)Biografien der Frage nachgegangen, woran, das heißt, anhand welcher Gesten, die kapitalistische Reproduktion und mit ihr die Reproduktion von Zwängen und Entfremdungserscheinungen überwunden und an ihre Stelle der Eigenwille als Freiheitsbekundung des postfordistischen Menschen tritt.

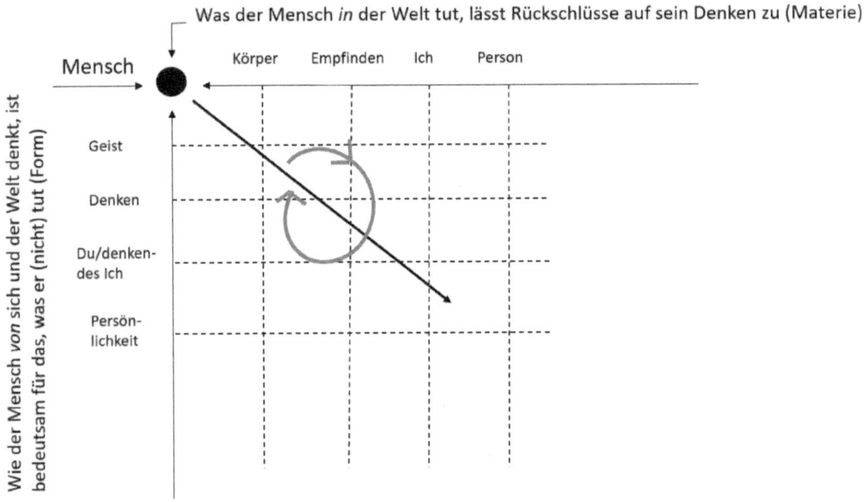

Abbildung 3: Der sich zwischen den Komplementaritäten bewegende und bewegte Mensch als Einheit in Vielfalt (eigene Darstellung)

2 Von Freiheit und ihrem Erscheinen zwischen Gesten, Stimmung und Gestimmtheit

In der Lesart von Hannah Arendt formulierte bereits Karl Marx, dass nicht die Umkehrung von Besitz- und Machtverhältnissen zur Aufhebung von Entfremdungsphänomen führe, sondern dass die Arbeit als solche, verstanden als Notwendigkeit der Existenzsicherung, den Moment der Unfreiheit in einer kapitalistischen Gesellschaft ausmache:

> „Schon Marx hat gewußt, daß die Emanzipation der Arbeit in der Moderne keineswegs damit zu enden braucht, das Zeitalter der Freiheit für alle heraufzuführen, und daß sie ganz genausogut die gegenteilige Folge haben kann, nun zum ersten Mal alle Menschen unter das Joch der Notwendigkeit zu zwingen. Deshalb betonte er, das Ziel einer Revolution könne nicht in der Emanzipation der Arbeiterklasse bestehen [...], sondern nur in der Befreiung des Menschen von der Arbeit. [...] Für Marx gerade war die Befreiung von der Arbeit identisch mit der Befreiung von der Notwendigkeit, und eine solche endgültige Befreiung kann schließlich nur heißen, daß der Mensch sich auch von der Notwendigkeit des Konsumierens [...] befreit [...]."[123]

In der Forderung nach einem bedingungslosen Grundeinkommen findet dieser Gedanke heute Eingang in einen Politikdiskurs, sofern er nicht von vornherein als haltlos oder utopisch abgetan wird. Mit der Idee eines Lebens, das frei von Arbeit ist, setzen sich diejenigen auseinander, die für sich einen Lebensstil beanspruchen, der sich weder einem reibungslosen Funktionieren von und in Wirtschaftsprozessen, noch dem Überleben als höchsten Wert menschlichen Tuns unterordnen möchte. Sogenannte Wirtschaftspädagog*innen fordern, dass

[123] Arendt, Hannah: *Vita activa oder Vom tätigen Leben*, München ^{20}2019, 154.

Arbeitsbedingungen derart umgestaltet werden müssen, dass Erwerbsarbeit nicht auf eine Nutzenfunktion verkürzt wird, sondern offen für die Sinngestaltung derjenigen sei, die sich in den Verwertungsprozess der Arbeit einbringen.[124] Letztlich läuft jedoch auch diese Forderung wieder auf die Ein- und Umsetzung des Entrepreneurs als dem Akteur hinaus, der sich nicht nur verwerten lässt, sondern der meint, dies auch noch selbst zu wollen, mit all seinen Leidenschaften, Wünschen und Bedürfnissen, mit Haut und Haar, Geist und Körper, im Arbeitsprozess verzehrt werden zu müssen, um als Mensch zu gelten. Solange kein bedingungsloses Grundeinkommen oder ähnliche Projekte eingeführt sind, kann jedoch die Notwendigkeit, zwecks Sicherung des eigenen Überlebens zu arbeiten, nicht abgestritten werden. Viel wäre allerdings schon gewonnen, wenn Arbeit einem existenzsichernden Minimalansinnen folgen und es den Menschen ermöglichen würde, sich nicht in und an prekären Lebenssituationen aufreiben zu müssen.

Es geht hier darum, einerseits festzustellen, dass Arbeit und Freiheit inkommensurable Konzepte sind, und andererseits darum, dass sich jenseits der Arbeit ein Raum eröffnet, dessen Bedeutung über die der Existenzsicherung hinausgeht. Dieser Raum ist nicht pauschal zugegen, aber dennoch nicht exklusiv. Allerdings bedarf er, um betreten werden zu können, der Hinwendung der Akteure, die in und mit ihm in Kontakt zu treten vermögen. Dieser Raum befreit nicht von Arbeit, aber er (ver-)setzt seine Akteure und ermöglicht es ihnen sich zu zeigen, dass sie zwischen verschiedenen Lebenskonzepten, -stilen und Paradigmen wählen oder auch die Möglichkeit haben, gänzlich neue entwerfen zu können. Jenseits der Funktion, als Produktionsfaktor verwertet zu werden, treten Menschen voreinander in Erscheinung. Hannah Arendt spricht hier von der Wandlung, der Transfiguration des Menschen von einem Niemand zu einem Jemand.[125] Während in den vorherigen Ausführungen Freiheit negativ definiert worden ist, als ein Zustand, der aufgrund von Zwängen und Entfremdungserscheinungen nicht besteht und daher auf der Markierung eines Mangels beruht, wird er hier mit einer Positivdefinition zu konnotieren versucht. Freiheit lässt sich demnach bestimmen als ein Phänomen, dessen Zuhandensein eine eigene

[124] Vgl. Tafner, Georg: „Homo oeconomicus oder Ehrbarer Kaufmann – Reflexionen zum Verhältnis der Wirtschaftspädagogik zu den Wirtschaftswissenschaften“, in: *bwp@ Spezial* 14 (2017), 18ff.

[125] Vgl. Arendt, Hannah: *Vita activa oder Vom tätigen Leben*, München ^{20}2019, 203ff.

Dimension aufweist. Damit einher geht die Formulierung eines bestimmten Menschenbildes, wonach der Mensch nicht erst durch eine Leistungserbringung zu einem vollwertigen Menschen wird, sondern als Mensch mit seiner Geburt immer schon als ein einzigartiger Mensch zugegen ist. Es ergibt sich hieraus die Freiheit, Jemand zu sein und genau dieser Jemand zu sein, weil kein anderer, weder vor, noch nach ihm, dieser Jemand war oder sein wird. Die Einzigartigkeit, die mit der Geburt in die Welt hineinkommt, geht mit der Freiheit einher, so zu leben, wie es ihr gebührt. Sie begründet, dass Lebens- und Berufswege sowie -entscheidungen so gänzlich anders ausfallen können, manchmal auch müssen, als dies durch Sozialisierungs- und Bildungsprozesse zuweilen als Common Sense propagiert zu werden scheint. Es gibt nicht nur eine Freiheit „von“, sondern auch ein Verständnis von Freiheit „zu“ (tun oder auch zu lassen). Dieses Verständnis von Freiheit in seiner Positivdefinition ist für den weiteren Argumentationsgang zentral. Sie wird daher im folgenden Unterkapitel unter Bezugnahme auf ihren Begründer Isaiah Berlin näher erläutert und als Freiheit sich (vor-)zustellen nach Hannah Arendt konkretisiert.

2.1 Zur Differenzierung der Freiheit „von“ und Freiheit „zu“ nach Isaiah Berlin

Das postfordistische Wirtschaftsmodell ist geprägt durch ein Freiheitsverständnis, das von einer Marktperspektive ausgehend behauptet, dass Freiheit im Befreitsein des Marktes von staatlichen Zwängen bestehe:

> „‚Freiheit‘ ist keine Freiheit für: das könnte eine politische Freiheit sein, in der man Demokratie ohne Kompromisse verteidigen und über soziale Gerechtigkeit diskutieren kann. Marktradikale Freiheit ist Freiheit *von*. Sie wendet sich gegen den NICHT-MARKT: man ist frei von einem Hindernis für das individuelle Handeln durch andere. Frei ist nur der, dessen Freiheit durch andere *nicht* gehindert ist. Je weniger NICHT-MARKT, desto größer *die* Freiheit. Das beste Beispiel ist DER freie MARKT – wie in Chile unter Pinochet: KonsumentInnen und UNternehmerInnen sind ‚frei‘ zu kaufen

> und zu verkaufen, wie es ihnen beliebt. Der politische Rahmen spielt für *die* Freiheit keine wichtige Rolle."[126]

In seinem Essay: „The Pursuit of the Ideal", der als Grundlage seiner Rede am 15.02.1988 anlässlich seines Empfanges des Senator Giovanni Agnelli International Prize „for the ethical dimension in advanced societies" diente, differenziert Isaiah Berlin das Verständnis von Freiheit im Sinne des Befreitseins *von* Zwang, von jenem der Freiheit etwas *zu* tun oder *zu* lassen. Bereits mehrere Jahrzehnte hat sich Isaiah Berlin bis dato mit dem Verständnis von „Freiheit" auseinandergesetzt. Die Rede, auf die nachfolgend rekurriert wird, gilt als eine, die die grundlegenden Implikationen der „Freiheit von" und „Freiheit zu" am prägnantesten zur Geltung bringt.

In seiner Rede „The Pursuit of the Ideal" stellt Isaiah Berlin fest, dass Menschen und ihre Organisation als Gesellschaft über verschiedene Jahrhunderte hinweg betrachtet, immer dazu fähig gewesen seien, sich zu verändern. Den Veränderungen liegen verschiedene Ansätze zu Grunde, die Berlin als politische, soziologische oder auch wissenschaftliche Anliegen identifiziert. So unterschiedlich die Anliegen an sich gewesen sein mögen; ihnen als Motor für Veränderung ist gemein, so Berlin, dass sie durch die Überzeugung getragen würden, dass grundlegende Änderungen in der Organisation des Zusammenlebens möglich seien. Gesellschaftliche Veränderungen seien demnach auf einen Zielhorizont ausgerichtet, um dessentwillen sie nicht nur entstanden seien, sondern der dazu beitrage, dass eine Gemeinschaft sich zusammenfinde, um gemeinsam das, was als Änderungswunsch in die Zukunft gerichtet sei, in die Gegenwart hineinzuholen. Berlin stellt heraus, dass es die Überzeugung über die Möglichkeit der Veränderung gewesen sei, die dazu geführt habe, dass Menschen, über Jahrzehnte und teilweise Generationen hinweg, an der tatsächlichen Umsetzung einer Idee mitgewirkt haben:

> „What was common to all these outlooks was the belief that solutions to the central problems existed, that one could discover them, and, with sufficient selfless effort, realise them on earth. They all believed that the essence of human beings was to be able to choose how to live: societies could be

[126] Ötsch, Walter O.: *Mythos Markt. Marktradikale Propaganda und ökonomische Theorie*, Marburg ²2009, 53. [Hervorhebung im Original, T. E.].

> transformed in the light of true ideals believed in with enough fervour and dedication.“[127]

Dabei stellt er heraus, dass, basierend auf Platon, Menschen, die bis dato nach einem Ideal strebten, dem Irrglauben anheimgefallen seien, dass es ein „richtiges“ Ideal gäbe, wodurch andere Grundsätze, die eventuell als Alternativen zu diesem einen Ideal dienen könnten, notwendigerweise falsch sein müssten. Zugleich verweist er auf Friedrich Hegel und Karl Marx als Vertreter des 19. Jahrhunderts, die ihrerseits herausgearbeitet haben, dass Wahrheiten nicht zeitlos, sondern in einen historischen Kontext eingebettet und auch immer vor diesem gedeutet werden sollten: „There was historical development, continuous change; human horizons altered with each new step in the evolutionary ladder; history was a drama with many acts […].“[128] Ohne das Vertrauen in eine veränderbare Zukunft, die es den Menschen erlauben würde frei von Zwängen zu leben, so stellt Berlin heraus, sei die Entscheidung für ein Leben auf Erden, die jenseits der biologischen Geburt zu fällen sei, kaum möglich. Der Glaube an die Möglichkeit Zustände herzustellen, die sich von denen unterscheiden, in die der Mensch hineingeboren wird, wird von Berlin als treibende Kraft von Veränderungen dargestellt, die bis heute ihre Wirkung entfalte:

> „The day would dawn when men and women would take their lives in their own hands and not be self-seeking beings or the playthings of blind forces that they did not understand. […] That has been at the centre of ethical thought from the Greeks to the Christian visionaries of the Middle Ages, from the Renaissance to progressive thought in the last century; and, indeed, is believed by many to this day.“[129]

---

[127] Berlin, Isaiah: „The Pursuit of the Ideal“, in: *The Crooked Timber of Humanity. Chapters in the History of Ideas,* hg. v. Henry Hardy, Princeton (New Jersey) ²2013, 1–20. http://assets.press.princeton.edu/chapters/s9983.pdf, Abruf am 09.12.21.

[128] Berlin, Isaiah: „The Pursuit of the Ideal“, in: *The Crooked Timber of Humanity. Chapters in the History of Ideas,* hg. v. Henry Hardy, Princeton (New Jersey) ²2013, 1–20. http://assets.press.princeton.edu/chapters/s9983.pdf, Abruf am 09.12.21.

[129] Berlin, Isaiah: „The Pursuit of the Ideal“, in: *The Crooked Timber of Humanity. Chapters in the History of Ideas,* hg. v. Henry Hardy, Princeton (New Jersey) ²2013, 1–20. http://assets.press.princeton.edu/chapters/s9983.pdf, Abruf am 09.12.21.

Durch sein Studium von Machiavelli habe er, Berlin, gelernt, dass es Glaubensgrundsätze gäbe, die, jeweils für sich betrachtet, sinnvoll seien aber, wenn sie einander gegenübergestellt würden, einander ausschließen. Berlin beschreibt hier die These der Inkommensurabilität. Dabei wird die Welt in verschiedene Sub- oder Lebenswelten eingeteilt, in denen je eigene Denkstile und -muster vorherrschen, die von denen, die ihnen folgen, implizit oder explizit als „Wahrheiten" anerkannt werden und die zugleich grundlegend widersprüchlich zu jenen Paradigmen einer anderen Lebenswelt sein können beziehungsweise sind. „The values of these cultures are different, and they are not necessarily compatible with one another."[130] In der Erkenntnis über die Inkommensurabilität während des Studiums von Machiavelli habe sich Berlin eine pluralistische Weltsicht eröffnet, die ihn, wie er selbst beschreibt, als ein Schockerlebnis ereilt habe:

> „The idea that this planted in my mind was the realisation, which came as something of a shock, that not all the supreme values pursued by mankind now and in the past were necessarily compatible with one another. It undermined my earlier assumption, based on the *philosophia perennis*, that there could be no conflict between true ends, true answers to the central problems of life."[131]

Dabei stellt Berlin heraus, dass Menschen, die in verschiedenen Lebenswelten leben, aufeinander Bezug nehmen können und dass sogar ein aufeinander bezogenes Verstehen der jeweils anderen Lebenswelt durchaus möglich sei, ohne dass dies bedeute, die in der eigenen Lebenswelt anerkannten Wahrheiten aufgeben zu müssen oder in einen Relativismus zu verfallen, der dem eigenen oder dem Leben der anderen dessen Wahrhaftigkeit absprechen würde. Kernelement dieses aufeinander bezogenen verstehenden Miteinanders sei, so Berlin, die Imagination als Vorstellungskraft; die Fähigkeit sich gedanklich in Position zu setzen – sich zu stellen, das heißt sich selbst sowie den/die Angehörige*n einer anderen Lebenswelt

---

130 Berlin, Isaiah: „The Pursuit of the Ideal", in: *The Crooked Timber of Humanity. Chapters in the History of Ideas,* hg. v. Henry Hardy, Princeton (New Jersey) ²2013, 1–20. http://assets.press.princeton.edu/chapters/s9983.pdf, Abruf am 09.12.21.

131 Berlin, Isaiah: „The Pursuit of the Ideal", in: *The Crooked Timber of Humanity. Chapters in the History of Ideas,* hg. v. Henry Hardy, Princeton (New Jersey) ²2013, 1–20. http://assets.press.princeton.edu/chapters/s9983.pdf, Abruf am 09.12.21.

in gleicher Distanz, auf Augenhöhe, zu begegnen. Die Vor-Stellung wird damit zu einem Umgang, der weder sich noch den/die Andere*n, der/die einem selbst fremd erscheint, bevorzugt und damit in der Begegnung Gerechtigkeit, nicht im moralischen Sinne, sondern im Sinne einer (ethischen) Haltung, herstellt:

> „Members of one culture can, by the force of imaginative insight, understand […] the values, the ideals, the forms of life of another culture or society, even those remote in time or space. They may find these values unacceptable, but if they open their minds sufficiently they can grasp how one might be a full human being, with whom one could communicate, and at the same time live in the light of values widely different from one's own, but which nevertheless one can see to be values, ends of life, by the realisation of which men could be fulfilled.“[132]

Auch wenn Berlin selbst abstreitet, dass sein pluralistisches Weltbild als Relativismus betrachtet werden könne, ist es möglich, dieser Aussage kritisch zu begegnen und ließe sich hier ein entsprechender Diskurs anschließen, worauf jedoch aufgrund des begrenzten Umfangs des vorliegenden Schriftstücks verzichtet wird. Was hier als zentral festgehalten werden soll, ist vielmehr Berlins Erkenntnis, dass die gleichberechtigte Existenz verschiedener Wahrheiten nebeneinander und ein Verstehen dieser möglich ist, bei einer gleichzeitigen Bewahrung dessen, was sich als Differenz zwischen den verschiedenen Wahrheiten herausstellt. Worum es Berlin meiner Ansicht nach hier geht, ist, dass eine Vielzahl von Paradigmen bestehen und sie gleichermaßen als bedeutsam anerkannt werden können, wenngleich sie miteinander unvereinbar erscheinen. Berlin geht es um die Differenz von Ansätzen, darum, dass sie es ermöglichen einem Lebensstil zu folgen, der anders als der ist, den eigene Vorfahren verfolgt haben, den Nachkommen verfolgen werden oder der anders als der der Eltern oder Freunde ist.

> „Forms of life differ. Ends, moral principles, are many. […] What is clear is that values can clash – that is why civilisations are incompatible. They

---

[132] Berlin, Isaiah: „The Pursuit of the Ideal“, in: *The Crooked Timber of Humanity. Chapters in the History of Ideas,* hg. v. Henry Hardy, Princeton (New Jersey) ²2013, 1–20. http://assets.press.princeton.edu/chapters/s9983.pdf, Abruf am 09.12.21.

> can be incompatible between cultures, or groups in the same culture, or between you and me. [...] We can discuss each other's point of view, we can try to reach common ground, but in the end what you pursue may not be reconcilable with the ends to which I find that I have dedicated my life. Values may easily clash within the breast of a single individual; and it does not follow that, if they do, some must be true and others false."[133]

Um gleichermaßen Menschen die Möglichkeit zu geben einen Lebensstil und solche Werte zu verfolgen, für die sie jeweils einstehen wollen, ist es notwendig, so Berlin, die Freiheit derjenigen einzuschränken, die ihren Lebensstil als einzig wahren durchsetzen wollen. Eine absolute Freiheit im Sinne eines uneingeschränkten Lebens kann es aus diesem Grund nicht geben. Freiheit ist demnach also immer schon bedingt, mit anderen Worten: kann im Sinne des Strebens nach einem gerechten Leben für alle immer nur als eine bereits beschränkte Freiheit auftreten:

> „Equality may demand the restraint of the liberty of those who wish to dominate; liberty – without some modicum of which there is no choice and therefore no possibility of remaining human as we understand the word – may have to be curtailed in order to make room for social welfare, to feed the hungry, to clothe the naked, to shelter the homeless, to leave room for the liberty of others, to allow justice or fairness to be exercised."[134]

Diesem Verständnis von Freiheit ist inhärent, dass die Freiheit der einen mit der Beschränkung der anderen einhergeht. Wie aber ist damit umzugehen, dass es den anderen ebenso wie den einen möglich sein soll, Freiheit in Anspruch zu nehmen und dass zugleich die Freiheit der einen der Verstoß gegen das Recht der anderen ist, so, wie es in Sophokles' Antigone der Fall ist?

In diesem Zusammenhang deutet Berlin Freiheit nicht nur negativ, als ein Befreitsein vom Zwang so und nicht anders leben zu müssen, sondern positiv als die

---

133 Berlin, Isaiah: „The Pursuit of the Ideal", in: *The Crooked Timber of Humanity. Chapters in the History of Ideas,* hg. v. Henry Hardy, Princeton (New Jersey) ²2013, 1–20. http://assets.press.princeton.edu/chapters/s9983.pdf, Abruf am 09.12.21.

134 Berlin, Isaiah: „The Pursuit of the Ideal", in: *The Crooked Timber of Humanity. Chapters in the History of Ideas,* hg. v. Henry Hardy, Princeton (New Jersey) ²2013, 1–20. http://assets.press.princeton.edu/chapters/s9983.pdf, Abruf am 09.12.21.

Freiheit zwischen Lebensstilen wählen zu können. Dabei verdeutlicht er mit der Betonung der Vorstellungskraft, dass Lebensstile nicht unveränderbar sind, sondern dass Menschen kraft ihrer Fähigkeit sich vor-zustellen auch in der Lage sind, andere Denkstile und Wahrheiten als jene zu entwerfen, in denen sie in ihrem aktuellen Dasein verwickelt sind. Es geht ihm also um die Beibehaltung der Differenz von Werten und Lebensstilen und zugleich darum, dass es den Menschen möglich ist, neue hinzuzufügen, obschon dies immer auch mit der Gefahr einhergeht, dass diese neuen Lebensstile neue Probleme und Zwänge aufwerfen. Berlins Ansatz besteht also genau darin, die Freiheit des Willens – die Fähigkeit zu entscheiden – zu stärken und, damit einhergehend, die Vielfalt an Lebensstilen, -entwürfen und Werten sowie ihre tendenzielle Unabgeschlossenheit und Veränderbarkeit. Die Konsequenz daraus ist, dass das Leben den Menschen, als einzelnen und als Gattung, immer wieder mit Entscheidungen konfrontiert. Es gibt hierbei weder eine einfache noch eine eindeutige oder vermeintlich objektive Wahrheit, sondern die Notwendigkeit, sich immer wieder der Herausforderung zu stellen, Entscheidungen über die Sinnhaftigkeit und Bedeutung von Situationen zu treffen. Ein Leben in Unruhe ist der Preis für diejenigen, die sich nicht den vermeintlich einfachen Lösungen ergeben, die von jenen angeboten werden, die eine vermeintliche Allwissenheit und Macht, wie beispielsweise in autoritären Regimen und Diktaturen, propagieren:

> „The best that can be done, as a general rule, is to maintain a precarious equilibrium that will prevent the occurrence of desperate situations, of intolerable choices – that is the first requirement for a decent society; one that we can always strive for, in the light of the limited range of our knowledge, and even of our imperfect understanding of individuals and societies. A certain humility in these matters is very necessary.“[135]

Einer Idealvorstellung darüber, wie der Mensch als Individuum als auch Gattung zu sein und sich zu verhalten habe, wird damit von Berlin eine Absage erteilt. Vielmehr verdeutlich er, dass das Leben als solches so divers ist, dass es „die eine“

[135] Berlin, Isaiah: „The Pursuit of the Ideal“, in: *The Crooked Timber of Humanity. Chapters in the History of Ideas,* hg. v. Henry Hardy, Princeton (New Jersey) [2]2013, 1–20. http://assets.press.princeton.edu/chapters/s9983.pdf, Abruf am 09.12.21.

Vorstellung von Freiheit nicht geben kann. Dies bedeutet nicht, dass ein Streben nach einem Vorbild, die Orientierung an Werten oder der Entwurf von Paradigmen per se von Berlin als schändlich abgetan wird. Nur dieses eine, das für das eigene Leben gelten mag, absolut zu setzen, würde, nach Berlin, die Freiheit zu entscheiden, die Freiheit zu tun oder zu lassen als die Freiheit, die nach Erteilung einer Absage an eine absolute Freiheit, bleibt, aussetzen. Bei Berlin geht die Forderung nach Unsicherheit einher mit der Demut davor nicht zu wissen, wohin es führen mag, wofür oder wogegen eine Entscheidung gefällt wird. Unsicherheit verweist auf die Möglichkeit, dass alles, worüber entschieden werden kann, auch anders entschieden werden könnte. Sie markiert bei Berlin das zu bewahrende Moment einer Gesellschaft, die danach strebt, frei zu sein.

> „Of course social or political collisions will take place; the mere conflict of positive values alone makes this unavoidable. Yet they can, I believe, be minimised by promoting and preserving an uneasy equilibrium, which is constantly threatened and in constant need of repair – that alone, I repeat, is the precondition for decent societies and morally acceptable behaviour, otherwise we are bound to lose our way."[136]

2.2 Zwischen Geste und im (Ge-)Denken: Von der Freiheit sich (vor-)zu stellen nach Hannah Arendt

Von Isaiah Berlin lernen wir, dass der Idee von absoluter Freiheit eine Absage erteilt werden muss: wo viele Menschen aufeinandertreffen, versammeln sich diverse Vorstellungen davon, was als lebens- und erstrebenswert gilt. Viele dieser Vorstellungen sind miteinander unvereinbar. Angesichts dieser Inkommensurabilität gilt es, Entscheidungen zu treffen. Mit einer Entscheidung für etwas geht die Entscheidung gegen etwas Anderes einher. Die Welt, in die der/die Mensch hineingeboren und in die er/sie gestellt ist, die sich ihm/ihr in seinem/ihrem alltäglichen Leben darbietet, ist auch ein Ergebnis bisher getroffener und umgesetzter

---

136 Berlin, Isaiah: „The Pursuit of the Ideal", in: *The Crooked Timber of Humanity. Chapters in the History of Ideas,* hg. v. Henry Hardy, Princeton (New Jersey) ^{2}2013, 1–20. http://assets.press.princeton.edu/chapters/s9983.pdf, Abruf am 09.12.21.

Entscheidungen. Der Historie von Entscheidungen ist damit allerdings zugleich die Möglichkeit inhärent, zukünftige Entscheidungen anders zu treffen als jene, mit deren Konsequenzen der/die in der Gegenwart lebende Mensch konfrontiert wird. Dies bedeutet auch, dass der/die Mensch dem Leben, in das sie/er geworfen ist, nicht wehrlos ausgeliefert ist. In der Einzigartigkeit eines jeden Menschen, die ihr/ihm qua Geburt gegeben ist, liegt die Möglichkeit des Ver-Sprechens. Damit meine ich, dass ein Mensch, die/der heute geboren wird, womöglich zu gänzlich anderen Einsichten über das kommt, was ihm/ihr wichtig ist, als sie mir möglich sind. Die Lebensgeschichten sind ebenso einzigartig wie ihre Träger*innen – nicht, weil womöglich Außergewöhnliches geleistet wird. Wer könnte sich schon anmaßen zu bestimmen, was als „außergewöhnlich" zu gelten hat? In der Einzigartigkeit jedes Lebens selbst ist die Möglichkeit angelegt, sich im Nicht-Tun, das auch ein Denken sein kann, von dem zu unterscheiden, was bisher auf der Welt geschah. Die Möglichkeit zu denken, die jedem Menschen gegeben ist, und die sich im (lautlos) gesprochenen Wort aktualisiert, stellt den Menschen vor die Wahl der Situation, in der er/sie sich befindet, zuzustimmen oder sie abzulehnen. Mindestens diese Wahlfreiheit ist ein Ver-Sprechen im doppelten Sinne. Dem Menschen ist die Möglichkeit gegeben, sich zu entscheiden: letztlich zu leben oder zu sterben. Zugleich ist die Inanspruchnahme dieser Wahlfreiheit nicht ohne Sprache denkbar. Das Denken ist an Sprache gebunden:

> „Das Denken aber, im Unterschied zu den kognitiven Funktionen, die das Denken vielleicht als eines ihrer Werkzeuge gebrauchen, bedarf der Sprache nicht nur, um hörbar in Erscheinung zu treten; es bedarf ihrer, um überhaupt in Gang zu kommen."[137]

Und sofern der Mensch sich auf seine/ihre Einzigartigkeit beruft, so ist es ihr/ihm möglich, gänzlich anders zu denken und damit zu sprechen als alle, die vor ihr/ihm waren und nach ihr/ihm kommen werden. Verschiebungen in der Sprache, ein Ver-Sprechen im wahrsten Sinne des Wortes, sind also möglich. Mit ihnen geht die Freiheit einher sich selbst anders zu positionieren, sich in eine andere

---

[137] Arendt, Hannah: „Das Denken", in: *Vom Leben des Geistes. Das Denken. Das Wollen,* hg. v. Mary McCarthy. Aus dem Amerikanischen von Hermann Vetter, München [10]2020, 126.

Stellung gegenüber dem zu versetzen, was als lebens-, sterbens- oder allgemein als erstrebenswert gilt. Die Freiheit, die sich hier einerseits als eine Wahl und andererseits als ein Anderssein andeutet, ist anders als die Wahl zu verstehen, die ein Mensch vornimmt, wenn sie/er an politischen Wahlen teilnimmt oder sich die Kleidung für ein Rendez-vous zurechtlegt. Die Freiheit zu entscheiden, um die es hier geht, ist kein per se vorhandener, beliebig abrufbarer Zustand, sondern ein Moment des Umschlagens, des Kippens: ein Wechsel vom Ich zum Du oder, wie es Hannah Arendt formuliert, vom Ich zum „Ich-bin-ich":

> „Kurz, die spezifisch menschliche Verwirklichung des Bewußtseins im denkenden Zwiegespräch mit sich selbst verweist darauf, daß Unterschied und Anderssein, die in so hohem Maße kennzeichnend für die Welt der Erscheinungen sind, wie sie dem Menschen als Aufenthaltsort zwischen vielen verschiedenen Dingen gegeben ist, auch die eigentlichen Bedingungen für die Existenz des geistigen Ichs des Menschen sind, denn dieses Ich existiert ja nur in der Dualität. Und dieses Ich – das Ich-bin-ich – erfährt den Unterschied in der Identität genau dann, wenn es nicht mit erscheinenden Dingen zu tun hat, sondern nur mit sich selbst."[138]

Keineswegs ist klar, was in dem Moment passiert, da das Denken eintritt, das Du zum Ich herantritt. Der Umstand, dass der Mensch jedoch keineswegs und selbstverständlich Gebrauch von seiner Fähigkeit zu denken macht, ist durch Hannah Arendt eindrücklich herausgearbeitet worden. Im Falle der Verweigerung zu denken, also einen Umgang mit sich zu pflegen, verzichtet der Mensch auf ein Tun, das Arendt als die aktivste aller Handlungsformen beschreibt. Dem Denken als Tun verhilft sie zu einer nicht nur dem Arbeiten und Herstellen, sondern auch der Verstandestätigkeit von Wissenschaftler*innen priorisierten Stellung:

> „Die vom Erkenntnisdrang aufgeworfenen Fragen lassen sich im Prinzip alle mittels der Alltagserfahrung und des gemeinen Verstandes beantworten; sie unterliegen genau wie die Sinneswahrnehmungen

[138] Arendt, Hannah: „Das Denken", in: *Vom Leben des Geistes. Das Denken. Das Wollen*, hg. v. Mary McCarthy. Aus dem Amerikanischen von Hermann Vetter, München [10]2020, 186.

> und -erfahrungen korrigierbaren Irrtümern und Täuschungen. [...] Doch die Fragen, die das Denken aufwirft und die der ureigensten Beschaffenheit der Vernunft entsprechen – nämlich Fragen des Sinnes – , können der gemeine Verstand und seine Verfeinerung, die Wissenschaft, grundsätzlich nicht beantworten."[139]

Während der Arbeit als Tätigkeit die Sicherung des Überlebens zukommt und das Herstellen auf die Aneignung der Welt ausgerichtet ist, ist das Denken weder mit der Organisation noch der Strukturierung des Alltags beschäftigt. Vielmehr obliegt ihm die Möglichkeit die Handlungsprinzipien selbst, nach denen der Alltag organisiert und strukturiert wird, zu bestimmen. Nur in der Reflexion über die Situation, in die er/sie gestellt ist, gelingt es dem Menschen, seinen/ihren Alltag auf die ihn leitenden Prinzipien zu befragen. Hierfür bedarf der Mensch jedoch des Mutes, sich selbst zu begegnen. Die Freiheit zu denken geht mit der Herausforderung einher, vor sich selbst zu treten. In dem Moment, in dem der Mensch zu sich heimkehrt, tritt er vor sich. Zwischen dem, was er/sie als Mensch, beispielsweise in Form von Gesten, äußert und dem, was er/sie darüber denkt, entsteht ein Raum, in dem sich der Mensch als Andere*r begegnet, in dem er/sie sich selbst vor-stellt, als jemand, der auch ein*e ganz andere*r Jemand sein könnte. Sich vor-zustellen, was nicht ist, aber sein könnte, ist eine besondere Fähigkeit, deren Relevanz als Imaginationskraft Hannah Arendt wie folgt beschreibt:

> „Die Einbildungskraft, die einen sichtbaren Gegenstand in ein unsichtbares Vorstellungsbild verwandelt, das im Geiste gespeichert werden kann, ist also die unabdingbare Voraussetzung dafür, daß der Geist brauchbare Gegenstände geliefert bekommt; doch diese entstehen erst, wenn der Geist aktiv und vorsätzlich erinnert und aus dem Schatz des Gedächtnisses irgend etwas auswählt, das sein Interesse so stark weckt, daß sich Konzentration einstellt; dabei lernt der Geist mit abwesenden Gegenständen umzugehen und bereitet sich darauf vor, ‚weiter zu gehen' in Richtung auf das

[139] Arendt, Hannah: „Das Denken", in: *Vom Leben des Geistes. Das Denken. Das Wollen*, hg. v. Mary McCarthy. Aus dem Amerikanischen von Hermann Vetter, München [10]2020, 67f.

> Verstehen von Gegenständen, die immer abwesend sind und nicht erinnert werden können, weil sie der Sinneserfahrung nie gegenwärtig waren."[140]

Der Mensch tritt also vor sich selbst in Erscheinung, wenn er/sie denkt. Der Mensch präsentiert sich dabei selbst, wobei damit nicht gemeint ist, dass sie/er etwas von sich erfährt, was sie/er bisher nicht wusste, sondern dass ihr/ihm auch hierbei die Möglichkeit zu entscheiden gegeben ist, wie er/sie sich begegnet. Vor sich selbst in Erscheinung zu treten, das meint also, sich willentlich zu begegnen:

> „*Was sehen kann, möchte gesehen werden; was hören kann, möchte gehört werden; was berühren kann, möchte sich berühren lassen.* Es ist gerade so, als hätte alles, was lebt […] einen *Drang, zu erscheinen,* sich in die Welt der Erscheinungen einzufügen, indem es – nicht sein ‚inneres Selbst', sondern – sich als Individuum darstellt und zeigt."[141]

Zusammenfassend soll hier festgehalten werden, dass der Mensch sich in seinem Alltag bewegt und diese Bewegungen, die im weiteren Verlauf als Gesten gedeutet werden, in einem Umfeld stattfinden, das durch implizite und explizite Gesetze, Regeln, Normen und Prinzipien geprägt ist. In einem weiten Begriffsverständnis könnte hier auch von der Kultur gesprochen werden, die den Menschen umgibt und die er, im alltäglichen Dasein, (re-)produziert. Obgleich der Mensch in einer solchen aufwächst, ist es ihm/ihr möglich, sich davon zu distanzieren. In seiner Einzigartigkeit ist jedem Menschen die Möglichkeit gegeben, andere Vor-Stellungen davon zu entwerfen, wie er/sie leben möchte und sich anders zu dem zu positionieren, was ihr/ihm in ihrem Leben als vermeintlich notwendiger Handlungsentwurf gegeben ist. Die Fähigkeit über vermeintlich gegebene und unveränderliche Lebensstile nachzudenken, ist grundsätzlich jedem Menschen eigen, wird aber nicht per aktualisiert. Im Zwischenraum, der sich zwischen den Gesten und ihrem Nachdenken darüber in der Begegnung zwischen mir und dem anderen

---

[140] Arendt, Hannah: „Das Denken", in: *Vom Leben des Geistes. Das Denken. Das Wollen,* hg. v. Mary McCarthy. Aus dem Amerikanischen von Hermann Vetter, München [10]2020, 83.

[141] Arendt, Hannah: „Das Denken", in: *Vom Leben des Geistes. Das Denken. Das Wollen,* hg. v. Mary McCarthy. Aus dem Amerikanischen von Hermann Vetter, München [10]2020, 39. [Hervorhebung im Original, T. E.].

Ich ergibt, also in der Vor-Stellung darüber, wer ich noch sein könnte und wie die Welt, die mich umgibt, noch sein könnte, bahnt sich die Freiheit, Jemand zu sein, ihren Weg.

In einem Versuch einer graphischen Abbildung lässt sich der Zusammenhang zwischen Gesten, dem Denken und dem Zwischenraum als Vor-Stellung, die die Gesten und das Nachdenken über sie gleichermaßen miteinander verbindet wie auch trennt, darstellen (Abb. 4).

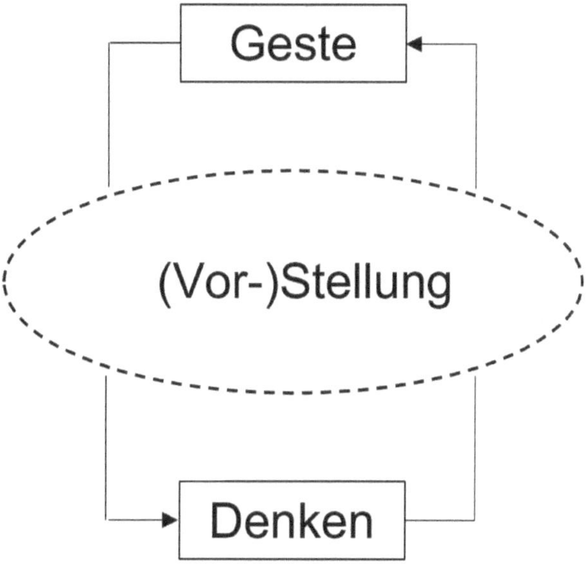

Abbildung 4: Die (Vor-)Stellung zwischen Geste und Denken (eigene Darstellung)

Es lassen sich hieran anschließend nun zwei Fragen formulieren. Die eine nimmt die Fragerichtung von den Gesten zum Denken auf. So lässt sich fragen, welche Gesten Menschen in ihrem (Berufs-)Alltag äußern, der sich im „neuen Geist des Kapitalismus" abspielt und was dies über Entfremdungserfahrungen und Zwänge aussagt, mit denen Menschen in ihrem Alltag konfrontiert werden. Die andere Frage nimmt die umgekehrte Fragerichtung auf. Sie bezieht sich auf das, was Menschen über den von ihnen erlebten Alltag denken und inwiefern sich dieses Denken in Gesten beziehungsweise in der Veränderung von Gesten niederschlägt. Beiden Fragerichtungen soll im weiteren Verlauf durch den Bezug auf die Inszenierung dreier ausgewählter (Berufs-)Biographien aus „Karl Marx: Das Kapital, Erster Band“ nachgegangen werden. Den Gesten wird dabei eine zentrale (Vor-)Stellung zuteil. Sie gilt es zu beschreiben und zu differenzieren. Eine Orientierung hierfür bietet die Phänomenologie der Gesten nach Vilém Flusser, in der dieser die Bedeutung von Gesten und ihren Zusammenhang zu Stimmungen und Gestimmtheit aufarbeitet. Bevor konkret auf die in der Inszenierung dargestellten Gesten eingegangen wird, bedarf es der Erläuterung dieser Zusammenhänge. Es wird ferner, in Kapitel 3, eine Einordnung der Inszenierung als solcher vorgenommen, bevor dann in Kapitel 4, endlich, die Interpretation der in den (Berufs-)Biographien sich ein- und vorstellenden Gesten durchgeführt wird.

2.3 Trotz alledem: Die Freiheit jenseits der Maschine

Die Freiheit *zu tun* oder *zu lassen*, (nicht) in Erscheinung *zu* treten, äußert sich in Gesten, Stimmungen und Gestimmtheit, kurz: in einer Performance. Diese ist hier nicht, wie im neokapitalistischen[142] Sprachduktus, im Sinne einer Leistungserbringung und eines Kompetenznachweises zu verstehen, sondern als ein existentieller menschlicher Akt, mit dem sich der/die Mensch in einen Bezug zu sich und der Welt setzt, deren Mitglied er/sie immer schon ist. Dass Menschen die „Freiheit-zu“ in Anspruch nehmen, ist keinesfalls selbstverständlich und immer mit einem Akt des Denkens verbunden, auf den Friedrich Schiller mit seinem Hinweis „Reflexion“ und Adam Smith mit der Bedeutung der inneren, dritten Person als Instanz des Gewissens verwiesen haben. Weder der Akt des Denkens, noch die Freiheit als solche treten also jemals in Erscheinung; allerdings lassen Gesten, Stimmungen und Gestimmtheit einen Rückschluss auf ihre Inanspruchnahme zu. Was unter Gesten, Stimmungen und Gestimmtheit zu verstehen ist und inwiefern diese als In-Erscheinung-Treten von Freiheit gedeutet werden können, bespricht Vilém Flusser in seiner Phänomenologie der Gesten. Die Interpretation

[142] Der Begriff des Neokapitalismus markiert solche Arbeits- und Denkweisen sowie damit in Zusammenhang stehende Strukturen, wie sie von Boltanski und Chiapello unter dem „neuen Geist des Kapitalismus“ ausführlich beschrieben werden. Auf einige ausgewählte Merkmale ist im ersten Kapitel der vorliegenden Schrift eingegangen worden.

ausgewählter Ausschnitte der Inszenierung von „Karl Marx: Das Kapital, Erster Band“ in Kapitel 4 greift auf ausgewählte Gesten, Stimmungen und Gestimmtheiten zurück, sodass es hier als angemessen erachtet wird, sowohl die Positionierung von Vilém Flusser zu skizzieren, die dieser gegenüber einer postindustriell geprägten Gesellschaft vertritt, als auch die Zusammenhänge darzustellen, die Flusser zwischen Gesten, Stimmungen und Gestimmtheit setzt.

2.3.1 Zum Verhältnis von postindustriellem Mensch und Arbeit bei Vilém Flusser

Den gesellschaftlichen Status Quo zu Beginn der 1990er Jahre beschreibt Vilém Flusser mit einer „Krise der Werte“[143]. Mit dem Begriff der „Werte“ zielt Flusser weder auf eine Diskussion um monetäre Güter oder die Bemessung des Bruttoinlandsproduktes, noch auf eine moralische Debatte dahingehend, was sittlich als gut oder böse deklariert werden kann. Vielmehr stellt er fest, dass die Frage nach dem, was wertvoll, was dem Menschen (als einzelnem und als Gattung) wichtig ist, in der Zeit der Gegenwart, die er auch als „Zeit der technischen Arbeit“[144] bezeichnet, obsolet geworden sei. Er stellt fest, dass der lang ersehnte Traum der Menschheit davon, nicht mehr arbeiten zu müssen, bereits erfüllt sei, da alles das, was Menschen an Arbeit leisten, von Maschinen übernommen worden ist beziehungsweise Maschinen so weit entwickelt sind, dass sie problemlos jegliche Form von Arbeit, die noch durch Menschen ausgeführt wird, in technische Abläufe überführen und dadurch übernehmen können. Der Mensch befinde sich nach Flusser jenseits der Maschinen. Die Krise bestehe nun nicht im Vorhandensein von Maschinen. Sie seien es ja gerade, die Flussers Ansicht nach den Traum des Menschen, nicht mehr arbeiten zu müssen, Realität werden lassen. Es geht Flusser also nicht darum, dem technischen Fortschritt abzuschwören oder den (undurchführbaren) Versuch zu starten, die technischen Fortschritte rückabzuwickeln.

Was Flusser herausarbeitet, ist das von ihm so beschriebene Dilemma, dass die technische Entwicklung die kulturelle Entwicklung des Menschen (als Person und als Gattung) überholt habe, mit anderen Worten, dass es einer kulturellen

[143] Flusser, Vilém: *Gesten. Versuch einer Phänomenologie,* Düsseldorf u. Bensheim 1991, 25.

[144] Ebd.

Transformation der Gesellschaft bedürfe, um die sich technisch rasant ergebenden Änderungen verarbeiten zu können. Damit einher gehen auch die Fragen nach der Verortung des Menschen in der Welt und seines Menschseins als solchem. Folgende Frage ergibt sich dann konkret aus Flussers Überlegungen: Wenn der Mensch seinen Platz als arbeitendes Wesen („Animal laborans") an die Maschinen abgegeben hat, und wenn sie/er sich damit „jenseits der Maschinen"[145] stellt, wo genau steht sie/er dann und welche Bedeutung kommt ihr/ihm noch zu? Diese Frage markiert den Wechsel des Übergangs von einer Arbeitsgesellschaft, in der als höchster Maßstab die Existenzsicherung des Überlebens galt[146], hin zu einer Leistungsgesellschaft. Hierzu stellt Flusser fest:

> „Die Mehrheit der Menschheit arbeitet nicht. Sie dient der Arbeit der anderen als Werkzeug. In ihrer Entfremdung will sie weder wissen, wie die Welt ist, noch wie sie sein soll, und selbst der Gedanke, daß man die Welt verändern könnte, kommt ihr nicht. Sie nimmt nur passiv an der Geschichte teil: sie erleidet sie. Was die arbeitende Minderheit angeht, so ist sie immer und überall zugleich engagiert, forschend und funktional, denn diese drei Momente der Arbeit greifen ineinander."[147]

Flusser geht davon aus, dass der Vorgang des Arbeitens originär als eine Geste zu verstehen ist, die weit darüber hinausgeht, der Bedürfnisbefriedigung zu dienen. Mit der Geste des Arbeitens habe der Mensch in seine Umwelt eingegriffen, habe diese geformt und ihr dadurch einen Wert – eine Bedeutung – erteilt und zugleich Wirklichkeit hergestellt.[148] Arbeit dient(e) also, auf Basis der Verwertung von Wirklichkeit in Form von Arbeitsprozessen, der Weltvergewisserung, das heißt, der Herstellung und Sicherung von Werten. Eine historische Perspektive von der Antike, über das Mittelalter bis zur Neuzeit hin zu den 1990er Jahren einnehmend, macht Flusser die Veränderung von Kernfragen aus, die in einen unmittelbaren Zusammenhang mit dem Konzept der Arbeit zu stellen seien.

145 Flusser, Vilém: *Gesten. Versuch einer Phänomenologie,* Düsseldorf u. Bensheim 1991, 23.

146 Vgl. Arendt, Hannah: *Vita activa oder Vom tätigen Leben*, München [20]2019, 150.

147 Flusser, Vilém: *Gesten. Versuch einer Phänomenologie,* Düsseldorf u. Bensheim 1991, 24.

148 Vgl. Flusser, Vilém: *Gesten. Versuch einer Phänomenologie,* Düsseldorf u. Bensheim 1991, 25.

Demnach sei die in der Antike und dem Mittelalter vorherrschende Ausrichtung der Arbeit an einem: „Wozu?" orientiert gewesen. Arbeit orientierte sich, so Flusser, am Glauben. Der Glaube bot einen Wertekanon an, dem sich die Arbeit fügte. In der Phase der Neuzeit, die durch die aufkommende Kolonisation bis dato unerforschter Erdteile sowie die Konzentration weg vom Glauben hin zu einer Wissenschaftsorientierung geprägt war, veränderte sich auch die Bedeutung von Arbeit, die nun den Glauben mit der Ausrichtung an einem: „Warum?", in Frage stellte. So entwirft Flusser ein Schema über die Veränderung der Bedeutung von klassischer („engagierter") Arbeit, über die moderne („forschende") Arbeit hin zu einer gegenwartsbezogenen Deutung von Arbeit, die weder nach dem: „Wozu?", noch nach dem: „Warum?", fragt und stattdessen die Arbeit auf die methodische Frage nach dem: „Wie?" verkürze:

> „In der Tat wird gegenwärtig die Arbeit im klassischen und modernen Sinn durch das Funktionieren ersetzt. Man arbeitet nicht mehr, um einen Wert zu verwirklichen und auch nicht mehr, um eine Wirklichkeit zu verwerten, sondern man funktioniert als Funktionär einer Funktion. Diese absurde Geste kann nicht ohne eine Betrachtung der Maschine verstanden werden, denn tatsächlich funktioniert man als Funktion einer Maschine, die als Funktion des Funktionärs funktioniert, der wiederum als Funktion eines Apparats funktioniert, welcher als Funktion seiner selbst funktioniert."[149]

Während der optimistische Fortschrittsglaube noch davon ausgegangen sei, dass die Maschinen den Menschen aus der Versklavung seiner Arbeit befreiten, da *sie* statt seiner als die „Sklaven der Zukunft" angenommen worden seien,[150] stelle sich im postindustriellen Zeitalter heraus, dass es nicht die Maschine ist, durch die der Mensch Freiheit erfahre, sondern dass es die Maschine ist, die zum Takt- und Arbeitgeber für den Menschen würde. Nicht die Maschine ist es, die dem Menschen Arbeit abnimmt, sondern der Mensch ist es, der der Maschine zuarbeitet. So schlussfolgert Flusser:

---

149 Flusser, Vilém: *Gesten. Versuch einer Phänomenologie,* Düsseldorf u. Bensheim 1991, 29.

150 Flusser, Vilém: *Gesten. Versuch einer Phänomenologie,* Düsseldorf u. Bensheim 1991, 31.

> „Sich befreien soll also heißen, sich von der und nicht durch die Maschine zu befreien und die Frage: ‚Wer soll die Maschine besitzen' bedeutet folglich: ‚Gibt es jemanden oder gibt es etwas jenseits der Maschine?'."[151]

Flusser beantwortet diese Frage anschließend selbst, indem er feststellt, dass das in den 1990er Jahren der westlich geprägten Industrienationen stattfindende Leben zwar nicht mehr maschinell, wohl aber durch eine kapitalistische Durchdringung geprägt sei, die es dem Menschen unmöglich mache, sich außerhalb dieses Apparates zu bewegen und ihn entweder zu einem aktionistischen Tun oder zu einem Nichtstun verurteile, was sich jedoch zugleich in einer Konsumhaltung niederschlage, die sich wiederum dem Funktionieren im kapitalistischen System – dem Apparat – eigne.

> „Wir sind darauf beschränkt, allein funktionale Fragen zu stellen, denn ‚leben' heißt für uns, im Apparat und als Funktion des Apparats zu funktionieren. Deshalb hat es keinen Sinn, ‚sich vom Apparat zu befreien'. Jenseits des Apparats gibt es nichts zu tun. Als These formuliert: Der Apparat kann alles machen, und alles, was der Mensch außerhalb des Apparats machen kann, kann der Apparat besser."[152]

> „Kurz: Jenseits der Maschine gibt es nichts zu tun, denn die Arbeit im klassischen und modernen Sinn ist absurd geworden. Wo der Apparat sich installiert, bleibt nichts mehr übrig als zu funktionieren."[153]

Flusser verdeutlicht also, dass die Geste des Arbeitens jenseits der Maschine absurd geworden ist. Die Fragen nach dem: „Wozu?" und „Warum?", die die Sinnhorizonte des Arbeitens von der Antike bis zur Neuzeit bestimmten, wurden durch die Frage des: „Wie?" abgelöst und forcierten so die Notwendigkeit das arbeitende Tun auf ein funktionierendes jenseits der Sinnfrage zu beschränken. Jenseits der Maschine etwas machen zu wollen erscheint also als ein sinnloses Unterfangen, da die Maschinen so programmiert werden können, dass sie jegliches, aktionistisches

[151] Flusser, Vilém: *Gesten. Versuch einer Phänomenologie*, Düsseldorf u. Bensheim 1991, 33.

[152] Flusser, Vilém: *Gesten. Versuch einer Phänomenologie*, Düsseldorf u. Bensheim 1991, 34.

[153] Flusser, Vilém: *Gesten. Versuch einer Phänomenologie*, Düsseldorf u. Bensheim 1991, 35.

Tun übernehmen und dies womöglich besser als jeder Mensch umsetzen könn(t)en. Hier ist es nun angebracht zu überlegen, wodurch ein solches „Machen“ geprägt ist, das Flusser auch als ein „Funktionieren“ beschreibt. Sicher ist, dass sich ein solches nicht der Sinnfrage eignet, da es ja einzig darum geht, einem Prozess zu genügen, nicht aber darum, diesen in seiner *Sinn*haftigkeit in Frage zu stellen. „Machen“ und „Funktionieren“ können hier also auch als das Durch- oder Ausführen eines Prozesses verstanden werden. Es deutet sich nun hier zweierlei an: erstens lässt sich fragen, ob ein „Machen“ einzig als Durch- und Ausführung eines Prozesses verstanden werden kann oder ob der Begriff nicht auch einer anderen Bedeutung zuträglich sein könnte und zweitens lässt sich festhalten, dass die Unmöglichkeit die Fragen nach dem: „Wozu?“ und dem „Warum?“ zu stellen, den Raum für die Formulierung einer anderen Frage eröffnet, die da lautet: **„Warum nicht?“**

Nun also davon auszugehen, dass es jenseits der Maschinen nichts gäbe, wäre zu kurz gegriffen. So äußert sich Flusser, dass es der Mensch selbst ist, der sich jenseits der Maschinen positioniert, der sich dort bereits befindet auch, wenn er sich selbst nicht vorstellen kann, im Nirgendwo, eben jenseits der Maschinen, bereits zu stehen:

> „Denn obwohl wir bereits jenseits der Maschinen stehen, sind wir immer noch unfähig, uns ein Leben ohne Arbeit und ohne Bedeutung vorzustellen. Jenseits der Maschinen stehend, stehen wir in einer unvorstellbaren Situation.“[154]

Die Frage, die sich nun stellt, lautet: Was bleibt dem Menschen jenseits der Maschinen, im Nirgendwo? Und was ist es, was ihm als ein Nichtstun dort möglich und was, so lautet die These an dieser Stelle, vermutlich mehr ist als nur das bloße Gegenteil des Tuns? Noch einmal grundlegender formuliert: Nach Flusser stellen Maschinen die Versorgung des Menschen mit überlebensnotwendigen Gütern sicher. Jenseits der Maschinen stehend eignet sich die Erwerbsarbeit als Existenzsicherung des Überlebens nicht (mehr) als Lebensmaxime. Der Mensch, zumindest der, der an der Versorgungssicherheit durch die Maschinen partizipiert, ist „frei“gestellt, das heißt er bedarf der Erwerbsarbeit nicht, um zu überleben. Der Erwerbsarbeit zum Überleben nicht zu bedürfen ist jedoch nicht gleichzusetzen

[154] Flusser, Vilém: *Gesten. Versuch einer Phänomenologie*, Düsseldorf u. Bensheim 1991, 37.

mit der Annahme, dass der Menschen dadurch ein menschenwürdiges Leben führen würde. Flusser verdeutlicht ja gerade, dass der Mensch sich nicht vorstellen könne ein Leben ohne Arbeit und Bedeutung zu führen. In der Folge werden sich Menschen weiterhin in Abhängigkeitsverhältnisse einfügen, die durch Erwerbsarbeit gesetzt werden. (Erwerbs-)Arbeit ist für sie entweder sinnstiftend und daher konservierungsbedürftig oder als Sicherung ihrer Menschenwürde alternativlos (wenn auch vielleicht nicht sinnstiftend). Zugleich wird deutlich, dass der Entwurf einer Vorstellung, was jenseits von (Erwerbs-)Arbeit möglich sein könnte und zwar derart, dass sich damit ein menschenwürdiges, bedeutsames Leben verbinden lässt, keine triviale Aufgabe ist. Der in Freiheit gestellte Mensch sieht sich, jenseits der Maschinen, jenseits der Frage nach seiner Existenzsicherung, mit der Frage konfrontiert, welche Bedeutung ihm zukommt. Wer sich im Rahmen eines neokapitalistischen Systems nicht nur als Funktion eignen will, der lässt sich von dieser Frage angehen. Für diesen Menschen ist sie nicht trivial, sondern lebensnotwendig – nicht im Sinne einer Überlebensfrage, sondern als Frage, die den Menschen in seinen Grundfesten trifft: als Frage seiner Würde. Was also macht der Mensch in seiner (unvorstellbaren) Freiheit? Wie nimmt er sie wahr? Flusser verweist in diesem Zusammenhang auf Gesten und Gestimmtheiten, durch die der Mensch sich der Wirklichkeit, in der er lebt, zu vergewissern sucht. Sie sind es, durch die sich der Mensch inter-pretierend, die Welt *zwischen* sich und anderen Lebewesen deutend, zu artikulieren sucht. Be-Deutungen zu entwerfen wird zu einem existenziellen Moment menschlichen Lebens und die Geste so das zentrale Charakteristikum der „neu“ gewonnenen, unvorstellbaren Freiheit.

2.3.2 Zum Zusammenhang von Geste, Stimmung und Gestimmtheit bei Vilém Flusser

Flusser bestimmt Gesten als begründete und begründbare Bewegungen des Körpers, die weder auf einen Zusammenhang von Ursache und Wirkung reduziert noch dadurch erklärbar wären: „Die Geste ist eine Bewegung des Körpers oder eines mit ihm verbundenen Werkzeugs, für die es keine zufriedenstellende kausale Erklärung gibt.“[155]

[155] Flusser, Vilém: *Gesten. Versuch einer Phänomenologie,* Düsseldorf u. Bensheim 1991, 8.

Es geht Flusser nicht darum, das Zustandekommen von Gesten zu erklären, sondern ihre Entstehung als Bewegungen, die beobachtbar sind und als solche interpretiert werden, zu verstehen. Gesten ereignen sich zwischen jenen, die sie ausführen und jenen, die sie als Bewegungen erkennen. Eine Geste eignet sich somit nicht als Leistung, die durch ein vereinzeltes Subjekt hervorgebracht wird, sondern sie vermittelt sich als ein Kontakt zwischen mindestens zwei Akteuren, von denen sich ein*e Akteur*in anschauen lässt und der/die Andere schaut, was sich körperlich zeigt beziehungsweise leiblich spürbar wird:

> „Wenn jemand mit seinem Finger auf ein Buch zeigt, wird man diese Geste nicht durch die Kenntnis aller ihrer Ursachen begreifen können. Um sie zu verstehen, muß man ihre ‚Bedeutung' kennen. Genau das tun wir andauernd, sehr rasch und wirkungsvoll. Wir ‚lesen' die Gesten, von den geringfügigsten Bewegungen der Gesichtsmuskeln bis zu den gewaltigsten Bewegungen jener ‚Revolutionen' genannten Körpermassen."[156]

Die Bedeutung von Gesten als Gesten verstehen zu können, setzt nicht nur die Beteiligung zweier aufeinander bezogener Akteure voraus, sondern auch die (implizite) Einigung der Akteure darauf, dass diese Bezugnahme besteht. Es geht also darum, dass Körperbewegungen und ihre Rezeption nicht akzidentiell, sondern in einem symbolischen Akt miteinander verbunden sind. Dieser ist dabei nicht mathematisch-logisch berechenbar, sondern äußert sich in der Artikulation einer Stimmung, die als Affekt spürbar wird: „Die Frage lautet nicht, ob das Darstellen einer Stimmung lügnerisch ist, und noch weniger, ob eine dargestellte Stimmung wahrheitsfähig ist, sondern ob sie den Betrachter berührt."[157]

Die Darstellung von Stimmungen, das heißt ihre künstliche Verfasstheit als nicht-akzidentielle Geste, bezeichnet Flusser als „Gestimmtheit". Dabei stellt er heraus, dass der Begriff des Künstlichen hier nicht auf eine Vortäuschung von Gefühlen reduziert werden dürfe. Der Zielhorizont einer Gestimmtheit liege gerade nicht in der Herstellung einer Übereinstimmung der geäußerten Geste mit einem inneren Gefühlsleben der die Geste äußernden Person. Vielmehr äußere sich in der dargestellten Geste die stattfindende Verarbeitung einer (erfahrenen)

---

[156] Flusser, Vilém: *Gesten. Versuch einer Phänomenologie,* Düsseldorf u. Bensheim 1991, 9.

[157] Flusser, Vilém: *Gesten. Versuch einer Phänomenologie,* Düsseldorf u. Bensheim 1991, 15.

Stimmung und stellt die Äußerung selbst einen willentlichen Akt dar, der sich jedoch nicht in einer kausalen Erklärung erschließt, sondern nur interpretativ verstehbar ist. Die Transformation einer Stimmung in eine artifizielle Geste und deren Wahrnehmung als etwas, das bei einer oder mehreren anderen Akteuren eine Gestimmtheit auslöst, versteht Flusser als einen Vorgang, der jedem Menschen zur Auseinandersetzung mit Wirklichkeit und als Selbstvergewisserung, letztlich als Möglichkeit dient, sich nicht nur in der Welt und der Welt gegenüber zu verorten, sondern auch die Welt als solche zu entwerfen.

> „Wenn ich schlicht sage, daß die Gestimmtheit artifizielle Stimmung ist, laufe ich Gefahr, nicht zu bemerken, daß die Gestimmtheit, indem sie Stimmungen artifiziell macht, in Wirklichkeit eine der Methoden ist, durch die der Mensch versucht, seinem Leben und der Welt, in der er lebt, Sinn und Bedeutung zu geben.“[158]

Die Hervorbringung einer Geste als Gestimmtheit, als artifizielle Stimmung, stellt für Flusser ein menschliches Grundbedürfnis dar mit sich und seiner Umwelt in einen Kontakt einzutreten. Erst der symbolische Akt, die Äußerung einer Stimmung als Geste, verleiht der Stimmung eine Bedeutung, macht sie auch für andere als dem/der Akteur*in zugänglich, durch den/die sie geäußert wird. Gerade durch das, was zwischen Akteur*innen mit-geteilt wird, entsteht Wirklichkeit, wie Flusser am Beispiel der Empfindung von Schmerz zu verdeutlichen versucht:

> „Wesentlich ist die Artikulation des Schmerzes, sein symbolischer Ausdruck den anderen gegenüber. Eben dieser symbolische Aspekt und nicht die ‚reale‘ Anwesenheit oder Abwesenheit des dargestellten Schmerzes macht aus der Geste eine artifizielle Stimmung […]. Wenn man die Formulierung vorzieht: die Gestimmtheit ‚vergeistigt‘ die Stimmungen durch deren Formalisierung in symbolischen Gesten. In diesem Sinn ist es zu verstehen, daß die Stimmungen in der Gestimmtheit artifiziell werden.“[159]

---

[158] Flusser, Vilém: *Gesten. Versuch einer Phänomenologie*, Düsseldorf u. Bensheim 1991, 16.

[159] Flusser, Vilém: *Gesten. Versuch einer Phänomenologie*, Düsseldorf u. Bensheim 1991, 17.

Gesten transformieren die erfahrene Welt, verdinglichen sie und ermöglichen es so die Erfahrung als Wirklichkeit fass- und bearbeitbar werden zu lassen. Der Mensch, der in einem Apparat existiert, erhält so durch seine Fähigkeit zu gestikulieren und die Geste als symbolischen Akt der Darstellung, die Möglichkeit sich die Welt, in der er funktioniert (oder auch vermeintlich scheitert, weil er sich dem Funktionieren nicht eignet oder nicht eignen will), anzueignen, das heißt sie anzuschauen beziehungsweise sich von ihr anschauen zu lassen. Es geht mithin darum, wie sich der Mensch ein menschenwürdiges Leben angesichts seiner unhintergehbaren Eingebundenheit in ein kapitalistisches System ermöglichen kann oder, noch einmal anders formuliert, wie er sich selbst und der (Lebens-)Welt, in der er sich aufhält, Bedeutung verleihen kann, wenn die Frage nach dem Sinn der Erwerbsarbeit obsolet geworden zu sein scheint.

Nachfolgend sollen anhand von drei (Berufs-)Biografien aus „Karl Marx: Das Kapital, Band eins" von Rimini Protokoll Gesten der Freiheit nachgezeichnet werden. Zugrunde gelegt werden dabei die Darstellungen der Akteure Ralph Warnholz, Thomas Kuczynski und Jürgen Harksen. Letzterer ist dabei insofern besonders, als dass er als einziger nicht in persona auf der Bühne steht, sondern durch seinen Biographen Ulf Mailänder vertreten wird. Um die Darstellungen als Gesten der Freiheit deuten zu können, ist es relevant sie in ihren Entstehungshintergrund einzuordnen. Jeder Biographie geht daher zunächst jeweils die Herausarbeitung ihrer Verwobenheit mit Merkmalen eines neokapitalistischen Beschäftigungssystems voraus, die sich in unterschiedlichen Graden und Ausprägungen der Selbst- und Weltentfremdung[160] niederschlagen. Es wird so deutlich werden, dass sich keine der Biographien dem Zugriff neokapitalistischer Funktionsweisen entziehen kann, sondern jegliches Leben vielmehr immer bereits schon in eine Welt geworfen ist, in dem postindustrielle Prinzipien die (Erwerbs-)Arbeit beziehungsweise die Ausprägung von Lebensstilen beherrschen. Angesichts dieser Situation ist es umso erstaunlicher, dass jede der dargestellten Biographien auf Gesten verweist, die das scheinbar allumfassende und unumgängliche Leben im Duktus postindustrieller Strukturen zu unterbrechen und es zu (zer-)stören vermögen. Es wird darüber hinaus deutlich, dass sich die Annahme neokapitalistischer Strukturen, Regeln und Prinzipen nicht als menschenwürdiger Lebensentwurf eignet. Der vermeintlichen Allmacht eines ökonomischen Systems zum

[160] Vgl. Arendt, Hannah: *Vita activa oder Vom tätigen Leben*, München [20]2019, 265.

Trotz, das auf dem Menschenbild des Homo oeconomicus beruht, gelingt es den Akteuren in ihren Gesten ein anderes Bild des Menschen, letztlich sich als Mensch statt als Funktionär in einem auf Funktionen programmierten System, zu entwerfen. Ihre Gesten lassen sich deuten als ein Anti-Macht-Spiel, als Verweise auf ein Leben, das sich nicht mehr den Prinzipien des Herrschens und Beherrschtwerdens unterwirft, dem auch nicht daran gelegen ist, ein herrschendes System durch ein anderes zu ersetzen, sondern das diese und weitere Kategorien eines Neokapitalismus per se ablehnt.

Die Akteure, um deren (Berufs-)Biographien es nachfolgend gehen soll, treten in der Inszenierung von „Karl Marx: Das Kapital, Erster Band" in Erscheinung. Die in Kapitel 4 aufgegriffenen und gedeuteten Erfahrungen sind forschungsmethodisch als Fallbeispiele zu verstehen. Aus ihrer Zusammenschau wird sich der theatrale Akt als ein Raum des Denkens ergeben, der Geist und Körper in einen komplementären Zusammenhang zu stellen und damit die Dichotomie des Homo oeconomicus zu überwinden vermag, wonach der Menschen gespalten und in eine Sphäre des Kognitiven verbannt ist. Hiermit kündigt sich dann gleichermaßen eine neue Bedeutung des Homo ludens an. Diese ist nicht losgelöst von Rimini Protokoll als Künstler*innenkollektiv, das die Inszenierung initiiert, maßgeblich leitet und organisiert. Insofern sind sowohl die (Berufs-)Biographien als auch ihre Interpretationen, die zum einen jeweils auf Merkmale einer projektbasierten Polis unter dem „neuen Geist des Kapitalismus"[161] rekurrieren und zum anderen auf „Gesten der Freiheit"[162] verweisen, in den Entstehungshintergrund des Künstler*innenkollektivs einzuordnen. Insbesondere wird hier auf die sogenannte „Gießener Schule" abgestellt, von der vermutet werden kann, dass Helgard Haug und Daniel Wetzel durch sie geprägt worden sind.

---

161 Vgl. Kapitel 1 in der vorliegenden Arbeit.

162 Vgl. Flusser, Vilém: *Gesten. Versuch einer Phänomenologie*, Düsseldorf u. Bensheim 1991.

3 Zur Annäherung an die Inszenierung: (K)Eine Programmatik der „Gießener Schule" bei Rimini Protokoll?!

Helgard Haug und Daniel Wetzel, die im Jahr 2007 für „Karl Marx: Das Kapital. Erster Band" mit dem Mülheimer Dramatiker Preis ausgezeichnet wurden, studierten beide Angewandte Theaterwissenschaft an der Universität Gießen.[163] Die Verleihung des Preises löste eine weitreichende Debatte über neue Autoren*innenschaften, postdramatisches Theater und die Frage aus, inwiefern Theaterschaffende am Gießener Standort durch eine Programmatik der „Gießener Schule" geprägt würden.[164] Für die Einordnung von „Karl Marx: Das Kapital, Erster Band" wird es daher als angebracht erachtet, die markanten Diskussionslinien darzustellen. Hierfür wird nicht ausschließlich, aber schwerpunktbezogen auf die Ausführungen von Hans-Thies Lehmann zur Frage eingegangen, wie politisch das postdramatische Theater ist. Sie werden zudem in einen Zusammenhang mit der Position von Roland Barthes eingebettet, der von Gerald Siegmund durchaus nicht unkritisch als „Säulenheiliger des Gießener Denkens"[165] bezeichnet wird.

---

[163] Vgl. Biographische Angaben zu Helgard Haug und Daniel Wetzel: Rimini Protokoll (Hg.): *Biographische Angaben zu Helgard Haug.* https://www.rimini-protokoll.de/website/de/about-hh, Abruf am 09.12.21 und Rimini Protokoll (Hg.): *Biographische Angaben zu Daniel Wetzel.* https://www.rimini-protokoll.de/website/de/about-dw, Abruf am 09.12.21.

[164] Vgl. 70 Berliner Festspiele (Hg.): *Helgard Haug.* https://www.berlinerfestspiele.de/de/berliner-festspiele/programm/bfs-kuenstler/bfs_kuenstler_detail_312021.html, Abruf am 09.12.21.

[165] Siegmund, Gerald: „Ereignisse im Kopf der Zuschauer. Die Theaterarbeit von *Auftrag: Lorey* und *Herbordt*/Mohren", in: *Das Buch von der Angewandten Theaterwissenschaft*, hg. v. Annemarie Matzke, Christel Weiler & Isa Wortelkamp, Berlin u. Köln 2012, 69.

Die Inszenierung von „Karl Marx: Das Kapital, Erster Band" wird Helgard Haug und Daniel Wetzel in ihrer Zusammenarbeit als Künstler*innenkollektiv Rimini Protokoll zugesprochen. Rimini Protokoll, das durch Stefan Kaegi komplettiert wird, gilt neben She She Pop und Hofmann & Lindholm als eines der erfolgreichsten Künstler*innenkollektive, die aus der vielbeachteten und durchaus auch scharf kritisierten Gießener „Kaderschmiede"[166] hervorgegangen sind. Daniel Wetzel und Helgard Haug haben den Studiengang der Angewandten Theaterwissenschaft an der Universität Gießen zwar nicht zeitgleich besucht, finden aber in der Folge ihrer jeweiligen Ausbildung am Gießener Institut im Jahr 2000 zusammen. Obschon sich Hans-Thies Lehmann, der, neben Andrzej Wirth, als einer der das Institut prägenden Charaktere angesehen wird[167], gegen die Fundierung der Angewandten Theaterwissenschaft nach einem bestimmten Programm verwehrt: „Theorie hat keine Vor-Schriften (Programme) zu geben […]"[168], lassen sich Stimmen ausmachen, die den Absolvent*innen eine Prägung nach der „Gießener Schule" nachsagen. Helga Finter, die von 1991 bis 2011 als Professorin am Institut mitgearbeitet hat, beschreibt das Ziel des Studiengangkonzeptes, das von Andrzej Wirth, Hans-Thies Lehmann und anderen Personen aus der Literaturwissenschaft entwickelt wurde, die sich für die Etablierung der Theaterwissenschaft als eigenständiger Disziplin (und nicht als Teildisziplin der Literaturwissenschaft) in der Folge von unter anderem Max Hermann, stark gemacht hatten, darin

> „[…] Theorie und Praxis von Theater zu integrieren, um eine neue Spezies von Theatermachern und Theaterwissenschaftlern hervorzubringen, welche die Brecht'sche Utopie des Künstlers als Wissenschaftler bzw. des Wissenschaftlers als Künstler mit der Ästhetik des amerikanischen Theaters der siebziger Jahre verband, der zufolge die Bühne Ort von szenischen

166 Renate Klett zitiert nach Matzke, Annemarie & Wortelkamp, Isa: „Einleitung", in: *Das Buch von der Angewandten Theaterwissenschaft*, hg. v. Annemarie Matzke, Christel Weiler & Isa Wortelkamp, Berlin u. Köln 2012, 9.

167 Finter, Helga: „Ästhetische Erfahrung als kritische Praxis. Angewandte Theaterwissenschaft in Gießen 1991–2008", in: *Das Buch von der Angewandten Theaterwissenschaft*, hg. v. Annemarie Matzke, Christel Weiler & Isa Wortelkamp, Berlin u. Köln 2012, 22.

168 Lehmann, Hans-Thies: „Wie politisch ist postdramatisches Theater?", in: *Politisch Theater machen. Neue Artikulationsformen des Politischen in den darstellenden Künsten*, hg. v. Jan Deck & Angelika Sieburg, Bielefeld 2011, 29–40.

> Prozessen war, die ästhetische Wahrnehmung in actu analysieren und den Zuschauer zum Co-Produzenten der Aufführung machen."[169]

Dabei geht es vor allem um das Evozieren des Theatralen als einem (ästhetischen) Raum und dessen Reflexion. Aus einer anthropologischen Perspektive heraus, wie sie dabei zum Beispiel von Helmuth Plessner vertreten wird, konstituiert sich dieser Raum als eine Beziehung des Menschen mit sich selbst als Anderem*r. Der Mensch sieht sich mit einer Welt konfrontiert, der er durch die Übernahme von verschiedenen Rollen gegenübertritt. Ein Sein oder Sich-Verhalten jenseits von Rollen ist dabei nach Plessner nicht möglich. Die Rollen sind sozial vorstrukturiert und erlauben dem Menschen nur einen geringen Spielraum, sie entsprechend des eigenen Selbstverständnisses zu verändern. Letztlich geht es um die Ambivalenz zwischen der Freiheit, Rollen zu wählen (oder auch nicht zu wählen) und ihrer von Außen vorgegebenen Bestimmung sie und sich darin zu inszenieren. Gaja von Sychowski beschreibt dies als die Verschränkung von „Selbstdarstellungsbedürfnissen", die aus der privaten Existenz heraus entworfen werden und „Fremddarstellungsansprüchen", die an die Person gerichtet werden, die in der Öffentlichkeit in Erscheinung tritt.[170]

> „Weil der Mensch zu sich selbst in einer exzentrischen Position steht, nicht nur ‚Leib' ist, sondern zugleich auch einen Körper hat, muss er sich selbst wie einem anderen gegenübertreten, um ein Bild von sich selbst zu entwerfen, das er mit den Augen eines anderen reflektiert bzw. in den Augen eines anderen reflektiert sieht. Der Mensch setzt sich also zu sich selbst auf dem Umweg über einen anderen/ein anderes in ein Verhältnis. Nur so

[169] Finter, Helga: „Ästhetische Erfahrung als kritische Praxis. Angewandte Theaterwissenschaft in Gießen 1991–2008", in: *Das Buch von der Angewandten Theaterwissenschaft*, hg. v. Annemarie Matzke, Christel Weiler & Isa Wortelkamp, Berlin u. Köln 2012, 22.

[170] Sychowski, Gaja von: *Korrelationen von Leib-sein und Leib-haben – Helmuth Plessners anthropologische Grundfiguren der Conditio humana als Grundlagen einer Pädagogischen Anthropologie und poststrukturalistischer (Körper-)Utopien*. Frankfurt am Main 2012, 18. Auch online abrufbar: https://www.pedocs.de/volltexte/2012/5579/pdf/Sychowski_2012_Korrelationen_von_Leib_sein_und_Leib_haben_D_A.pdf, Abruf am 09.12.21.

> vermag er sich in Erscheinung zu bringen bzw. als er selbst in Erscheinung zu treten."[171]

Aus einer ästhetischen Perspektive, wie sie Roland Barthes zugesprochen wird[172], meint Theatralität die Zeichen und Erfahrungen, die sich in einer Aufführung einstellen und die gerade nicht auf das gesprochene, gehörte oder gelesene Wort reduziert werden können. Das Theatrale ereignet sich dabei *zwischen* den Akteuren, als das, was sich un-sichtbar in den Raum einschreibt. Dieses Un-Sichtbare, das auf der Bühne stattfindet, von Akteuren, Spielenden und Schauenden gleichermaßen er- und bezeugt wird, wird von Lehmann als politisches Moment identifiziert. Dabei handelt es sich um das, was mitschwingt, sofern Akteure auf der Bühne erscheinen, um das, was als un-sichtbares Zwischen die Existenz des einzelnen Akteurs/der einzelnen Akteurin transzendiert. Indem die Akteure miteinander in Kontakt treten, vermittelt sich das, was den Menschen als sein/ihr „Bezugsgewebe"[173] umgibt. Es geht dabei nicht um die Darstellung von Politik als Inhalt einer Inszenierung, sondern um die Art und Weise, wie Akteure selbst in Erscheinung treten und dass dies, ein In-Erscheinung-Treten an sich, überhaupt geschehen kann. In Erscheinung zu treten, das heißt hier immer, voreinander in Erscheinung zu treten. Erscheinen kann nur eine Person, jemand, die/der die Bedingungen dafür vor-findet, die/der also, wenn sie/er den Mut findet seine Stimme zu erheben, auch gehört oder, wenn er/sie vor jemand anderen hintritt, in diesem Akt des Auftretens auch gesehen wird. Der Raum selbst ist in diesem Fall, dass jemand vor einen anderen hintritt, politisch, nicht, weil dort Interessen verhandelt werden, sondern weil Menschen dadurch, dass sie auftreten und in diesem Akt gesehen und gehört werden, eine Stellung beziehen. Es wird ihnen möglich Position(en) einzunehmen und auch wieder zu verwerfen, sich dieser und anderer Positionen und damit auch sich selbst zu vergewissern, ohne dass sie dadurch auf diese festgelegt oder reduziert werden würden. Hans-Thies Lehmann formuliert zur Bedeutung des Politischen eines postdramatischen Theaters mit Bezug zu Jacques Derrida:

---

171 Fischer-Lichte, Erika: „Inszenierung", in: *Metzler Lexikon Theatertheorie,* hg. v. Erika Fischer-Lichte, Doris Kolesch & Matthias Warstat, Stuttgart u. Weimar [2]2014, 158.

172 Vgl. Warstat, Matthias: „Theatralität", in: *Metzler Lexikon Theatertheorie,* hg. v. Erika Fischer-Lichte, Doris Kolesch & Matthias Warstat, Stuttgart u. Weimar [2]2014, 384.

173 Vgl. Arendt, Hannah: *Vita activa oder Vom tätigen Leben*, München [20]2019, 222ff.

> „Zu denken ist nicht ein Theater mit prima vista politischen Inhalten, sondern ein Theater, das eine genuine Beziehung *zum* Politischen aufnimmt. Möglich wäre das beispielsweise, indem ‚man durch das Theater etwas geschehen lassen wird, aber nicht, indem man repräsentiert, imitiert oder eine politische Realität auf die Bühne bringt, die anderswo stattfindet, um allenfalls eine Botschaft oder eine Doktrin abzusetzen, sondern, indem man die Politik oder das Politische in die Struktur des Theaters gelangen lässt, das heißt, indem man auch die Gegenwart auseinanderbricht …‘ […].“[174]

Die Gegenwart „auseinanderzubrechen“, damit meint Lehmann, dass *„andere Stimmen* zu Gehör zu bringen wären“[175]. Es geht dabei nicht um das Theater als ein Medium kommunikationspsychologisch gefasster Informationsübermittlung, wonach eine Botschaft über En- und Dekodierungsmechanismen von einer Person A zu einer Person B übertragen wird.[176] Während sich derlei psychologisch ausgerichtete Kommunikationsmodelle auf die Konstruktion einer gemeinsamen Wirklichkeit zwecks Herstellung ungestörter Kommunikationsabläufe konzentrieren, versteht sich der theatrale Raum in seiner Medialität als ein Ort der „Provokation“[177], der die alltäglichen Seh-, Hör- und Denkgewohnheiten unterbricht oder mit ihnen bricht. Es geht nicht darum die Zustimmung des Publikums einzuholen, nicht darum, mit ihm auf einen Nenner zu kommen, sich mit ihm auf ein Mitgeteiltes zu verständigen. Es geht vielmehr um die Art und Weise, dass und wie Akteure zueinander finden, ohne dass damit eine Reduktion auf eine rein formale Dimension des Theatralen verbunden wäre:

174 Lehmann, Hans-Thies: „Wie politisch ist postdramatisches Theater?“, in: *Politisch Theater machen. Neue Artikulationsformen des Politischen in den darstellenden Künsten*, hg. v. Jan Deck & Angelika Sieburg, Bielefeld 2011, 32.

175 Lehmann, Hans-Thies: „Wie politisch ist postdramatisches Theater?“, in: *Politisch Theater machen. Neue Artikulationsformen des Politischen in den darstellenden Künsten*, hg. v. Jan Deck & Angelika Sieburg, Bielefeld 2011, 33. [Hervorhebung im Original, T. E.].

176 Vgl. Röhner, Jessica & Schütz, Astrid: *Psychologie der Kommunikation*, Wiesbaden ²2016, 20.

177 Lehmann, Hans-Thies: „Wie politisch ist postdramatisches Theater?“, in: *Politisch Theater machen. Neue Artikulationsformen des Politischen in den darstellenden Künsten*, hg. v. Jan Deck & Angelika Sieburg, Bielefeld 2011, 33.

> „Auszugehen ist von der einfachen Feststellung, dass Theater und Kunst zunächst nicht Politik sind, sondern etwas anderes. Genau darum stellt sich ja überhaupt die Frage nach einem möglichen Zusammenhang des Politischen mit seiner ästhetischen Praxis. Das ‚Wie' ist zu thematisieren, will man begreifen, wie es um das Politische im so genannten experimentellen Theater bestellt ist, das man oft postmodern nennt, experimentelles oder sogar Avantgarde-Theater, Pop-Theater, visuelles Theater, Performance-nahes Theater, post-episches oder konkretes Theater."[178]

Gerade in der Frage des „Wie" eines postdramatischen Theaters, wie es in Gießen nach Hans-Thies Lehman und anderen vertreten wird, lässt sich dann womöglich also doch zumindest der Spur einer Programmatik folgen. Hierfür wird auf Roland Barthes als einem der „Säulenheilige[n] des Gießener Denkens"[179] und seinen richtungweisenden Text „Der Tod des Autors" rekurriert. In diesem Zusammenhang wird die Bedeutung der Lesenden beziehungsweise des Rezeptionshorizontes in Abgrenzung zu einer exklusiv produktionsorientierten Perspektive auf die Herstellung eines Textes hervorgehoben. Dies ist für den hier vorgebrachten Gedankengang in zweierlei Hinsicht relevant. Zum einen lässt sich eine Verbindung zu den auf der Bühne auftretenden sich vor-stellenden Akteuren aus „Karl Marx: Das Kapital, Erster Band" von Rimini Protokoll herstellen. Dass Rimini Protokoll mit Expert*innen des Alltags anstelle von professionell ausgebildeten Schauspieler*innen arbeitet, ist wahrscheinlich dem Gießener Denken zu verdanken, das eben durch Roland Barthes geprägt ist. Dies allein wäre meines Erachtens schon Grund genug Roland Barthes oben genannten Text hier als Kontext zu thematisieren. Zum anderen ergibt sich aber auch aus der Bedeutung des Rezeptionshorizontes eine bestimmte Perspektive, mit der die vorliegende Arbeit als Analyse der als Videomaterial verfügbaren Inszenierung von „Karl Marx: Das Kapital, Erster Band" durchgeführt wird. Das Gießener Denken, zumindest in seinen Ansätzen, wie es nachfolgend unter Bezugnahme auf Barthes „Der Tod des Autors" skizziert

[178] Lehmann, Hans-Thies: „Wie politisch ist postdramatisches Theater?", in: *Politisch Theater machen. Neue Artikulationsformen des Politischen in den darstellenden Künsten*, hg. v. Jan Deck & Angelika Sieburg, Bielefeld 2011, 34.

[179] Siegmund, Gerald: „Ereignisse im Kopf der Zuschauer. Die Theaterarbeit von *Auftrag: Lorey* und *Herbordt*/Mohren", in: *Das Buch von der Angewandten Theaterwissenschaft*, hg. v. Annemarie Matzke, Christel Weiler & Isa Wortelkamp, Berlin u. Köln 2012, 69.

wird, ist also sowohl für die Inszenierung als auch für die Analyse derselben auf einer methodischen Ebene, die vorliegende Schrift betreffend, relevant.

3.1 Roland Barthes zum „Tod des Autors“

In seinem Text „Der Tod des Autors“[180] bezieht sich Roland Barthes auf die Schrift als einem Konglomerat an verschiedenen Kulturen und Perspektiven, die sich darin versammeln. Anders als dies in den Sozialwissenschaften, zum Beispiel bei Hans-Georg Soeffner, der Fall ist, wird Schrift nicht als Repräsentation von Realität und damit Fixierung von Sinn verstanden, sondern ermöglicht überhaupt erst eine Deutung von Welt und damit einen Zugang zu dem, was als Wirklichkeit erscheint. Ein Interviewtranskript als Gesprächsdokumentation mag sich zwar der Flüchtigkeit eines Gesprächs entziehen. Davon auszugehen, dass damit eine objektivierte Vorlage vorhanden sei, aus der heraus sich ein Sinn in einem Aushandlungsprozess *produzieren* ließe[181] ist jedoch, unter Bezugnahme auf Barthes, in Frage zu stellen. Sinn lässt sich nicht „machen“, sondern ergibt sich, geschieht in einem Moment, in dem sich Schrift und Schreiber treffen oder auch nicht und zerfällt wieder. Barthes positioniert sich vehement gegen eine Fixierung von Sinn, versucht vielmehr einem Sinn jenseits „des“ Sinnes den Weg zu bereiten, womit womöglich eher vom Un-Sinn als Sinn zu schreiben wäre. Dieser Un-Sinn ist allerdings nicht mit einer Sinnlosigkeit zu verwechseln.

> „Die Schrift bildet unentwegt Sinn, aber nur, um ihn wieder aufzulösen. Sie führt zu einer systematischen Befreiung vom Sinn. Genau dadurch setzt die Literatur […], die dem Text (und der Welt als Text) ein ‚Geheimnis‘, das heißt einen endgültigen Sinn verweigert, eine Tätigkeit frei, die man […] wahrhaft revolutionär nennen könnte. Denn eine Fixierung des Sinns zu

---

180 In den nachfolgenden Ausführungen beziehe ich mich auf die durch Matías Martínez vorgenommene deutsche Übersetzung des 1968 erschienenen „La mort de l’auteur“: Roland Barthes, „Der Tod des Autors“, in: *Performanz. Zwischen Sprachphilosophie und Kulturwissenschaften*, hg. v. Uwe Wirth, Frankfurt am Main 2002, 104–110.

181 Soeffner, Hans-Georg: *Auslegung des Alltags – Der Alltag der Auslegung. Zur wissenssoziologischen Konzeption einer sozialwissenschaftlichen Hermeneutik*, Konstanz 2004, 233.

> verweigern, heißt letztlich Gott und seine Hypostasen (die Vernunft, die Wissenschaft, das Gesetz) abzuweisen.“[182]

Schrift und Schreiber bilden einen Körper, nicht, in dem sie als ununterscheidbar miteinander verschmelzen, wohl aber, indem sie einen gemeinsamen Rhythmus, einen Kon-Takt be- und ergründen. Schrift und Autor*in sind dabei aufeinander angewiesen. Un-Sinn ergibt sich zwischen ihnen, wobei ein*e Autor*in nicht mehr gleichbedeutend mit dem*derjenigen ist, der/die einen Text vermeintlich „herstellt“, sondern er/sie gleichsam zu einem*r Empfänger*in der Schrift wird, die wiederum den/die Autor*in verändert. Barthes verändert das Verständnis darüber, wer der/die Autor*in ist. Dies äußert sich auch in der Bezeichnung vom „moderne[n] Schreiber“[183], die er in Abgrenzung zum Autor/zur Autorin wählt. In diesem Zusammenhang verdeutlicht er, dass, nach dem klassischen und an einem Geniebegriff orientierten Autorenverständnis, der/die Autor*in dem Text vorausgehe: „[...] er existiert vorher, denkt, leidet, lebt für sein Buch“[184]. Im Vergleich dazu gelte für den „moderne[n] Schreiber“[185], dass diese*r

> „im selben Moment wie sein Text geboren [wird]. Er hat überhaupt keine Existenz, die seinem Schreiben voranginge oder es überstiege, er ist in keiner Hinsicht das Subjekt, dessen Prädikat sein Buch wäre. Es gibt nur die Zeit der Äußerung, und jeder Text ist immer *hier* und *jetzt* geschrieben. Und zwar deshalb, weil (oder daraus folgt, daß) *Schreiben* nicht mehr länger eine Tätigkeit des Registrierens, des Konstatierens, des Repräsentierens, des ‚Malens‘ (wie die Klassiker sagten) bezeichnen kann, sondern vielmehr das, was die Linguisten im Anschluß an die Oxford-Philosophie ein Performativ nennen, eine seltene Verbalform, die auf die erste Person und das Präsens beschränkt ist und in der Äußerung keinen Inhalt (keinen

182 Barthes, Roland: „Der Tod des Autors“, in: *Performanz. Zwischen Sprachphilosophie und Kulturwissenschaften*, hg. v. Uwe Wirth, Frankfurt am Main 2002, 109.

183 Barthes, Roland: „Der Tod des Autors“, in: *Performanz. Zwischen Sprachphilosophie und Kulturwissenschaften*, hg. v. Uwe Wirth, Frankfurt am Main 2002, 107.

184 Barthes, Roland: „Der Tod des Autors“, in: *Performanz. Zwischen Sprachphilosophie und Kulturwissenschaften*, hg. v. Uwe Wirth, Frankfurt am Main 2002, 107.

185 Barthes, Roland: „Der Tod des Autors“, in: *Performanz. Zwischen Sprachphilosophie und Kulturwissenschaften*, hg. v. Uwe Wirth, Frankfurt am Main 2002, ebd.

> anderen Äußerungsgehalt) hat als eben den Akt, durch den sie sich hervorbringt […]."[186]

Der Akt des Schreibens selbst rückt damit in den Vordergrund, drängt den/die „klassische(n)" Autor*in an den Rand des (Bühnen-)Geschehens und führt letztlich zu dessen Tod.[187] Die Frage nach der Ursache eines Textes und ihre Antwort, dass dafür der/die Autor*in zuständig zeichnet, wird damit ersetzt durch den Vorgang des Schreibens, der aber nicht (mehr) als ein selbstreferentielles Sich-zum-Ausdruck-bringen des Autors/der Autorin, sondern, gleichsam einer Epiphanie, als Erscheinung eines die Wirklichkeit transzendierenden Moments verstanden wird.

> „Stattdessen zeichnet seine Hand, abgelöst von jeder Stimme und geführt von einer reinen Geste der Einschreibung (nicht des Ausdrucks), ein Feld ohne Ursprung – oder jedenfalls ohne anderen Ursprung als die Sprache selbst, also dasjenige, was unaufhörlich jeden Ursprung in Frage stellt."[188]

Dieser epiphanische Moment entsteht aus einem Mehrklang heraus, an dem mindestens Schreiber*in, Schrift und Leser*in beteiligt sind. In den Vorgang des Schreibens schaltet sich also das Lesen ein; der Dichotomie von Produktion und Rezeption wird eine Absage erteilt und stattdessen ihre Komplementarität hervorgehoben. Schreiber*in und Leser*in, beide gleichermaßen verbunden und getrennt durch die Schrift, markieren so zwei Pole ein- und desselben Vorganges. Diese sind insofern auch nicht als subjektivistisch gedeutete Aktanten aufzufassen, sondern konstituieren in einem gemeinsamen Akt des In-Erscheinung-Tretens einen Raum, der sich als Text in die Wirklichkeit einschreibt. Dieser Text ist nach Barthes nicht im Sinne eines Originals aufzufassen. Barthes geht nicht von der Entstehung eines Textes aus dem Nichts oder, um es mit einer anderen Metapher zu umschreiben, von einem Blatt als Tabula Rasa aus – selbst, wenn dieses unbeschrieben ist. Vielmehr verweise der Text auf Spuren von Gedanken,

---

186 Ebd.

187 Vgl. Barthes, Roland: „Der Tod des Autors", in: *Performanz. Zwischen Sprachphilosophie und Kulturwissenschaften*, hg. v. Uwe Wirth, Frankfurt am Main 2002, 110.

188 Barthes, Roland: „Der Tod des Autors", in: *Performanz. Zwischen Sprachphilosophie und Kulturwissenschaften*, hg. v. Uwe Wirth, Frankfurt am Main 2002, 107.

Gedachtem und von Leben, das die biologische Lebenszeit seiner Gedanken- und Lebensträger überdauert hat oder das sich als Ahnung von dem, was kommen mag, erst andeutet, ohne klar umrissen zu sein.

> „Heute wissen wir, daß ein Text nicht aus einer Reihe von Wörtern besteht, die einen einzigen, irgendwie theologischen Sinn enthüllt (welcher die ‚Botschaft' des AUTOR-Gottes wäre), sondern aus einem vieldimensionalen Raum, in dem sich verschiedene Schreibweisen [‚écritures'], von denen keine einzige originell ist, vereinigen und bekämpfen. Der Text ist ein Gewebe von Zitaten aus unzähligen Stätten der Kultur."[189]

Der/Die Schreiber*in ahme eine „immer schon geschehene, niemals originelle Geste"[190] nach. Im Schreibvorgang greift er/sie zurück auf ein ihm zur Verfügung stehendes Wörterbuch. Damit ist nicht gemeint, dass sich der Schreibvorgang in einer Übersetzung erschöpft, zumindest, wenn eine Übersetzung sprachwissenschaftlich als Bedeutungsübertragung eines fixierten Textes in ein Textformat einer anderen Sprache verstanden wird. Das Wörterbuch beinhaltet in der Vorstellung von Barthes eine Vielzahl von Sprachen, womöglich mehr, als der/dem Schreiber*in bewusst ist. Auf ein Wörterbuch zurückgreifen, das meint hier, sich von einer Sprache angehen zu lassen, darauf zu vertrauen, dass die Geste des Schreibens ihre Form finden wird, selbst, wenn der/die Schreibende das, was die Hand zu schreiben beginnt, nicht zu verstehen vermag. Zuzulassen, dass sich die Sprachen zeigen, dass sie als Formungen von Gedanken, Bildern, Klängen, Worten und Bewegungen den Weg in die Wirklichkeit finden, ohne, dass die eine vor der anderen bevorzugt würde und in all ihren Widersprüchlichkeiten, die sich bei ihrem Auftreten zeigen mögen, charakterisiert den Spielraum, der dem/der Schreibenden zur Verfügung steht. Die einzige Macht[191] des Schreibers/der Schreiberin bestehe darin, die Schriften zu mischen, „[…] sie miteinander zu

---

[189] Barthes, Roland: „Der Tod des Autors", in: *Performanz. Zwischen Sprachphilosophie und Kulturwissenschaften,* hg. v. Uwe Wirth, Frankfurt am Main 2002, 108.

[190] Ebd.

[191] Es stellt sich hier die Frage, inwiefern „Macht" hier als Begriff adäquat ist. Eventuell geht es vielmehr um das Vermögen, etwas zu tun (oder zu lassen).

konfrontieren, ohne sich jemals auf eine einzelne von ihnen zu stützen."[192] Die Formulierung der Schriften, die „miteinander zu konfrontieren" seien, fällt hierbei auf. Sie verweist darauf, dass das Auftreten von Widersprüchlichkeiten eben auszuhalten ist, dass es nicht darum geht, sich der einen Schrift auf Kosten einer anderen zuzuwenden, sondern dass gerade in der Konfrontation verschiedener Schriften, respektive Positionen, eine Be-Deutung liegt, selbst wenn sich diese als Un-Sinn herausstellt.

Der Rückgriff des Schreibers/der Schreiberin auf ein Wörterbuch wird hier als eine Über-Setzung im räumlichen Sinne verstanden. In der Verwendung der ihm/ihr zugänglichen Schriften und Sprachen, „passiert" etwas, wird er/sie versetzt, durchwandert er/sie den Raum, in dem er einem Anderen/einer Anderen, in Form einer Widersprüchlichkeit, begegnet. Über-Setzung wird hier dann in Anlehnung an das aus dem Französischen stammende Verb „passer" im Sinne des Gehens von einem Ort zum anderen gedeutet. Bezogen auf die/den Schreibenden ist damit eine Transformation gemeint, die ihr/ihm widerfährt. In der Begegnung mit dem Anderen, verändert der/die Schreiber*in nicht nur die Wirklichkeit, indem er/sie einen Zugang zu ihr entdeckt, sondern er/sie selbst verändert sich. In einer Auslegung, die über Barthes hinausgeht, verstehe ich den Vorgang des Schreibens als eine Begegnung des Schreibers/der Schreiberin mit dem Leser/der Leser*in. Dies ist nicht als Begegnung zwischen subjektivistisch aufzufassenden Personen oder Individuen zu verstehen, sondern als eine Begegnung des Menschen mit sich selbst als Andere*m, der/die bei Barthes der/die Leser*in ist.

> „So enthüllt sich das totale Wesen der Schrift. Ein Text ist aus vielfältigen Schriften zusammengesetzt, die verschiedenen Kulturen entstammen und miteinander in Dialog treten, sich parodieren, einander in Frage stellen. Es gibt aber einen Ort, an dem diese Vielfalt zusammentrifft, und dieser Ort ist nicht der Autor (wie man bislang gesagt hat), sondern der Leser. Der Leser ist der Raum, in dem sich alle Zitate, aus denen sich eine Schrift zusammensetzt, einschreiben, ohne daß ein einziges verloren ginge. [...] Der Leser ist ein Mensch ohne Geschichte, ohne Biographie, ohne Psychologie.

192 Barthes, Roland: „Der Tod des Autors", in: *Performanz. Zwischen Sprachphilosophie und Kulturwissenschaften*, hg. v. Uwe Wirth, Frankfurt am Main 2002, 108.

> Er ist nur der *Jemand,* der in einem einzigen Feld alle Spuren vereinigt, aus denen sich das Geschriebene zusammensetzt."[193]

Zusammenfassend lässt sich feststellen, dass in Anlehnung an Roland Barthes der (Text-)Körper als ein Vorgang des Einschreibens zu verstehen ist, der sich nicht im Aufbringen der Schrift auf das Papier erschöpft, sondern in seiner Rezeption immer wieder aktualisiert, das heißt in eine neue Form gebracht wird. Der (Text-)Körper bleibt damit unabgeschlossen und ist in dem, was er an Bedeutungszuschreibungen anstößt, mehr, als nur der dargestellte (Text-)Körper (als Signifikat). Der (Text-)Körper wird dadurch zu einem Ereignis, nicht im Sinne eines unterhaltsamen Erlebnisses, sondern als einem Vorgang, der passiert, das heißt, der eine Transformation derjenigen provoziert, die an ihm beteiligt sind.

3.2 Bezüge zwischen den Positionen von Hans-Thies Lehmann und Roland Barthes als programmatische Eckpfeiler von Inszenierungen nach Gießener Prägung

Was die Schrift für den Text, ist der Körper für die Bühne und was der/die Leser*in für die Schrift, ist der/die Zuschauer*in für den Körper. Dieser Parallelität von Leser/Schrift und Zuschauer*in/Körper sowie Text/Schrift und Bühne/Körper soll unter Bezugnahme auf die eben dargestellten Ausführungen von Roland Barthes und der nachfolgenden Positionierung von Hans-Thies Lehmann nachgegangen werden. Es ergeben sich hieraus sodann Beschreibungen, die eine Programmatik der Gießener Schule andeuten und als solche sowohl die zu analysierenden (Berufs-)Biographien in „Karl Marx: Das Kapital, Erster Band" von Rimini Protokoll als auch die vorliegende Arbeit rahmen.

Dass nicht nur der Text über das ihm inhärente Dargestellte hinausweist, sondern auch die Performance mehr als das ist, was im theatralen Raum physisch

---

193 Barthes, Roland: „Der Tod des Autors", in: *Performanz. Zwischen Sprachphilosophie und Kulturwissenschaften,* hg. v. Uwe Wirth, Frankfurt am Main 2002, 109f.

sichtbar ist, wird durch Lehmanns Positionierung dazu, was Theater sein könnte, beschrieben:

> „Zunächst und vor allem ist Theater eine besondere Art des menschlichen Verhaltens – Vorspielen, Zuschauen –, sodann eine Situation – eine besondere Art von Versammlung – und dann erst eine Kunst und endlich ein Kunstinstitut. Eine Beschreibung seiner Ästhetik wie seiner Politik kann sich darum keinesfalls darauf beschränken, das theatral Dargestellte zu untersuchen, sondern muss Theater als Verhalten und als Situation auf das Dargestellte beziehen."[194]

Was im einleitenden Abschnitt unter Bezugnahme auf Hans-Thies Lehmann bereits angedeutet wurde, lässt sich hier noch einmal bekräftigen. Theater ist weder als Ort eines wie auch immer gearteten „Politikmachens", der Verhandlung von Interessen und Durchsetzung von Machtpositionen, noch als Abgeordnete*r der Politik im Sinne einer Institution derselben zu verstehen. Von und mit Menschen initiiert, vermittelt Theater zwar keine Politik, ist aber die Performance selbst, in ihrer Auswahl von Themen und Bildern, der Art ihrer szenischen Aufbereitung, der Ausstellung von Körpern, der Ansprache oder Ausgrenzung von Akteuren und ähnlichen Vorgängen, mittelbar politisch.

> „‚Irgendwie' wissen wir, dass Theater trotz allem in einer besonderen Weise zwar nicht direkt politisch ist, aber doch in der Praxis seiner Entstehung und Produktion, seiner Darbietung und seiner Rezeption durch die Zuschauer eine eminent ‚soziale', eine gemeinschaftliche Sache darstellt. Das Politische ist ihm einbeschrieben, durch und durch, strukturell und ganz unabhängig von seinen Intentionen."[195]

---

194 Lehmann, Hans-Thies: „Wie politisch ist postdramatisches Theater?", in: *Politisch Theater machen. Neue Artikulationsformen des Politischen in den darstellenden Künsten*, hg. v. Jan Deck & Angelika Sieburg, Bielefeld 2011, 29.

195 Lehmann, Hans-Thies: „Wie politisch ist postdramatisches Theater?", in: *Politisch Theater machen. Neue Artikulationsformen des Politischen in den darstellenden Künsten*, hg. v. Jan Deck & Angelika Sieburg, Bielefeld 2011, 32.

Bezogen auf die Frage, wie das politische Moment im postdramatischen Theater zum Tragen komme, kommt Lehmann zu dem zunächst paradox erscheinenden Schluss, dass es nur als Unterbrechung seiner selbst Eingang in den theatralen Raum finden kann. Hiermit verbunden ist die Absage einer Reproduktion von Politik auf der Bühne.

> „Eine doppelte Feststellung hilft an diesem Punkt weiter. [...] Erstens: Das Politische kann im Theater nur indirekt erscheinen, in einem schrägen Winkel, modo obliquo. Und zweitens: Das Politische kommt im Theater zum Tragen, wenn und nur wenn es auf keine Weise übersetzbar oder rückübersetzbar ist in die Logik, Syntax und Begrifflichkeit des politischen Diskurses in der gesellschaftlichen Wirklichkeit. Woraus drittens die nur scheinbar paradoxe Formel folgt, dass das Politische des Theaters gerade nicht als Wiedergabe, sondern als Unterbrechung des Politischen zu denken sein muss."[196]

So, wie Barthes der Übersetzung als Übertragung eines Wortes in einen anderen Sprachgebrauch eine Absage erteilt und stattdessen auf der Transformation der Bedeutung eines Textkörpers durch Lesende besteht, möchte Lehmann das Politische nicht abgebildet wissen, sondern als eine Möglichkeit verstehen, die sich in der Interaktion zwischen den Akteuren, und damit nur indirekt, ergibt. Die Aussage von Lehmann wird hier auch als Anspruch an den theatralen Raum verstanden, die gesellschaftliche Wirklichkeit zu transzendieren. Dies erfordert eben genau keine Wiedergabe, sondern eine Transformation derjenigen, die durch die politischen, respektive ökonomischen und gesellschaftlichen Strukturen, betroffen sind. Das Theater maßt sich dabei nicht an, den Menschen mitteilen zu wollen oder auch nur zu können, wie sie ihr oder ein vermeintlich „besseres" Leben zu führen haben. Wohl aber geht es um die In-Frage-Stellung der persönlichen Prinzipien und Haltungen, die das Dasein im selbstverständlich erscheinenden Alltag prägen. Insofern ist das politische Moment nach Lehmann auch nicht konsensfähig, sondern unterbricht den vermeintlichen Common Sense, der für

---

[196] Lehmann, Hans-Thies: „Wie politisch ist postdramatisches Theater?", in: *Politisch Theater machen. Neue Artikulationsformen des Politischen in den darstellenden Künsten*, hg. v. Jan Deck & Angelika Sieburg, Bielefeld 2011, 35.

einen reibungslosen Ablauf des Alltäglichen notwendig scheint. Das Theater, das politisch ist, nicht, weil es auf einem gesellschaftlichen Konsens beruht, sondern diesen befragt und damit von Lehman auch als „Praxis der Ausnahme" bezeichnet wird, macht sich stark für die Ausnahmen, für das, was unwahrscheinlich ist, und trotzdem passieren kann. Wie bei Barthes ist dieses „Passieren" im Sinne des Durchwanderns eines Raumes, aber nicht dessen Durchstoßung, zu verstehen. Mit anderen Worten: das Theater als „Praxis der Ausnahme" verweigert seinen Akteuren einen abschließenden Sinn, so, wie auch Barthes dem Text eine endgültige Sinndeutung abspricht. Vielmehr eröffnet es den Blick auf das Selbst, lässt es sich dabei ertappen, dass es im Raum involviert ist und damit dem, wen es erblickt und als wer es erblickt wird, eine Be-Deutung zukommt.

> „Politisch ist Theater darum dort, wo es eine Erschütterung der mit der Personalisierung verbundenen Moralisierung leistet."[197]

> „Insofern nimmt nur ein solches Theater eine genuine Beziehung zum Politischen auf, das nicht irgendeine Regel erschüttert, sondern die eigene; nur ein Theater also, dass das Theater als Schaustellung unterbricht."[198]

Die hier angesprochene Erschütterung meint dabei mehr als ein persönliches Bedauern angesichts von Leid und Ungerechtigkeit. Erforderlich ist die Sensibilisierung des Sinns für die Ausnahme, darum aufzuzeigen, dass Routinen, die sich weitläufig auf einen gesellschaftlichen Konsens zu berufen scheinen und sich in Form von Gesetzen und Normen institutionalisiert haben, immer auch Standardisierungen nach sich ziehen, die, gerade weil sie auf Vereinheitlichungen abzielen, nie für alle Menschen und Umstände gleichermaßen passend sein können.

> „Gegen den bornierten, scheinbar wohlinformierten Pragmatismus, dessen Ratio noch immer in die Katastrophe geführt hat, deutet ästhetische

[197] Lehmann, Hans-Thies: „Wie politisch ist postdramatisches Theater?", in: *Politisch Theater machen. Neue Artikulationsformen des Politischen in den darstellenden Künsten*, hg. v. Jan Deck & Angelika Sieburg, Bielefeld 2011, 37.

[198] Lehmann, Hans-Thies: „Wie politisch ist postdramatisches Theater?", in: *Politisch Theater machen. Neue Artikulationsformen des Politischen in den darstellenden Künsten*, hg. v. Jan Deck & Angelika Sieburg, Bielefeld 2011, 38.

> Praxis der Ausnahme auf die Grundlosigkeit des Gesetzes, alles Gesetzten und besonders auf das von uns selbst Gesetzte hin und schärft so – das wäre der Kern einer Wahrnehmungspolitik des Theaters – den *Sinn für die Ausnahme*."[199]

Zentrale Merkmale einer Gießener Schule, die unter Rekurs auf Roland Barthes und Hans-Thies Lehmann hier herausgestellt werden können, beziehen sich auf das postdramatische Theater unter Verweis auf ein politisches Moment. Dieses kommt indirekt, als Unterbrechung im Sinne einer In-Frage-Stellung des Commonsense, und als „Praxis der Ausnahme"[200] zum Tragen. Diese Praxis geht einher mit der Erschütterung seiner Akteure, die, in ihrer Versammlung der schauenden und spielenden Körper, eine leiblich spürbare Unruhe stiften. Die Inszenierung von „Karl Marx: Das Kapital, Erster Band" von Rimini Protokoll ist nun in diese Eckpunkte einer Gießener Schule, durch die sowohl Helgard Haug als auch Daniel Wetzel gegangen sind, eingebettet. Sie werden im Schlusskapitel der vorliegenden Arbeit in der Formulierung einer Vor-Stellung als Gedankengang entlang eines „leeren" Raumes aufgegriffen und fortgeführt werden. Dabei ergibt sich unter einer abgrenzenden Bezugnahme auf die Ausführungen von Adam Smith zum Gewissen sowie zur Sympathie und Friedrich Schiller zur Reflexion die Möglichkeit den Homo ludens neu zu deuten und ihn so aus der instrumentalisierenden Umklammerung durch den Homo oeconomicus zumindest zeit- und raumunterbrechend zu lösen. Zuvor gilt es jedoch nun sich der Interpretation der inszenierten (Berufs-)Biographien in ihrer Eingebundenheit in ökonomische Bedingungen, Strukturen und Zwänge sowie als Gesten der Freiheit zuzuwenden. Sie dienen als Einzelfälle, über deren Gesamtschau schließlich der Bogen zur neu angelegten Interpretationsgrundlage des Homo ludens gespannt werden kann.

[199] Lehmann, Hans-Thies: „Wie politisch ist postdramatisches Theater?", in: *Politisch Theater machen. Neue Artikulationsformen des Politischen in den darstellenden Künsten*, hg. v. Jan Deck & Angelika Sieburg, Bielefeld 2011, 37f. [Hervorhebung im Original, T. E.].

[200] Ebd.

4 Die Inszenierung: (Berufs-) Biographien im Duktus einer postfordistischen Leistungsgesellschaft zwischen Zwang und Freiheit

Nach Hans-Thies Lehmann[201] hält in der Verunsicherung der Akteure, dem Auftauchen einer Ahnung oder gar eines Einwandes gegen das Einverständnis mit vermeintlich gesellschaftlichen Normen, auch solchen, die sich in Form von Gesetzen institutionalisiert haben und daher in der Regel von einer Öffentlichkeit nicht mehr bezweifelt werden, ein politisches Moment Einzug in die besondere Versammlung, aus der heraus sich ein theatraler Raum konstituiert. In der Inszenierung „Karl Marx: Das Kapital, Erster Band" von Rimini Protokoll, auf die in Form einer verfügbaren Aufzeichnung der Aufführung vom 31.10.2006 im HAU2 (Berlin)[202] Bezug genommen wird, werden die Zuschauenden mit den Berufs- und Lebensbiographien von verschiedenen Akteuren konfrontiert, die sich in der Zeit von 1960 bis 2006 in Deutschland, sowohl in der DDR als auch nach der Wiedervereinigung in der BRD, ereignet haben. Im Rahmen des vorliegenden Werkes stehen dabei weniger der Kommunismus oder der Kapitalismus als politische Systeme, als vielmehr die Frage im Vordergrund, inwiefern persönliche Entfremdungserfahrungen, wie sie unter dem „neuen Geist"[203] des Kapitalismus Einzug in

---

[201] Lehmann, Hans-Thies: „Wie politisch ist postdramatisches Theater?", in: *Politisch Theater machen. Neue Artikulationsformen des Politischen in den darstellenden Künsten*, hg. v. Jan Deck & Angelika Sieburg, Bielefeld 2011, 35.

[202] Haug, Helgard & Wetzel, Daniel: *Karl Marx: Das Kapital, Erster Band.* https://vimeo.com/129540373, Abruf am 09.12.21.

[203] Boltanski. Luc & Chiapello, Ève: *Der neue Geist des Kapitalismus.* Aus dem Französischen von Michael Tillmann, Köln [38]2018. [Siehe: Kapitel 1 in dieser Arbeit].

die verborgensten Winkel des, kaum mehr vorhandenen, (Privat-)Lebens halten, in den dargestellten (Berufs-)Biographien unterbrochen werden, oder mit anderen Worten: mit welchen Gesten sich ihre Menschen die Freiheit zu denken und zu leben nicht nehmen lassen.

In der Inszenierung sticht ein Narrativ, jenes über die Berufs- und Lebensbiographie von Jürgen Harksen, besonders hervor. In der Analyse seiner, durch Ulf Mailänder verkörperten Figur, wird deutlich, dass sich Jürgen Harksen mit einer „Geste des Zerstörens“[204] gegen das Beschäftigungssystem und dessen neokapitalistische Implikationen auflehnt, wodurch er jedoch gerade jene Machtmechanismen bestätigt, die sich für sein Leben als störend erweisen und die er daher mit allen ihm zur Verfügung stehenden Mitteln zu umgehen versucht. Den Zuschauenden wird gewahr, dass Jürgen Harksen millionenschwere Finanzinvestoren mit nicht vorhandenen Kapitalanlagen betrogen hat und als verurteilter Finanzbetrüger nicht persönlich auf der Bühne erscheinen kann.

Vor dem Hintergrund der verschiedenen Erzählstränge, in die sich die Darstellungen der (Berufs-)Biographien verweben und unter Berücksichtigung der daraus hervorgehenden Diskriminierungs- und Entmenschlichungserfahrungen, von denen die (Berufs-)Biographien berichten, entzieht sich die Figur Jürgen Harksen einer einfachen Verurteilung durch die Zuschauenden. Vielmehr entsteht in Form von Sympathie ein Verständnis für dessen Handeln, das eben der rechtskräftigen Verurteilung zuwiderläuft, wonach Jürgen Harksen scheinbar zu Recht aufgrund seines Betrugs an den Kapitalanlegern verurteilt worden ist. Die vorliegende Arbeit hat sich bis hierhin anhand der Ausführungen von Adam Smith mit den Konzepten der „Sympathie“[205] und des „Gewissens“ auseinandergesetzt.[206] Gleichsam eines Gerechtigkeitssinns handelt es sich nach Smith bei letzterem um eine dritte Instanz, die als innerer Kompass des Menschen angelegt ist und ihn die Lage versetzt, Urteile basierend auf einer ethischen Haltung

---

204 Flusser, Vilém: *Gesten. Versuch einer Phänomenologie,* Düsseldorf u. Bensheim 1991, 99.

205 Smith, Adam: „Über die Schicklichkeit oder sittliche Richtigkeit der Handlungen. Von dem Gefühl für das sittlich Richtige. Von der Sympathie“, in: *Adam Smith – Theorie der ethischen Gefühle*, hg. v. Horst D. Brandt auf der Grundlage der Übersetzung von Walther Eckstein, Hamburg 2010, 8.

206 Siehe: Kapitel 1.2 in der vorliegenden Arbeit.

zu fällen, die den beiden anderen Instanzen vorausgeht.[207] Es geht dabei um mehr als nur um den Wechsel eines Standpunktes, der den eigenen Standpunkt gegen den des/der Anderen eintauscht. Es geht um eine Begegnung auf Augenhöhe, was nach Adam Smith bedeutet eine Position einzunehmen, die in gleicher Entfernung zum eigenen wie auch zum Standpunkt des Gegenübers zu verorten ist. Dies meint, dass weder eigene noch (vermeintlich) fremde Interessen bevorzugt werden, also einem Spiel im Sinne eines strategischen Nutzenkalküls eine Absage erteilt wird.[208] Stattdessen gilt es, in diesem Zusammenhang bezogen auf die Inszenierung darum, in einem lebendigen Miteinander den Raum für Erfahrungen zu evozieren, in dem die Akteure überrascht werden, so, wie es durch die Entstehung von Sympathie für Jürgen Harksen der Fall ist. Im Nachgang zur Frage, warum sich Sympathie einstellt, wird sich der/die geneigte Zuschauer*in gewahr, dass es sich dabei weniger um eine Zuneigung auf persönlicher Ebene, denn die Nachvollziehbarkeit der Entscheidungen handelt, von denen die Biographie Harksens erzählt. Und dies wiederum wirkt auf die Verortung der eigenen Position zurück: wer nachvollziehen kann, warum Jürgen Harksen handelte, wie er es tat, erklärt sich ebenso wenig einverstanden mit den Umständen, wie Jürgen Harksen. Der/die Zuschauer*in lernt mit Jürgen Harksen nicht nur einen kennen, der sich gegen kapitalistische Mechanismen wendet und diese so gut versteht, dass er sie für sich einzusetzen vermag, er/sie lernt sich auch selbst neu kennen. In der Empfindung von Solidarität für jemanden, der vermeintlich anders ist, lässt der/die Zuschauer*in zu, die eigenen Verwicklungen im postfordistischen Kapitalismus anzuschauen und ins Wanken zu bringen. Die eigene Position im Weltengefüge zu verlassen, sich selbst dabei zu ertappen Positionen nachvollziehen zu können, die nicht in ein vermeintlich normiertes Weltbild passen – das ist, was Friedrich Schiller unter dem Begriff der „Reflexion" in sein ästhetisches Bildungsprogramm einfügt.[209] Wenn auch ein solches Programm ansonsten kritisch betrachtet und mitnichten umgesetzt werden sollte, so bleibt

207 Vgl. Smith, Adam: „Über die Grundlage der Urteile, die wir über unsere eigenen Gefühle und unser eigenes Verhalten fällen, und über das Pflichtgefühl. Über den Einfluß und die Autorität des Gewissens", in: *Adam Smith – Theorie der ethischen Gefühle*, hg. v. Horst D. Brandt auf der Grundlage der Übersetzung von Walther Eckstein, Hamburg 2010, 215 & 245.

208 Siehe hierzu auch: Kapitel 1.2 der vorliegenden Arbeit.

209 Siehe hierzu auch: Kapitel 1.4.2 der vorliegenden Arbeit.

hier doch der Vorgang der Reflexion, der von Bedeutung ist. So verschiedenen die Biographien auch sind, so eindeutig ist doch ihre Verbundenheit über den Vorgang der Reflexion, der in jeder Biographie vermittels einer bestimmten Geste auftaucht.

Neben der „Geste des Zerstörens"[210] in der Biographie von Jürgen Harksen werden, mit der „Geste des Maskenwendens"[211], wie sie Ralph Warnholz vollzieht, und der „Geste des Suchens"[212] von Thomas Kuczynski, noch zwei weitere Formen des Widerstandes gegen die Reproduktion postfordistischer Strukturen vorgestellt. In Abgrenzung zur „Geste des Zerstörens"[213] verbleiben diese nicht nur in einer negativen Dialektik, sondern überführen den Widerstand gegen die Instrumentalisierung der eigenen Person durch neokapitalistische Prinzipien und Strukturen in einen neuen Wirklichkeitsentwurf. Der Gefahr aufgrund ökonomischer Zwänge und Mechanismen in eine Haltung der „Weltentfremdung"[214] zu verfallen, die zum Rückzug aus einer Öffentlichkeit und letztlich dem Verlust des Menschlichen in seiner Lebendigkeit führen könnte, vermögen sie so in der Fähigkeit mit sich und der Welt in Kontakt zu bleiben, entgegenzutreten.

Basierend auf der in Kapitel 1.4.2 erarbeiteten Abbildung zur Ästhetik als komplementärem Beziehungsgefüge, werden insbesondere die (Berufs-)Biographien von Ralph Warnholz, Jürgen Harksen (in der Darstellung von Ulf Mailänder) und Thomas Kuczynski herausgegriffen und nachfolgend als jeweilige Gesten interpretiert. Im letzten Kapitel wird zudem eine Gesamtschau hinsichtlich der Bedeutung der Gesten als den jeweiligen Einzelfall transzendierendes Moment, das im theatralen Akt, und nur dort, passiert, vorgenommen. Von besonderer Relevanz ist dabei, wie bereits angedeutet, die Vor-Stellung, die auf Momente des Denkens verweist und damit dem Homo ludens jenseits der Maschine eine (neue) Position zuzuweisen in der Lage ist.

---

210 Flusser, Vilém: *Gesten. Versuch einer Phänomenologie,* Düsseldorf u. Bensheim 1991, 99.

211 Flusser, Vilém: *Gesten. Versuch einer Phänomenologie,* Düsseldorf u. Bensheim 1991, 159.

212 Flusser, Vilém: *Gesten. Versuch einer Phänomenologie,* Düsseldorf u. Bensheim 1991, 253.

213 Flusser, Vilém: *Gesten. Versuch einer Phänomenologie,* Düsseldorf u. Bensheim 1991, 99.

214 Arendt, Hannah: *Vita activa oder Vom tätigen Leben,* München [20]2019, 265.

<table>
<tr><td>Materie
Form</td><td colspan="2">Person (im alltäglichen Leben)</td></tr>
<tr><td rowspan="3">Persönlichkeit („denkendes Ich“)</td><td>Geste des Maskenwendens</td><td>Ralph Warnholz</td></tr>
<tr><td>Geste des Zerstörens</td><td>Jürgen Harksen</td></tr>
<tr><td>Geste des Suchens</td><td>Thomas Kuczynski</td></tr>
<tr><td></td><td>Der theatrale Akt als Vor-Stellung (Gedankenspiel)</td><td>(Berufs-)Biographien als Einzelfälle</td></tr>
</table>

Tabelle 3: Gesten zwischen Person und Persönlichkeit in der Inszenierung „Karl Marx: Das Kapital, Erster Band“ von Rimini Protokoll, ihre Zuschreibung zu Einzelfällen und zum theatralen Akt

Zunächst werden die jeweils auf der Bühne dargestellten Narrative unter neokapitalistischen Vorzeichen in der Bezugnahme auf eine projektbasierte Polis, den neuen „Geist des Kapitalismus“[215] sowie damit einhergehenden Zwängen und Entfremdungserscheinungen aufgegriffen. Zur Hervorhebung der letzteren werden dabei, wo möglich, Verknüpfungen zu weiteren (sozial-)kritischen Quellen hergestellt und so die Bedeutsamkeit der in der Biographie geschilderten Erfahrung über den Einzelfall hinaus angedeutet. Es folgt danach die Herausarbeitung einer bestimmten Geste, die als Geste der Freiheit in Anlehnung an Vilém Flusser gedeutet wird.[216]

[215] Boltanski, Luc & Chiapello, Ève: *Der neue Geist des Kapitalismus.* Aus dem Französischen von Michael Tillmann, Köln ^{38}2018. [Siehe: Kapitel 1 in dieser Arbeit].

[216] Die Bedeutung von Gesten sowie ihr Zusammenspiel mit Stimmungen und Gestimmtheit sind in Kapitel 2.3.2 der vorliegenden Arbeit herausgestellt worden.

4.1 Deutung der (Berufs-)Biographie von Ralph Warnholz unter neokapitalistischen Vorzeichen: In der Maschine gefangen …

Der Elektroniker Ralph Warnholz berichtet von seinen Erfahrungen als Gewerkschafter, davon, dass er nach Jahren immer wieder enttäuschender Verhandlungen feststellen muss, dass die Verhandlungen Makulatur sind, da ihre Ergebnisse bereits vorher feststehen und die bei den eigentlichen Verhandlungen stattfindenden Gespräche kein diskursiver, auf Argumenten beruhender Austausch sind, sondern eine Reproduktion eingeübter Argumentationsmuster, deren Ergebnisse sich an den Inflationsraten orientieren und dazu dienen, den Unmut der Belegschaft über steigende Preise oder (drohende) Entlassungen zu kontrollieren. Er stellt in Frage, ob es sachliche Argumente überhaupt gibt oder ihre Aussagekraft nicht eher davon abhänge, durch wen sie hervorgebracht und vertreten werden. Warnholz stellt dabei den Absolutheitsanspruch von Aussagen am Beispiel der Kündigung von Arbeitsverhältnissen in Frage. Dem Gewerkschafter Warnholz ist vermittelt worden, dass er mitverantwortlich für den Untergang eines Betriebes sei, sofern er sich für den Erhalt von Arbeitsplätzen einsetzen würde, da er damit aktiv die Produktivität des Betriebes schmälern würde. Während dem Gewerkschafter Warnholz also seitens der Unternehmensleitung für sein gewerkschaftliches Engagement ein schlechtes Gewissen eingeredet versucht worden sei, stellte sich, so Warnholz, die Kündigung von Arbeitsverhältnissen aus Sicht der Unternehmensleitung als deren „heilige Pflicht" dar. Derselbe Umstand – die Kündigung von Arbeitsverhältnissen – wird so zu einem Politikum zwischen Unternehmensleitung und Gewerkschaftsvertretungen, wobei letztere für ihr Engagement, den Einsatz für den Erhalt von Arbeitsplätzen, bestraft würden, wohingegen sich die Unternehmensleitung für die Aussprache von Kündigungen selbst huldige.[217]

Ralph Warnholz realisiert nicht nur seinen Unmut über die in seinem betrieblichen Kontext herrschenden Verhältnisse, sondern vor allem das Gefühl einer

[217] Die Ausführungen zu Ralph Warnholz beziehen sich auf die Aufzeichnung von „Karl Marx: Das Kapital, Erster Band" von Helgard Haug & Daniel Wetzel, *Karl Marx: Das Kapital, Erster Band.* https://vimeo.com/129540373, Abruf am 09.12.21; 00:41:45 Min. – 00:44:15 Min. & 01:05:40 Std. – 01:12:32 Std.

Ohnmacht, sich gegen diese Verhältnisse, trotz gewerkschaftlicher Organisation, nicht wehren zu können. Schleichend sucht sich seine Enttäuschung über die ihm widerfahrende Willkür einen Ausdruck durch die Hinwendung zum Spiel an Spielautomaten: durch die immer gleichen Bewegungen, den Einwurf des Geldes in einen Schlitz und das Drücken von blinkenden Knöpfen, wiederholt er mechanisch, was ihm im beruflichen Alltag bereits vertraut ist. Die Abhängigkeit von Vorgesetzten wird hier allerdings ersetzt durch einen Automaten, dessen programmierter (Nicht-)Gewinnverlauf den Spieler Warnholz nicht durch die Hoffnung auf einen Gewinn in seinen Bann zieht. Warnholz hat die Erfahrung gemacht aus der Abhängigkeit von einer ihm das Überleben sichernden Arbeit nicht herauskommen zu können, mit anderen Worten: in einem Arbeitsverhältnis gefangen zu sein, mit dem er sich zwar nicht einverstanden erklärt, wogegen er sich jedoch auch nicht wehren kann. Diese menschenunwürdige Erfahrung verarbeitet er, indem er das Geld, was er durch seine Abhängigkeit am Arbeitsplatz verdient, über den Einsatz an den Spielautomaten in den Wirtschaftskreislauf zurückführt. Das in seinem Betrieb erarbeitete Geld wird zum Symbol der eigenen Unfähigkeit sich gegen die erfahrende Ungerechtigkeit zu wehren sowie zum Symbol seiner Abhängigkeit. Aus dieser Sicht heraus ist verständlich, wenn Warnholz das Geld loswerden will – das Spiel am Automaten wird zu einem Versuch, sich gegen die Abhängigkeit zu wehren, die ihm die Notwendigkeit der Überlebenssicherung auferlegt, so, wie die aktive Mitwirkung über seine Gewerkschaftsarbeit der Versuch war, sich gegen Ungerechtigkeiten zur Wehr zu setzen. Während die Gewerkschaftsarbeit jedoch als vermeintliche Nichteinverständniserklärung angetreten ist, ahmt der Prozess des Geldeinwurfs am Automaten, verbunden mit dem Drücken von Knöpfen, den Prozess der Schaffung eines Mehrwertes nach. Warnholz „investiert" Kapital – seinen Lohn und seine Arbeitskraft als derjenige, der die Knöpfe drückt – ohne jedoch dabei eine Handlungsvollmacht zu besitzen. Nicht Warnholz ist es, der den Automaten beherrscht, sondern der programmierte Automat ist es, der die Handlungsvollzüge von Warnholz steuert. Der von Warnholz geäußerte Kernsatz dazu lautet, dass es ihm keineswegs darum ging, gegen den Automaten zu gewinnen. In der Verarbeitung des Prozesses selbst liegt der Reiz für Warnholz, sich immer wieder an den Automaten zu setzen. Hierüber entwickelt er eine ausgeprägte Spielsucht. Nicht nur verschwindet der Lohn, das Geld, sondern verschwindet auch er, als jemand, der unfähig ist sich gegen die ihm widerfahrenen Ungerechtigkeiten zu wehren.

Mit Mannemann kann hier auch festgehalten werden, dass Ralph Warnholz den Druck beschreibt, unter dem diejenigen stehen, die auf ihre Arbeit als existenzsicherndes Moment angewiesen sind und die zugleich die menschenverachtende Erfahrung machen, dass ihr Einsatz für Gerechtigkeit nicht gehört oder wertgeschätzt wird:

> „In dieser Gesellschaft sind keine Gehorsamssubjekte mehr, sondern Leistungssubjekte. Wir sind Unternehmer unserer selbst. Die Leistungsgesellschaft ist eine Gesellschaft aus Fitnessstudios, Bürotürmen, Banken, Flughäfen, Shopping Malls und Genlabors. Selbstausbeutung wird durch den Druck von Arbeit und Leistung derart verschärft, dass eine Erschöpfungsdepression entsteht."[218]

Ferner muss Ralph Warnholz erleben, dass er beginnt, angesichts der Ohnmacht, die sich nach seinen ernüchternden Erfahrungen als Gewerkschafter einstellt, sich in ein System des Produzierens und Konsumierens einzufügen. Sein Widerstand gegen die erfahrenen Ungerechtigkeiten wird gebrochen – Ralph Warnholz bricht und zerbricht, sein Leben, seine Familie und sich selbst. Misik beschreibt den vermeintlichen Zwang zur Anpassung als „innere Kolonialisierung" und impliziert damit die Weiterführung ausbeutender und menschenverachtender Maßnahmen, die sich in der (Post-)Moderne also nicht mehr auf die Eroberung von anderen Kontinenten bezieht, sondern viel subtiler bei den Menschen selbst ansetzt. Es geht um die Eroberung der Vorstellungskraft des Menschen, die darauf abgerichtet wird, sich selbst nicht viel mehr als Produzent*in und Konsument*in zu verstehen, das heißt mit anderen Worten, die Existenzsicherung als Maßstab des Lebens anzuerkennen.

> „Der kritisierte neueste Kapitalismus will die vollentwickelte Persönlichkeit, mit Haut und Haaren, nicht nur den auf ein paar Handgriffe reduzierten Teilarbeiter der frühen Epochen dieser [industriellen, T. E.] Produktionsweise. Die Leitfigur des Zeitalters ist der kreative, selbstverantwortliche Mitarbeiter, der Arbeitnehmer als Unternehmer seiner selbst, der seine

---

218 Manemann, Jürgen: *Kritik des Anthropozäns. Plädoyer für eine neue Humanökologie*, Bielefeld 2014, 70f. [ohne Fußnote, T. E.].

> schlummernden Potenzen entwickelt, zu seinem Besten – vor allem aber zum Wohl des Unternehmens. Selbstverwirklichung ist ihm keine Verheißung, sondern eine Pflicht."[219]

Warnholz ersetzt sich selbst und wird, nicht Gegenspieler, sondern Teil des Automaten und dem damit einhergehenden Automatismus der Geldverbrennung. Das Übergehen in eine Spielabhängigkeit wird damit zu einem doppelten Versuch des Widerstandes gegen ein System, mit dem sich Warnholz eigentlich nicht einverstanden erklärt. Einerseits vernichtet er das Geld, das er als Lohn aus seiner Arbeit erhält, ihm letztlich aber nur vor Augen führt, dass er sich in einer Abhängigkeit befindet, gegen die er mit dem Mittel der Gewerkschaftsarbeit nicht ankommt. Andererseits begibt er sich in eine scheinbar freiwillig gewählte Abhängigkeit zu den Spielautomaten, wodurch er jedoch immerhin noch eine Wahl treffen kann. Diese jedoch offenbart das Dilemma: die Wahl, die er trifft, ist eine, die sich gegen ihn selbst richtet und damit auf die Abschaffung seiner selbst gerichtet ist. In der Kollaboration mit dem Spielautomaten versucht Warnholz seinen Platz zu finden, was aber zu einer Bankrotterklärung führt, die er gegen sich selbst richtet. Mit dem Bankrott geht die Auflösung seiner Familie einher und auch sein Einfamilienhaus sowie die Freundschaften, die ihn bis dato begleitet haben, verspielt er durch das Geld, das er sich bei Freunden leiht und er letztlich auch verliert. Warnholz verinnerlicht den kapitalistischen Prozess, stellt sich ihm zur Verfügung, freilich nicht, ohne sich zunächst zu wehren. Wer aber gefangen ist und realisiert, dass es keine Möglichkeit des Entkommens zu geben scheint, läuft Gefahr sich solidarisch mit dem zu erklären, der oder das ihn gefangen hält. Basierend auf einer Geiselnahme, die 1972 in einer schwedischen Kreditbank in Stockholm stattgefunden hat, entstand der Begriff des Stockholm-Syndroms. Damit wird dem Umstand Rechnung getragen, dass Opfer, zum Beispiel einer Geiselnahme, anfangen mit den Tätern zu kooperieren und ihnen gegenüber Zuneigung zu empfinden scheinen. Zurückgeführt wird dies unter anderem auf mögliche Wahrnehmungsverzerrungen. So erfahren die Geiseln kleine Zugeständnisse seitens der Geiselnehmer, zum Beispiel, dass sie Nahrung erhalten oder auf Toilette gehen „dürfen", als positiv und entwickeln aus dem Umstand heraus, dass sie überleben „dürfen" eine Dankbarkeit gegenüber den Geiselnehmern.

---

[219] Misik, Robert: *Marx für Eilige*, Berlin [6]2016, 25.

Statt sich dem Umstand auszusetzen, mit seinem durch die Gewerkschaftsarbeit artikulierten Widerstand immer wieder zu scheitern, begibt sich Warnholz in eine Abhängigkeit mit den Spielautomaten, die ihn von der „Last" des Geldes befreien, die ihn beständig an sein Scheitern zu erinnern droht. Er beginnt scheinbar mit dem System, das ihm doch eigentlich schadet, zu kooperieren, sich sogar gut zu fühlen, wenn er vor dem Automaten sitzt, von dem er noch nicht einmal den Gewinn erwartet, sondern mit dem er eine Beziehung einzugehen scheint, die wissentlich dazu führt, dass er Geld verliert. Warnholz verinnerlicht das System, das ihn jedoch verzehrt – statt sich (weiterhin) zu wehren, setzt Warnholz sich selbst aufs Spiel, lässt er sich verzehren und wird damit zur optimalen Arbeitskraft aus kapitalistischer Sicht. Bereits Karl Marx schrieb hierzu:

> „Es ist nicht mehr der Arbeiter, der die Produktionsmittel anwendet, sondern es sind die Produktionsmittel, die den Arbeiter anwenden. Statt von ihm als stoffliche Elemente seiner produktiven Tätigkeit verzehrt zu werden, verzehren sie ihn als Triebkraft ihres eignen Lebensprozesses, und der Lebensprozeß des Kapitals besteht nur in seiner Bewegung als sich selbst verwertender Wert."[220]

Das kapitalistische System, das hier durch die Spielautomaten symbolisiert wird, wird zum Geiselnehmer von Warnholz. Diesem gibt sich Warnholz hin; er erwartet auch gar nicht mehr, dass er aus der Zur-Verfügung-Stellung seiner Arbeitskraft einen Gewinn schöpfen kann, sondern provoziert vielmehr den Verlust. Er überlebt in seinem und seinen Arbeitsalltag. Zugleich wird dieser durch die Spielsucht irgendwann überholt. Warnholz verliert sich als Mensch, existiert nur noch in Abhängigkeit des Automaten, wird gleichsam von diesem unterhalten. Der Automat wiederum ist programmiert darauf, die (enttäuschten) Massen abzulenken, ihnen Erleichterung zu verschaffen oder auch die Hoffnung auf die Unabhängigkeit von dem, wovon sie bei Warnholz jedoch die Abhängigkeit schaffen: Geld.

Was durch die Berufs- und Lebensbiographie von Warnholz deutlich wird, ist, dass einerseits die Arbeit als Brotberuf zum Maßstab des Lebens im 21. Jahrhundert

[220] Marx, Karl: *Das Kapital. Kritik der politischen Ökonomie.* Unveränderter Nachdruck der Ausgabe Berlin: Gustav Kiepenheuer Verlag 1932, München ²2020, 299.

geworden ist. Dabei ist die Idee, dass der Arbeitnehmer seine volle Kraft zur Verfügung stellen müsse, keineswegs überwunden. Auch die hierarchischen Verhältnisse, die zwischen Kapitalbesitzer und Arbeitgeber seit Beginn der Industrialisierung herrschen, sind keineswegs überwunden. Warnholz' Erzählung verdeutlicht, dass auch die Gewerkschaftstätigkeiten und die Einrichtung von Betriebsräten, die Erfahrung von Diskriminierung, Willkür und Abhängigkeit, nicht überwunden haben. Warnholz' Biographie zeigt weiterhin auf, dass die menschliche Kraft, Widerstand zu leisten, nicht unendlich ist und durch Mechanismen abgelenkt wird, die sowohl individuelle Erleichterung als auch Ablenkung zu verschaffen scheinen. Was hinsichtlich des Verhältnisses von Kapital und dem Körper als Träger der Arbeitskraft deutlich wird, ist, dass letzterer aus kapitalistischer Sicht nur als ein Material zur Verwertung im Herstellungsprozess des Mehrwertes dient, und so lange eingesetzt wird, wie er der Schaffung eines Mehrwertes zuträglich scheint, nur um dann aus dem Prozess ausgeschieden („freigesetzt") zu werden. Folgende Zitate aus Karl Marx: Das Kapital, Erster Band verdeutlichen dies. In dem Zusammenhang, der sich zur Biographie von Ralph Warnholz herstellen lässt, zeigt sich zugleich die Aktualität dieser von Marx angefertigten Beschreibung zur Sichtweise auf die Arbeitskraft und des Einsatzes seines Körpers seitens des Kapitals:

> „Das Kapital fragt nicht nach der Lebensdauer der Arbeitskraft. Was es interessiert, ist einzig und allein das Höchstmaß von Arbeitskraft, das in einem Arbeitstag flüssig gemacht werden kann. Es erreicht dies Ziel durch Verkürzung der Dauer der Arbeitskraft, wie ein habgieriger Landwirt gesteigerten Bodenertrag durch Beraubung der Bodenfruchtbarkeit erreicht."[221]

> „Die kapitalistische Produktion, die wesentlich Produktion von Mehrwert, Einsaugung von Mehrarbeit ist, produziert also mit der Verlängerung des Arbeitstages nicht nur die Verkümmerung der menschlichen Arbeitskraft, welche ihrer normalen geistigen und körperlichen Entwicklungs- und Betätigungsbedingungen beraubt wird. Sie produziert die vorzeitige Erschöpfung und Abtötung der Arbeitskraft selbst. Sie verlängert die

[221] Marx, Karl: *Das Kapital. Kritik der politischen Ökonomie.* Unveränderter Nachdruck der Ausgabe Berlin: Gustav Kiepenheuer Verlag 1932, München [2]2020, 259.

> Produktionszeit des Arbeiters während einer gegebenen Frist durch Verkürzung seiner Lebenszeit."[222]

Statt nun in einem Funktionieren im kapitalistischen System vollumfänglich aufzugehen, mit anderen Worten, bei lebendigem Leib zu sterben, nimmt Ralph Warnholz jedoch therapeutische Hilfe in Anspruch und es gelingt ihm, sein Leben zu ändern. Er stellt sich seiner Spielsucht und beginnt nicht nur offensiv einen Umgang mit dieser zu suchen, sondern auch, seine Erfahrungen mit anderen zu teilen. So übernimmt er als Leiter einer Selbsthilfegruppe von Spielsüchtigen Verantwortung. Ferner verändert er sein Arbeitsverhältnis und wechselt von einem Angestelltenverhältnis in der „freien" Wirtschaft hin zu einem Angestelltenverhältnis im öffentlichen Dienst. Rückblickend auf seine (Berufs- und Lebens-)Biographie beginnt er die Mechanismen und Prinzipien zu deuten, die seine Flucht in die Spielsucht begünstigt haben. Er beginnt dabei auch sich mit den Leitbildern und Einstellungen auseinanderzusetzen, denen er auf seinem Berufsweg gefolgt ist. Auf diese Weise eröffnet er sich einen Raum, der es ihm ermöglicht sein vermeintliches Scheitern im Beruf nicht nur zu verarbeiten, sondern historisch gesehen zu überschreiten. Mit anderen Worten: Ralph Warnholz gelingt es seine Berufs- und Lebensgeschichte in einen Deutungshorizont einzubetten, der zwar den bisherigen Erfahrungen die Sinnhaftigkeit abspricht, nicht aber dem Leben als solchem. Im Gegenteil: aus der Erzählung über die vergangenen Erfahrungen heraus entspringt eine Geste der Sinngebung, die es Ralph Warnholz ermöglicht seiner Biographie eine Bedeutung zu geben. Diese bleibt nicht in der Vergangenheit verhaftet. Gerade diese ist es ja, die sich als ein (vermeintliches) Scheitern auf verschiedenen Ebenen – familiär, freundschaftlich, beruflich – herausstellt. Warnholz bleibt jedoch nicht in dieser, seiner, Geschichte stecken, sondern schafft es, diese aus einer gegenwärtigen Perspektive zu betrachten und daraus Konsequenzen zu ziehen. Sinn ergibt sich hier nicht aus der beruflichen Vergangenheit, sondern in der Erzählung, die über die berufliche Vergangenheit entworfen wird, aus ihrer Reflexion heraus. An der Berufs- und Lebensbiographie von Ralph Warnholz lässt sich so die Geste des Maskenwendens nach Vilém Flusser nachzeichnen.

[222] Ebd.

4.2 Die Geste des Maskenwendens: Wider die Maschine

Um die Geste des Maskenwendens als eine Geste der Freiheit zu verstehen, ist es notwendig, in einem Zwischenschritt ihrer Bedeutung bei Vilém Flusser nachzugehen. Bevor also die Geste des Maskenwendens für den Fall Ralph Warnholz adaptiert wird, wird sie nachfolgend als Geste der Freiheit, wie sie von Vilém Flusser dargestellt wird, skizziert.

4.2.1 Die Geste des Maskenwendens bei Vilém Flusser

Vilém Flusser beschreibt beispielhaft am Karneval von Rio de Janeiro, dass jeglichen Handlungen, ob sie ökonomisch, soziologisch, psychologisch, ästhetisch oder aus einer anderen fachlichen Disziplin heraus interpretiert werden, eine Historie zugrunde liegt.[223] Dabei stellt er heraus, dass diese Historie eine durch Menschen initiierte und keineswegs eine qua Naturgesetz gegebene ist. Zugleich verdeutlicht er, dass gerade solche Handlungen, die nahezu automatisiert und routiniert abzulaufen scheinen, den Akteuren, die in die Hervorbringung der Handlung eingebunden sind oder als Zuschauende solche Handlungen beobachten, aufgrund der scheinbar reibungslosen Handlungsabläufe, den Eindruck bekommen könnten, dass sie naturgegeben und selbstverständlich seien. Um zu verdeutlichen, dass keine Handlung historienlos und damit „natürlich", sondern immer auch Konsequenz menschlichen Handelns ist – als Ausdruck der Zuwendung des Menschen hin zu einer Wirklichkeit, die er gestalten möchte und die damit auch gegenwartsbezogen ist –, wendet er die Aufmerksamkeit auf verschiedene Akteure, die an der Hervorbringung von Handlungen beteiligt sind. Er unterscheidet diejenigen im Karneval, die Masken tragen und vorführen, von denjenigen, die sich die Darstellung anschauen und diese bewerten von jenen, die die Vorkehrungen dafür treffen, dass der Karneval stattfinden kann. Mit letzteren meint er die beteiligten Behörden und Ministerien, die für die Planung und Organisation des Karnevals

[223] Vgl. Flusser, Vilém: *Gesten. Versuch einer Phänomenologie,* Düsseldorf u. Bensheim 1991, 160.

zuständig sind. Es sind diejenigen, die den Karneval „programmieren", die dafür sorgen, dass ein Programm entsteht und dieses umgesetzt wird. Sie treten am Karneval selbst nicht in Erscheinung und wenn, dann nur, weil sie selbst Masken tragen oder als Zuschauer*innen dem Karneval beiwohnen, nicht jedoch in ihrer Funktion als Programmveranstalter. Diese Akteure, die den Karneval programmatisch ermöglichen, aber selbst nicht in Erscheinung treten, nennt Flusser auch die „Maskenwender"[224]. Ihn interessieren diejenigen, die die Geste des Maskenwendes ausführen, da sie, anders als die anderen beiden Gruppen, die nach Flusser das „historische Verhältnis" von Akteur und Publikum betreffen[225], in ihrer Bedeutung als außerhalb von Zeit und Raum des Karnevals stehend, bis dato nicht beachtet worden seien, sie aber eine relevante Rolle hinsichtlich des Verstehens von Handlungen spielen.[226] Welche dies ist und inwiefern dies für die Interpretation der Biographie von Ralph Warnholz zentral ist, wird in Kapitel 4.2.2 ausgeführt.

Flusser geht es mit der Geste des Maskenwendens um die Beschreibungen eines Rahmens, in den Handlungen eingebettet sind und durch die sie, die Handlungen, überhaupt erst als solche entstehen. Damit ist gemeint, dass Handlungen also nicht losgelöst von einer Vorstellung davon entstehen, dass ein Zustand, der aktuell ist, ein anderer sein soll.[227] Diese Vorstellungen sind ihrerseits als begründet anzusehen. Es besteht dabei für die Person, die handelt, ein Unterschied darin, ob die Begründung zweck- oder sinnorientiert ist. Eine Handlung auszuführen, um damit etwas Anderes, außerhalb der Handlung Liegendes zu erreichen, ist qualitativ etwas anderes, als die Ausführung der Handlung selbst als sinnvoll zu erachten. In der vorliegenden Arbeit wird der Begriff des „Programms", den Flusser nutzt, im Sinne dieser qualitativ verschiedenen Möglichkeiten der Begründung von Handlungen interpretiert. Unabhängig davon, durch welches Programm eine Handlung gerahmt wird, wird es als solches im Handeln selbst nicht sichtbar. Dies ist in zweifacher Hinsicht problematisch: einerseits besteht die Gefahr, dass gewohnheitsmäßig ausgeführten Handlungen, die sich zu Routinen entwickeln,

---

224 Flusser, Vilém: *Gesten. Versuch einer Phänomenologie,* Düsseldorf u. Bensheim 1991, 162.

225 Flusser, Vilém: *Gesten. Versuch einer Phänomenologie,* Düsseldorf u. Bensheim 1991, 160.

226 Vgl. Flusser, Vilém: *Gesten. Versuch einer Phänomenologie,* Düsseldorf u. Bensheim 1991, 160f.

227 Vgl. Flusser, Vilém: *Gesten. Versuch einer Phänomenologie,* Düsseldorf u. Bensheim 1991, 101.

über deren Ausführung also nicht mehr nachgedacht wird, die Begründungsnotwendigkeit abhandenkommt. Routinen werden scheinbar um ihrer selbst willen ausgeführt. Sie funktionieren. Dieses Funktionieren ist aber nicht mit der Ausführung einer sinnvollen Handlung zu verwechseln, also mit einer Handlung, die für die handelnde Person, für ihr eigenes Leben und Wirken, ihr Menschsein an sich, von Bedeutung ist. Andererseits besteht die Gefahr, dass in Vergessenheit gerät, dass es nicht nur Menschen sind, die eine Handlung vollziehen, sondern auch Menschen, die im Sinne eines Programms, einer Vorstellung davon, wie sie ihr Leben verbringen möchten, handeln. Programme sind also ebenso wenig Naturgesetzen unterworfen, wie es die Handlungen sind. Handlungen werden imaginiert, entstehen aus Vor-Stellungen der Zukunft, einer vor(an)-gestellten Zukunft, heraus. Handlungen, die im gegenwärtigen Vollzug sind, sind also begründet, das heißt, sie entstehen auf dem Boden einer vorentworfenen Geschichte, die aus einer imaginierten Zukunft heraus auf die Gegenwart zurückwirkt.[228] Und diejenigen, die die Geschichten entwerfen, sind die Menschen als Maskenwender selber, auch, wenn ihre Beteiligung an diesen Geschichten dem Vollzug der Handlungen vorausgeht und sie selbst, wenn es zu den eigentlichen Handlungen kommt, nicht mehr involviert sind:

> „Der Beamte im Kommunikationsministerium ist nicht im Raum und in der Zeit des Karnevals, zum Beispiel programmiert er gerade den Karneval des kommenden Jahres und wartet dafür auf das Feedback des diesjährigen. Für ihn ist der Karneval vorbei, längst bevor er anfängt, und zwar nicht, weil er voraussieht, was dabei geschehen wird. Er weiß selbstverständlich nicht, welche Maske den Preis bekommen oder ob eine Tribüne zusammenstürzen wird, aber solche Daten interessieren ihn gar nicht. [...] Für ihn ist Karneval vorbei, sobald er programmiert ist, und zwar ist er ‚vorbei' nicht im historischen Sinne von ‚vergangen', sondern im Sinn von ‚verfügbar'. Daher existiert der Maskenwender weder für Tänzer noch für Kritiker: er steht außerhalb ihres Horizontes."[229]

[228] Das raumzeitliche Verständnis dialektischen Denkens, wie es in Abbildung 3 in Kapitel 1.4.2 herausgearbeitet wurde, kommt hier nun zum Tragen.

[229] Flusser, Vilém: *Gesten. Versuch einer Phänomenologie*, Düsseldorf u. Bensheim 1991, 161f.

Handlungen führen also immer implizit eine Vorstellung einer (anderen) Zukunft mit, sind verwoben mit einem Programm, das seinerseits veränderbar und dadurch gekennzeichnet ist, dass es in der Handlung selbst nicht sichtbar wird, die Handlung aber gleichwohl mit hervorbringt. Die Frage ist nun, wie das Programm einsehbar wird, das in seiner Abwesenheit anwesend ist. Flusser verdeutlicht, dass es dafür nicht reicht, eine Maske etwa abzunehmen und sie umgedreht vor sich zu halten. So wird nur sichtbar, wie die anderen die Maske sehen.

> „Ich trage eine papierne Maske. Durch ihre Löcher sehe ich die anderen. Nehme ich sie ab und betrachte sie von außen, dann sehe ich, wie mich die anderen gesehen haben. In diesem Sinn ist das Abnehmen der Maske Selbsterkenntnis. Nehme ich sie aber ab und betrachte sie von innen, dann sehe ich eine graue Oberfläche, die an verschiedenen Stellen in die dritte Dimension hineinragt. Die politischen, kulturellen und ästhetischen Aspekte der Maske befinden sich alle auf ihrer äußeren, jetzt nicht sichtbaren Seite. Was ich nun sehe, ist sozusagen die Maske in ihrem negativen ethischen Aspekt: so soll sie nicht gesehen werden, und dieses ‚Verbot' kann der Innenseite der Maske angesehen werden."[230]

Die Maske zu wenden, damit mein Flusser, die Innenseite der Maske zu betrachten, das heißt, aus dem historischen Ereignis des sich im Vollzug befindenden Handelns auszutreten. Es geht darum eine zur Gewohnheit gewordene Handlung zu unterbrechen und zu fragen, warum die Handlung überhaupt ausgeführt wird. Es ist die Sinnhaftigkeit der Handlung, die grundsätzlich in Frage gestellt wird. Dies meint nicht, dass sich der/die Fragende in einer weltvergessenen Kontemplation von der Handlung entfernt, sondern sich, im Gegenteil, der Handlung und dessen Programm in vollem Bewusstsein zuwendet. Es geht hierbei dann auch nicht darum, Kausalbegründungen zu liefern, mit denen eine Handlung erklärt werden kann. Ebenso wenig geht es darum, eine Handlung in einzelne Prozessabläufe zu zerlegen, sondern es geht um das Bedenken einer Haltung, die in der Handlung mitschwingt. Diese ist mehr als nur die persönliche Haltung eines Einzelnen, da in Flussers Verständnis von „Handlung" ein Mensch nicht als vereinzeltes Wesen auftritt, sondern immer in Bezug auf jemanden oder etwas anderes zu

[230] Flusser, Vilém: *Gesten. Versuch einer Phänomenologie,* Düsseldorf u. Bensheim 1991, 164.

verstehen ist.[231] So ist die Frage nach dem Beweggrund für eine Handlung immer auch eine Frage nach dem Verständnis vom Wesen des Menschen, der menschlichen Gattung, an sich und davon, was als vertretbare Ausführung einer Handlung erscheinen mag. Wer derart nach der Positionierung des Menschlichen fragt, kann dies nur tun, wenn er/sie nicht in die Handlung selbst verstrickt und durch die Ausführung der Handlung selbst beschäftigt ist. Die Geste des Maskenwendens verweist auf das, was das Handeln in actu immer begleitet, so, wie der Blick auf die am Karneval beteiligten Behörden zeigt, dass der Karneval nicht spontan geschieht, sondern in eine Planung eingebettet ist.

> „Nur bringt dieser Anblick [der gewendeten Maske, T. E.] meine ethischen Kategorien ins Wanken. Ich sehe die ‚falsche', unerlaubte Maskenseite, und dabei ist die andere Seite, die ‚echte', das falsche Gesicht, in dem mich die anderen zu erkennen glauben. Demnach ist die ‚falsche' Seite der Maske die echte, denn sie macht den Schwindel offensichtlich. Und doch ist die Dialektik der Maske eine ‚negative Dialektik', denn die graue Oberfläche der Maske, die ich betrachte, ist ja nur ihre negative Seite. Darum ist die Erkenntnis, die ich beim Maskenwenden gewinne, ethischer und politischer Natur, aber in einem Sinn der Ethik und Politik überschreitet: ich befinde mich beim Maskenwenden jenseits von gut und böse. Das Wesen der Geste ist das Überschreiten [...] des Aktes, der Handlung [...]."[232]

4.2.2 Die Geste des Maskenwendens in der (Berufs-) Biographie von Ralph Warnholz

Im Fall von Ralph Warnholz wird spätestens mit der Entwicklung seines in die Spielsucht führenden Verhaltens offenbar, dass dem Akteur das Wissen über die Entstehungsgeschichte der Handlungen, in die er verstrickt ist, abhandengekommen ist. In dieser Abwesenheit ist die Durchführung von Handlungen nun eigentlich nicht mehr möglich. Anstelle einer Handlung mit der sich der Mensch in das

---

231 Flusser, Vilèm: *Gesten. Versuch einer Phänomenologie,* Düsseldorf u. Bensheim 1991, 120.

232 Flusser, Vilém: *Gesten. Versuch einer Phänomenologie,* Düsseldorf u. Bensheim 1991, 164f.

menschliche „Bezugsgewebe"[233] einbringt, die ihm einen Zugang zur Wirklichkeit, zu dem, was ihn angeht, ermöglicht, wird nur noch ein Verhalten reproduziert, das um seiner Reproduktion, also um der Gewohnheit willen, ausgeführt wird, obwohl dies der eigenen Person schadet. Ralph Warnholz wird so zum Gefangenen seiner im Berufsleben angeeigneten Routinen des optimalen Funktionierens, die durch die Spielautomaten beständig weiterreproduziert werden.

Flusser weist mit seinen Ausführungen zum Maskenwenden daraufhin, dass Handlungen in Form einer imaginierten Vor-Vergangenheit immer eine implizite Seite mitführen, die in der aktuellen Performance zwar nicht sichtbar, aber dennoch anwesend ist. Das vorentworfene Programm steckt den Rahmen für die Durchführung der Handlungen ab und ermöglicht ihre Aus- und Aufführungen. Ein solches Programm ist jedoch seinerseits programmiert[234], womit hier gemeint ist, dass auch ein solches nicht naturgegeben, sondern durch Menschen (vor-)entworfen ist. In der Geste des Maskenwendens wird sich die Person, die die Maske wendet, der Strukturen des Programms bewusst, innerhalb derer die Maske entworfen wurde. Diese meint nichts anderes, als dass eine Einsicht über die Entstehungsgeschichte und die Begründung eines Programms beziehungsweise der darin zu verortenden Handlungen entsteht. Handlungen unterliegen eben keine Gesetzmäßigkeiten. Statt also in der Geschichte der Routinen verhaftet bleiben zu müssen, besteht mit der Einsicht, nicht in die Zweckmäßigkeit einer Handlung, sondern in ihre *Begründung*, die Chance, die Routinen zu unterbrechen.

> „Beim Wenden der Maske wird nicht nur ihre Funktion innerhalb des Dramas und ihre Genese sichtbar […], sondern vor allem das, was man eleganterweise ihre ‚Struktur' nennt. Sobald man aber der Struktur ansichtig wird, werden Funktion und Genese der Maske uninteressant, sind sie ‚vorbei', denn man befindet sich dann außerhalb des Theaters und außerhalb der Geschichte. Nicht in dem Sinne ‚außerhalb' wie der Drahtzieher beim Marionettentheater (denn er ist ja an der Handlung beteiligt), sondern

233 Vgl. Hannah Arendt, *Vita activa oder Vom tätigen Leben*, München ^{20}2019, 222ff.

234 Vgl. Flusser, Vilém: *Gesten. Versuch einer Phänomenologie*, Düsseldorf u. Bensheim 1991, 163.

> außerhalb wie jemand, der Puppen rezyklieren will, um sie zu etwas anderem (zum Beispiel zur Papiererzeugung) zu verwenden."[235]

Die vermeintlichen Gesetzmäßigkeiten werden zu Spielregeln, zu Regeln mit denen ein Spiel möglich ist, das heißt, dass sie verändert werden können.

> „Die Geste des Maskenwendens ist die Geste des Spielens mit Geschichte und nicht mehr die des Rollenspiels in der Geschichte. Das soll selbstredend nicht heißen, daß wir mit dieser Geste aufgehört hätten, Masken zu tragen und Rollen zu spielen. Alle dramatischen Regeln der Ökonomie, der Soziologie und der Politik gelten auf der Bühne der Geschichte weiter. Doch gelten sie anders als früher, nämlich als Spielregeln und nicht mehr als Gesetze. Die Masken, die wir über Masken und unter Masken tragen, sitzen anders als früher: als umwendbare Masken. [...] Zwar leiden wir weiterhin an der Geschichte und handeln in ihr, aber wir können uns nicht länger wie früher an und in ihr engagieren, da wir alle Rollen in ihr umwenden können: mit ihr spielen können."[236]

Statt sich einem Funktionieren unterzuordnen und in einem beruflichen Umfeld zu verbleiben, in dem sich Ralph Warnholz weder als Mensch angenommen noch wertgeschätzt fühlt, ändert er sein Leben von Grund auf. Mithilfe einer Therapie und der Übernahme von Verantwortung für andere Menschen, die ihrerseits suchterkrankt sind, deutet er seine Lebensgeschichte neu und beginnt seine Erfahrungen zu formulieren. Er befreit sich von dem Prinzip der Optimierung und des Engagements, durch die seine beruflichen Ersterfahrungen geprägt waren und schafft es, aus einer ungewollten Rolle, in der über ihn und seine Arbeitskraft verfügt wurde, herauszutreten. Über diesen Vorgang des Heraustretens und der damit verbundenen Einsicht in die Strukturen des Programms, durch das sein einstmaliges Leben geprägt war, beginnt Ralph Warnholz zu berichten. Es gelingt ihm so seine Vergangenheit in die Welt zu bringen, sie zu thematisieren und für andere zur Verfügung zu stellen. Nicht mehr er ist es, über den verfügt wird, sondern Ralph Warnholz ist es nun, der selbst über seine Geschichte sowie über das Programm

---

235 Flusser, Vilém: *Gesten. Versuch einer Phänomenologie,* Düsseldorf u. Bensheim 1991, 167.

236 Flusser, Vilém: *Gesten. Versuch einer Phänomenologie,* Düsseldorf u. Bensheim 1991, 168f.

verfügt, aus dem er sich entschieden hat herauszutreten. Mit der Wendung seiner Geschichte, das heißt mit dem Aufdecken des Programms, innerhalb dessen er als Arbeitnehmer, Gewerkschafter und Spielsüchtiger funktioniert hat, offenbart sich die Sinnentleertheit seines bis dato geführten Lebens. Mit der Hinwendung genau dazu geht jedoch auch die Formulierung des ihn bis dahin bestimmenden Programms und die Entscheidung einher, sich diesem nicht mehr unterzuordnen.

> „Mit der Geste des Maskenwendens geht aller Sinn der Geschichte verloren; jedoch nicht notwendigerweise der Sinn des Lebens. Im Gegenteil kann das Spielen mit der Geschichte selbst zur Sinngebung werden."[237]

Teil seines neuen Lebensentwurfes ist es, anderen Menschen von seiner Berufs- und Lebensbiographie zu erzählen. Damit wird sich Ralph Warnholz nicht nur seiner Menschenwürde bewusst, sondern ermöglicht er darüber hinaus auch anderen, die in ähnlichen Routinen verhaftet sind, wie jene, die ihn gebunden haben, den Einblick in die Dynamik sich verselbständigender Verhaltensweisen, denen die Entstehungsgeschichte beziehungsweise die Einsicht in die Vorstellung von Handlungen, die immer auch als potentiell andere Handlungen imaginiert werden können, abhandengekommen ist. Ralph Warnholz erkennt nicht nur die Strukturen, die sowohl sein Erwerbsleben als auch seine Zeit als Konsument einer Spielautomatenindustrie geprägt haben; er erkennt darüber hinaus, dass Freiheit nicht unbedingt bedeutet, dass der Mensch das tun kann, was er/sie will, sondern dass es ebenso bedeuten kann, das sein zu lassen, was er/sie nicht will. Jürgen Manemann bezeichnet dies auch als eine „Haltung der Gelassenheit im Sinne des Habitus"[238], durch die dem Prinzip der Selbstoptimierung die Bedeutung der Einzigartigkeit des Lebens entgegengestellt wird, das „Raum schafft für Andere und Anderes"[239]. Ralph Warnholz gelingt es die Maske zu wenden, das heißt, das Programm – die Strukturen – zu entdecken, durch die seine Abhängigkeits- und Diskriminierungserfahrungen geprägt worden sind. Ihm wird offenbar, dass die

237 Flusser, Vilém: *Gesten. Versuch einer Phänomenologie,* Düsseldorf u. Bensheim 1991, 168f.

238 Manemann, Jürgen: *Kritik des Anthropozäns. Plädoyer für eine neue Humanökologie,* Bielefeld 2014, 125ff.

239 Manemann, Jürgen: *Kritik des Anthropozäns. Plädoyer für eine neue Humanökologie,* Bielefeld 2014, 127.

Richtung, die sein Leben genommen hat, begründet war. Hiermit ist nicht die Annahme eines schicksalhaft vorherbestimmten Lebens gemeint, sondern vielmehr die Erkenntnis, dass das Leben immer in einem bereits vorgegebenen Rahmen eingebettet ist. Dieser Rahmen, da er nicht per se existiert, sondern seinerseits durch Menschen entworfen worden ist, die jedoch unter anderen Umständen und mit anderen Vorstellungen gelebt haben, ist von Ralph Warnholz als für ihn mehr als unpassend demaskiert worden. Er erklärt sich weder einverstanden mit den hierarchischen Machtstrukturen, denen er sich als Gewerkschafter und Arbeitnehmer ausgeliefert fühlt, noch mit den Mechanismen an den Spielautomaten, durch die er spielsüchtig wird.

Warnholz gelingt es nicht nur, die Willkür in den Argumentationsmustern der Arbeitgeber aufzudecken sowie die Verhandlungen zwischen Gewerkschaften und Arbeitgeberverbänden, an denen er als Gewerkschaftsvertreter teilgenommen hat, als Scheinverhandlungen zu entlarven. Statt in einem Bedauern über diese ihm widerfahrenen Ungerechtigkeiten zu verharren oder gar die Handlungsmuster (weiter) zu reproduzieren, vollzieht er einen weiteren Schritt und sucht nach einer alternativen Haltung, mit der er seinem eigenen Leben und dem Leben anderer Menschen begegnen kann. In der Erzählung über die von ihm entdeckten Muster, die lange Zeit sein Erwerbs- und darüber auch sein Privatleben geprägt haben, findet er schließlich einen neuen Lebenssinn. Sein Leben ist weiterhin in einen Rahmen, in Prinzipien und Strukturen, eingebettet. Der Unterschied ist nun, dass er die Fähigkeit entwickelt hat, den Rahmen selbst abzustecken: in der Zuwendung zu Menschen, die seine Ansichten und Werte teilen, hat Ralph Warnholz es geschafft sich von den Rollen des Konsumenten und Produzenten zu trennen und als Mensch in Erscheinung zu treten.

4.3 Von den Mythen der Marktfreiheit und der Belohnung des Tüchtigen bei Jürgen Harksen

Als einziger Akteur, der nicht seine eigene, sondern die Biographie eines anderen darstellt, tritt Ulf Mailänder auf.[240] Er ist, wie sich im Verlauf herausstellt, der Bio-

[240] Die Ausführungen zu Jürgen Harksen in der Darstellung durch Ulf Mailänder beziehen sich auf die Aufzeichnung von „Karl Marx: Das Kapital, Erster

graph und Darsteller von Jürgen Harksen, eines selbsternannten Anlageberaters, der aufgrund der Veruntreuung von Geldern und der Steuerhinterziehung zum Zeitpunkt der Aufführung inhaftiert ist. Die Rolle „Jürgen Harksen" folgt einer gänzlich anderen Lebensmaxime als der Sorge um die Existenzsicherung. Ist jene psychoanalytisch als Ausrichtung am Realitätsprinzip zu verstehen, so symbolisiert die dargestellte Biographie von Jürgen Harksen mit der Orientierung am Lustprinzip das genaue Gegenteil.[241] Dabei wird beständig in Frage gestellt, ob die Verfolgung des Lustprinzips seinen Träger tatsächlich in einen Konflikt mit der sogenannten Realität bringt, oder ob es nicht gerade die Hinwendung zur Lust erlaubt, dass Jürgen Harksen das Leben führt, von dem andere Menschen zwar träumen, das zu leben sie sich jedoch versagen, da es nicht der gesellschaftlichen Norm zu entsprechen scheint das zu tun, was einem beliebt beziehungsweise das sich aus einer natürlichen und je eigenen Entwicklungslogik des jeweils einzigartigen Lebens ergeben mag.

In der Darstellung von Jürgen Harksen ist dieser in der Lage, nicht nur Beziehungen zu Menschen herzustellen und deren finanzielles Vermögen zu verwalten, sondern darüber hinaus weiß er Strategien zu entwickeln, genau solche Menschen anzusprechen und zu binden, die mit Leichtigkeit finanzielle Mittel in Kapitalanlagen diverser Art binden können. Durch seine in den 1980er Jahren gemachte Erfahrung bestärkt, dass er der Beobachtung und Anlage von Geld am Aktienmarkt fähig ist – eine Erfahrung, die der Verwaltung einiger tausend Mark seines Schwiegervaters in Spe entsprang – beschließt er, so lautet Harksens Erzählung, dass er auch die Vermögen anderer Personen „verwalten" könne. Zum Zwecke der Kundenakquise, die auf der Annahme gründet, dass Menschen, die entsprechend finanzielle Mittel zur Investition übrighaben, eine Habgier entwickeln, Kapital zu akkumulieren, erfindet er die Geschichte von dem erfolgreichen Börsenspekulanten Jürgen Harksen, der als Jungunternehmer im Ausland ein Milliardenvermögen gemacht hat, das aber in ausländischen Fonds und anderen Mitteln gebunden

Band" von Helgard Haug & Daniel Wetzel, *Karl Marx: Das Kapital, Erster Band.* https://vimeo.com/129540373, Abruf am 09.12.21; 01:29:30 Std. – 01:33:25 Std., 01:35:30 Std. – 01:43:18 Std. & 01:45:00 Std. – 01:51:50 Std.

[241] Orange, Donna M.: „Realitätsprinzip", in: *Wörterbuch der Psychotherapie,* hg. v. Gerhard Stumm & Alfred Pritz. Wien 2000, 585. https://link.springer.com/chapter/10.1007/978-3-211-99131-2_1593, Abruf am 09.12.21.

sei und nur durch Reinvestitionen deutscher Anleger*innen nach Deutschland überführt werden könne.

Der Hinweis auf die Verfügbarkeit über Milliarden, kombiniert mit dem Versprechen eine bei Jürgen Harksen getätigte Investition um das Dreizehnfache steigern zu können, trifft bei den entsprechend wohlhabenden Personen in Hamburg und Umgebung auf Resonanz. Die theatrale Darstellung lässt keinen Zweifel daran, dass zahlreiche Anleger bei Jürgen Harksen investierten. Der Faktor 13 überzeugt. Jürgen Harksen, so geht die Erzählung weiter, nimmt die finanziellen Mittel dankend an; nicht aber, um sie entsprechend zu reinvestieren, sondern um sich selbst davon ein Leben in Luxus zu finanzieren. Mehrere Immobilien im In- und Ausland sowie einen Privatjet schafft er sich an. Ermöglicht wird dies durch ein Schneeballsystem, das sich dadurch trägt, dass Harksen kurzfristige Anfragen zur Rückzahlung des investierten Geldes bedient und dadurch signalisiert, ein vermeintlich zuverlässiger Geschäftspartner zu sein. Ferner nimmt Harksen die Durchführung von Umbuchungen vor, die durch die entsprechende Bank nicht nur gedeckt, sondern durch diese selbst empfohlen werden. Es kommt so zur Verschleierung dessen, was Harksens Privatvermögen und was das Vermögen seines Geschäftskontos ist. Unterbunden wird diese Verschleierung auch nicht durch eine Steuerprüfung, die stattdessen auf die Gier des Finanzamtes verweist, selbst an den vermeintlichen Unternehmensgewinnen verdienen zu wollen.

Die Akkumulation des Kapitals wird in der Biographie Harksens deutlich als Prinzip der Lebensgestaltung derjenigen hervorgehoben, die über Finanzmittel in einem Umfang verfügen, der es ihnen ermöglicht, ein Leben jenseits existenzieller Existenznöte zu führen. Auch in den anderen sieben Biographien von „Karl Marx: Das Kapital, Erster Band" werden Machtverhältnisse thematisiert, die auf den Unterschied zwischen denjenigen, die über finanzielle Mittel als Kapitalanlagemöglichkeit verfügen und jenen, die darüber nicht verfügen, zurückzuführen sind. Anders, als in den anderen sieben Biographien, kehrt sich jedoch in der Darstellung von Jürgen Harksen das Verhältnis von Herrscher und Beherrschenden um: eine Ausbeutung findet zwar statt, aber es sind dieses Mal die finanziell vermögenden Kapitalbesitzer, die aufgrund ihrer Habgier ausgebeutet werden. Auch die Rolle des Staates wird dabei neu besetzt: anstelle der Schutzfunktion, die diesem in kapitalistischen Gesellschaftsformen (maximal) zugestanden wird, mutiert er, verkörpert durch das Finanzamt, zum Handlanger der Habgier. Die Aufsichtspflicht wird, wissentlich oder unwissentlich, verletzt, zumindest bis zu dem

Punkt, an dem es Harksen nicht mehr gelingt, den Forderungen der Kapitalgeber nachzukommen. Bis dahin sind es die finanziell vermögenden Kapitalbesitzer, die von Harksen betrogen werden. Harksen seinerseits schafft es sogar, sich vor der Ergehung des Haftbefehls in Südafrika mit seiner Familie abzusetzen und seinen luxuriösen Lebensstil dort noch weiterzuverfolgen. Auch hier unterstützen ihn die staatlichen Behörden.

Die Figur Harksen mutet an wie ein moderner Robin Hood mit dem Unterschied, dass Harksen das Geld, das er den Reichen abgenommen hat, nicht an die Armen weiterverteilt, sondern wiederum in die eigene Tasche wirtschaftet. Was aus juristischer Sicht ab dem Zeitpunkt verwerflich ist, ab dem die getätigten Investitionen nicht mit dem vereinbarten Gewinn zurückerstattet werden, erscheint von dem Standpunkt derjenigen, die gar nicht erst über die finanziellen Mittel verfügen, um es als Kapital an der Börse investieren zu können, als ausgleichende Gerechtigkeit. Es wird hier das Dilemma deutlich, das mit dem Mythos des freien Marktes einhergeht: Aus der Perspektive des Kapitalgebers scheint Harksens Versprechen die Investition zu verdreizehnfachen als ein Angebot, das auszuschlagen vor dem Hintergrund des Gewinnes, der gemacht werden könnte und dem Risiko, das in der kapitalistischen Denkweise einzig ein kalkulierender Verlust ist, den es mit dem potentiellen Gewinn abzuwägen gilt, irrational wäre. Dabei wird jedoch davon ausgegangen, dass die Marktteilnehmenden a) rational und b) vor dem Hintergrund bekannter Umstände und Präferenzen handeln würden. Es stellt sich dann in diesem Zusammenhang die Frage, was denn genau „rational" ist und wer dies definiert. Aus der Sicht von Harksen betrachtet, agiert dieser durchaus rational, wenn er eine Lebensgeschichte erfindet, um anhand von dieser den Kapitalgeber in Sicherheit zu wiegen. Es handelt sich um eine Maßnahme, mit der die Investoren davon überzeugt werden, das Risiko eines Verlustes minimieren und die Chancen auf einen Gewinn maximieren zu können. Zugleich wird hier deutlich, dass der Markt keineswegs auf rationalen Prinzipien beruht. Würde er dies tun, wäre es überflüssig, vertrauensfördernde Maßnahmen zu etablieren. Ferner wird deutlich, dass ein Markt sich keineswegs in vollständiger Transparenz erschließen lässt. Die Personen, die sich auf einem Markt finden, um ihre Interessen auszuhandeln, sind also weder rational noch transparent handelnd, noch dient der Markt allen Interessen jener, die sich dort versammeln: vielmehr dient der Markt nur den Interessen einer Minderheit. In diesem Fall: Jürgen Harksen.

Der Ökonom Ötsch formuliert hierzu: „Täuschung ist ein struktureller Trend im Marktradikalismus."[242]

Aus der Sicht von Harksen realisiert dieser seine Marktfreiheit. Diese wird – aus kapitalistischer Sicht – als Abwesenheit von Einmischung und Zwang definiert:

> „In *negativer* Freiheit können alle ‚frei' sein, – unabhängig von Vermögen und Einkommen. Jeder steht es frei, in voller Freiheit ihren Reichtum zu genießen. Und jeder steht es frei in voller Freiheit zu verhungern."[243]

Auf den Fall Harksen übertragen, bedeutet dies, dass es jedem Kapitalgeber freisteht, Harksen sein Vermögen als Kapitalanlage zu überlassen; ebenso steht es Harksen frei, seinen Reichtum zu genießen. Aus kapitalistischer Sicht haben alle ihre „vollkommene Marktfreiheit" realisiert – freilich nur so lange, bis die Kapitalgeber verstanden haben, dass sie ihre Investition nicht oder nicht mit dem Gewinn zurückerhalten, wie es ihnen versprochen worden ist, das heißt die Effizienz des Marktes sich nur für die eine, aber nicht die andere Partei erwiesen hat. Der Zynismus des kapitalistischen Marktsystems wird hier deutlich: Solange die Interessen der Investoren gewahrt, also Gewinne erwirtschaftet werden, sind Einmischungen des Staates nicht erwünscht. Sobald sich Machtverhältnisse zu verschieben und Verluste zu drohen scheinen, berufen sich die Geldgeber auf die Schutzpflicht des Staates. Es wird deutlich, dass „der" Markt weder eine machtfreie Zone ist, noch, dass alle Marktteilnehmenden gleichberechtigt sind:[244]

> „DEM MARKT am nächsten sind die, [...]
>
> - die in der Wirtschaft über großen Einfluss verfügen, wie die Vertreter der Nationalbanken oder die Manager großer Konzerne und Fonds: sie wissen, wie die Wirtschaft funktioniert [...] und

[242] Ötsch, Walter O.: *Mythos Markt. Marktradikale Propaganda und ökonomische Theorie*, Marburg ²2009, 246.

[243] Ötsch, Walter O.: *Mythos Markt. Marktradikale Propaganda und ökonomische Theorie*, Marburg ²2009, 57. [Hervorhebung im Original, T. E.].

[244] Vgl. Ötsch, Walter O.: *Mythos Markt. Marktradikale Propaganda und ökonomische Theorie*, Marburg ²2009, 299.

> - die in der Wirtschaft erfolgreich waren, wie Menschen mit großem Vermögen. Sie haben sich auf DEM MARKT durchgesetzt: DER MARKT hat sie belohnt."[245]

Harksen hat es geschafft, sich als eine dieser Marktgrößen zu etablieren – und dies nicht nur in Deutschland, sondern später auch in Südafrika, als Kontinent und Land seiner Auswanderung, um vor den deutschen Behörden zu fliehen. Zugleich zeigt seine Vita, dass, wer Kapital akkumulieren will, nicht einer Geheimsprache oder eines besonders ausgeprägten mathematischen Spezialwissens bedarf. Vielmehr veranschaulicht das Beispiel Harksen, dass besonders die Person am Markt erfolgreich ist, die sich gut verkaufen kann und die Habgier von Investoren zu nutzen weiß. Der Grat, auf dem sich das Gewissen dabei bewegt, ist schmal. Zugleich wird deutlich, dass der Erfolg Harksens auf der Irrationalität des Marktes, dem absoluten Gewinnstreben der Investoren und dem Eigeninteresse staatlicher Institutionen beruht. Ob Staat, Investor oder Anlageberater: belohnt wird nicht, wer tüchtig ist, sondern wer rücksichtslos genug ist, das Spiel der gegenseitigen Täuschungen zur Wahrung der eigenen Interessen mitzuspielen.

4.3.1 Zur Geste des Zerstörens bei Vilém Flusser

In seinen Ausführungen verdeutlicht Flusser, dass die Geste der Zerstörung nur unter bestimmten Umständen als Ausdruck des „sogenannten Bösen" zu verstehen ist, nämlich dann, wenn sie nicht auf einen Beweggrund zurückzuführen ist, wenn es keinen anderen Grund gibt, die Geste auszuführen, als um der Geste selbst willen. Der Entschluss, dass etwas zerstört werden müsse nur, weil es da ist, das heißt hergestellt wurde, wird von Flusser als „pure Bosheit" bezeichnet:

> „Der Entschluß: ‚hergestellt, daher störend' aber ist unmenschlich. In ihm verbündet sich der menschliche Geist mit dem Ungeist der Welt und verrät die Verschwörung des menschlichen Geistes gegen den Ungeist. Er tut es

245 Ötsch, Walter O.: *Mythos Markt. Marktradikale Propaganda und ökonomische Theorie*, Marburg ²2009, 301f. [Hervorhebung im Original, T. E.].

> aus reinen Motiven, denn er kann dabei keine Absicht verfolgen. Außerhalb des Hergestellten, im Wahrscheinlichen, im zufälligerweise Notwendigen, ist nichts ‚abzusehen'. Das ist diabolisch: pure Bosheit."[246]

Allerdings stellt Flusser klar, dass Zerstörung ebenso wenig per se als boshaft einzuordnen sei, wie die Herstellung von oder Arbeit an etwas per se als gut einzustufen sei. Wenn die Geste der Zerstörung mit dem Ziel ausgeführt wird, etwas, das hergestellt wurde, abzubauen, zu entstellen oder sich gegen etwas Bestehendes zu wehren, da es stört, letztlich also Freiheit realisiert werden soll, wie bei einem Gefängnisinsassen, der die Gefängniszelle nach Fugen absucht, um diese zu zerstören, die Mauern abzubauen und aus dem Gefängnis ausbrechen zu können, so ist diese Geste als menschliche Geste zu verstehen. Der Beweggrund des Zerstörens ist in diesem Fall die Realisation von Freiheit.

> „Wenn Zerstörung und Destruktion mit Absicht geschehen, wenn sie ‚pragmatisch' sind, sind ihre Motive ‚unrein', und daher nicht ‚pure Bosheit'. Und was nicht pure Bosheit ist, ist überhaupt keine, sondern frustrierte Suche nach Freiheit."[247]

Die Realisation von Freiheit ist hier nur durch die Zerstörung, durch den Abbau dessen, was die Freiheit stört, zu erreichen. Die Zerstörung ist also nicht das Motiv des Handelns; vielmehr begründet der Wunsch nach Freiheit die Ausführung der Handlungen, die zu einem Abbau dessen führen, was hergestellt worden war, aber zugleich die Inanspruchnahme der Freiheit verhindert (hat).

> „Das Hergestellte befreit, weil es das zufälligerweise Notwendige vom Menschen weg gegen den Horizont schiebt, und weder Zufall noch Notwendigkeit lassen ja Entscheidungen zu. Aber das Hergestellte stört zugleich, weil es den Entscheidungsspielraum auf regelgeleitete Parameter einschränkt. Weil Hergestelltes stört, gibt es Zerstörer. Und weil Hergestelltes

[246] Flusser, Vilém: *Gesten. Versuch einer Phänomenologie,* Düsseldorf u. Bensheim 1991, 105.
[247] Flusser, Vilém: *Gesten. Versuch einer Phänomenologie,* Düsseldorf u. Bensheim 1991, 107.

> unwahrscheinlich ist und daher auch anders gestellt werden könnte, gibt es Destruktoren. Das ist menschlich: die Absicht ist Freiheit."[248]

In der Geste des Zerstörens bahnt sich die Erkenntnis an, dass alles, was durch Menschen hergestellt wurde, nur eine Möglichkeit der Realisation von Wirklichkeit ist. Diese mag zwar ihrerseits begründet darin gewesen sein, dass ein Zustand als störend empfunden worden war und daher geändert werden musste. Was aber geschieht, wenn sich die Umstände geändert haben und die Bewältigung von Wirklichkeit angesichts sich verändernder Umstände von den Menschen, die von ihnen nun konfrontiert sind, als nicht mehr passend empfunden werden? Flusser verdeutlicht, dass etwas, das hergestellt worden ist, aber stört, veränderbar ist. Die Veränderung kann durch Zerstörung oder Destruktion vorgenommen werden. Die Begriffe „Zerstörung" und „Destruktion" markieren bei Flusser eine Differenz:

> „‚Zerstörung' und ‚Destruktion' meinen nicht genau dasselbe, und diese Differenz erschwert und bereichert unseren Dialog. ‚Destruktion' meint eher Abbau und Entstellung als Zerstörung, und ‚Zerstörung' eher Desobstruktion als Destruktion. Denn ‚Zerstörung' verneint das Stören, und Destruktion verneint das Stellen."[249]

„Zerstörung" deutet er als Abbau von etwas Störendem. Vorausgesetzt ist hier also ein Vorgang, eine Struktur, die an sich als passend empfunden, aber deren Verwirklichung, deren Zustandekommen gestört wird. Zer-Störung bedeutet dann nicht, dass etwas Passendes vernichtet wird, sondern das die Störung zerlegt wird, die das Zustandekommen des eigentlich erwünschten Vorganges oder Zustandes verhindert. Vergleichbar ist dieses Verständnis von Zerstörung mit der Beseitigung eines verstopften Abflusses. Dieses Beispiel auf den Begriff der „Destruktion" bezogen, würde darin bestehen, dass der Abfluss als solcher abgebaut werden würde. Damit würde dann auch die Verstopfung nicht mehr existieren, aber ebenso wenig der Abfluss oder das Abwassersystem. In der (Berufs-)Biographie von Jürgen Harksen lässt sich eine Geste des Zerstörens ausmachen. Sie ist lesbar als

248 Flusser, Vilém: *Gesten. Versuch einer Phänomenologie,* Düsseldorf u. Bensheim 1991, 105.

249 Flusser, Vilém: *Gesten. Versuch einer Phänomenologie,* Düsseldorf u. Bensheim 1991, 100.

ein Versuch Harksens, sich einen Freiraum und in einem Freiraum einzurichten: innerhalb der Gesetze, aber außerhalb der staatlichen Durchsetzungsfähigkeit derselben. Dies gilt es nachfolgend zu erläutern.

4.3.2 Die Geste des Zerstörens in der (Berufs-)Biographie von Jürgen Harksen

Flusser geht es in seinen Ausführungen um die Inanspruchnahme der Geste des Zerstörens als Geste der Freiheit. Diese setzt bei der Einstellung des Menschen zu sich und dem Leben als solchen an. Es geht dabei um die Realisierung dessen, was den Menschen zum Menschen macht. Damit ist nicht gemeint, dass ein*e Einzeln*r seine/ihre Ziele auf Kosten aller anderen durchsetzt, sondern es geht um den Wunsch als Mensch zu *sein*, das heißt die Welt zu deuten. Dies geht damit einher, der Einzigartigkeit, die jedem Menschen als Mensch, das heißt, als gleiche*r unter gleichen, qua Geburt, gegeben ist, eine Bedeutung zu verleihen. Diese Einzigartigkeit kann sich auch in der Geste des Zerstörens ihren Weg bahnen, wenngleich sich die Deutung der Welt dabei in einer Negation eben dieser äußert. Die Biographie von Jürgen Harksen ist hierfür ein Beispiel. Das von ihm aufgebaute Schneeballsystem, mit dem er Millionäre und Milliardäre überzeugt, dass sie durch die Investition in die von ihm angebotenen Anlagen ihre Vermögen exponentiell vergrößern können, stellt sich als Betrugsmasche heraus. Ebenso stellt sich jedoch heraus, dass die Gier derjenigen, die bereits über Millionenbeträge oder mehr verfügen, grenzenlos ist. Was an dem Fall Harksen fasziniert, ist Harksens Fähigkeit, das strategische Spiel der Geldvermehrung vermeintlich erfolgreich zu spielen. „Vermeintlich" deshalb, weil Jürgen Harksen das ihm anvertraute Geld keineswegs gewinnbringend veranlagt, und dies, gemäß der theatralen Darstellung, auch niemals intendiert hat, sondern er es bewusst für seinen eigenen Vorteil, die Finanzierung seines ausschweifenden Lebensstils, nutzt. Er setzt dafür auf die Gier derjenigen, die finanziell als Millionäre oder Milliardäre vermögend sind und wird dadurch selbst vermögend. Was er dabei zerstört, ist ein Teil des Vermögens der anderen, das er auf seinen eigenen Privatkonten verbucht. Zugleich beschließt er, sein eigenes bürgerliches Leben gegen ein Leben in Luxus einzutauschen, mit anderen Worten: ein Leben im Konsumrausch zu führen.

Aus kapitalistischer Sicht ist Jürgen Harksen ein idealer Marktteilnehmer, da er alles, was er hat, in Konsumgüter eintauschen möchte. Das Bild wird nun dadurch gestört, dass er nicht über die finanziellen Mittel verfügt, sich legal ein solches Leben leisten zu können. Statt nun über die Ungleichheit eines Systems nachzudenken, das von vorneherein einige wenige bevorteilt, nur, weil sie über mehr finanzielle Mittel als andere verfügen und dass dabei konsequent Kolonialgeschichte und die mit ihr einhergehende Etablierung von Herrschaftsstrukturen ausblendet, beschließt Jürgen Harksen die oben beschriebenen neokapitalistischen Mechanismen zu seinen Gunsten zu nutzen. Er will nicht zu jenen gehören, die in diesem System ausgebeutet werden, sondern zu jenen, die ausbeuten. Statt also neokapitalistische Strukturen abzubauen, also zu destruieren, bestätigt er diese nachdrücklich gerade dadurch, dass er „gegen die Regeln spielt".

Seine Freiheit meint Harksen im Konsum von Luxusgütern zu finden. Diese kann er sich nur leisten, wenn er Kapital akkumuliert. Hierfür entwirft er dann ein entsprechendes Geschäftsmodell. Letztlich verhält sich Harksen wie ein Marktteilnehmer, jedoch mit dem Unterschied, dass er sich an die Stelle derjenigen setzt, die ausbeuten und diejenigen, die aufgrund ihres Reichtums sonst über andere verfügen können, nun ihm zur Verfügung stehen. Das Spiel gegen die Regeln, das zu seiner Geste der Freiheit avanciert, verwirklicht Jürgen Harksen in der Zerstörung der Machtverhältnisse, indem er sie, aus Sicht seiner „Kund*innen", der Investoren, umkehrt. Jürgen Harksen zer-stört, das heißt er wird von einem Konsumenten zu einem Produzenten, zu einem Kapitalgeber, an den sich die Millionäre und Milliardäre wenden, um an einer schier wundersamen Geldvermehrung teilhaben zu können.

> „Zerstörer zerstören Störendes, Destruktoren destruieren Strukturen. Zerstörer sind Diebe, nicht Leugner des Gesetzbuchs wie Destruktoren. Zerstörer sind frustrierte Konservative. Destruktoren sind frustrierte Revolutionäre."[250]

In seiner Geste der Zerstörung realisiert Jürgen Harksen Veränderungen an mindestens zwei Stellen. Es findet eine Reduzierung der finanziellen Mittel auf der Seite der eigentlichen Kapitalgeber statt, die jedoch gleichzeitig zur

[250] Flusser, Vilém: *Gesten. Versuch einer Phänomenologie,* Düsseldorf u. Bensheim 1991, 103.

Konsumgütervermehrung bei Jürgen Harksen führt. Es findet also eine Zer-störung in zweifacher Form statt: einerseits eine gewollte Positionsänderung von Jürgen Harksen, die ihn von einem Kapitalnehmer zu einem Kapitalgeber befördert und ihm dadurch, zumindest bis zu seiner Verhaftung, auch gesellschaftliches Ansehen beschert. Andererseits wird die Gier derjenigen entlarvt, die bereits über beträchtliche Vermögen verfügen. In einem postfordistischen System erhalten diejenigen, die als Kapitalbesitzer agieren, eine Vorrangstellung. Eine auf dem Arbeitsrecht beruhende Gleichstellung der Parteien ist eine Illusion; derjenige, der über die finanziellen Mittel verfügt, zum Beispiel auch Angestelltenverhältnisse begründen kann, verfügt über die Entscheidungs- und Interpretationsmacht darüber, was mit den von ihm/ihr eingesetzten Mitteln geschieht und wie sie verarbeitet werden. Damit einher geht nicht selten die Idee, dass diejenigen, die über diese Macht verfügen „alles richtig" gemacht haben, dass sie „tüchtigere" Menschen als andere seien.[251] Diese Annahme wird jedoch durch den Fall Jürgen Harksen als unbegründet entlarvt, das heißt ihr Ansehen wird ge-stört, wodurch hier zum wiederholten Male die Geste der Zerstörung zum Tragen kommt. Die Gier der Personen wird offengelegt, durch die die vermeintlich betrogenen Investoren überhaupt in die Lage gekommen sind, einen Teil ihres Vermögens bei Jürgen Harksen investiert (und zum Teil verloren) zu haben. Jürgen Harksen unterscheidet sich hierbei nicht von denjenigen, deren Gelder er veruntreut. Allerdings, und dies führt zu einem durchaus sympathischen Erleben der dargestellten Biographie, verhält sich Jürgen Harksen menschlich nachvollziehbar. Er zer-stört seine ursprüngliche gesellschaftliche Position, indem er sich im Machtverhältnis an die Stelle der Machthabenden und des Staates als Souverän, kurz: der vermeintlich Herrschenden setzt.

Damit bleibt das eigentliche Problem, dass es überhaupt eine gesellschaftliche Struktur gibt, die auf einem Machtverhältnis beruht, unberührt. Die Darstellung Jürgen Harksens beläuft sich damit auf die eines Zerstörers, nicht die eines Destruktors. Und noch weniger schafft er es den störenden Strukturen eine andere Struktur entgegenzusetzen, also eine echte revolutionäre Geste zu entwerfen. Letzteres aber ist eine Form der Arbeit, die ungleich mehr Energie und Aufwand bedarf, als sich „nur" gegen ein System, eine Struktur zu stellen oder gegen das zu sein, was stört. Die Figur Jürgen Harksen wird damit zugleich sehr nahbar. Ist es

[251] Vgl. Kapitel 4.3.1 in der vorliegenden Arbeit.

nicht menschlich ein Leben so führen zu wollen, wie man es sich wünscht, gänzlich ohne Einschränkungen?

> „Aus solchen Gesten [Zerstörung und Destruktion, T. E.] kann man ein frustriertes, also oberflächliches, unradikales, ‚unechtes' Dasein herauslesen. Derartige Zerstörung und Destruktion ist ‚falsch' (unecht), aber nicht böse. Sie wird sogar ‚richtig', wenn sie zur Phase einer echten Arbeitsgeste wird. Denn Arbeiten heißt immer auch Zerstören und Destruieren. Es ist eine schwierige, aber wichtige Aufgabe, falsche Zerstörung und Destruktion von echten, revolutionären Arbeitsgesten zu unterscheiden."[252]

Allerdings geht Harksen nicht den nächsten Schritt, fragt nicht, warum er sich überhaupt in einer Situation befindet, aus der er sich scheinbar nur herauszumanövrieren vermag, indem er andere dafür ausbeutet. Im Scheitern des Entwerfens einer Geste, durch die Jürgen Harksen tatsächlich Freiheit erfahren könnte, statt inhaftiert zu werden, wird deutlich, wie herausfordernd die Realisierung von Freiheit ist. Zerstörung als Abschaffung dessen, was stört, ist nichtsdestotrotz eine Möglichkeit, mit Unfreiheit umzugehen, denn sie ist nicht per se moralisch verwerflich, sondern kann, im Gegenteil, zumindest artikulieren, dass sich ein Mensch in einer für ihn als menschenunwürdig wahrgenommenen Situation befindet. Es bedarf dann weiterer Menschen, die fähig sind diese Geste als Versuch der Realisierung von Freiheit zu erkennen und damit einhergehend zu fragen, wie es sein kann, dass sich ein Mensch in dieser Situation befindet, sich auf diese Weise artikulieren zu müssen.

4.4 Der Markt als Mythos in der (Berufs-) Biographie von Thomas Kuczynski

Thomas Kuczynski führt, als Marx-Kenner und zum Zeitpunkt der Aufführung an einem neuen Herausgeberwerk vom Kapital, Band 1 arbeitend, das mittlerweile

[252] Flusser, Vilém: *Gesten. Versuch einer Phänomenologie,* Düsseldorf u. Bensheim 1991, 103.

im VSA-Verlag erschienen ist, durch die Aufführung.[253] Er ist es, der grundlegende Formeln benennt und Hintergrundinformationen zum Leben von Karl Marx vermittelt, wie zum Beispiel, dass Karl Marx eine Kritik an den ökonomischen Verhältnissen verfasst hat, sich keinesfalls mit ihnen einverstanden erklärt aber ebenso wenig dazu aufgerufen hat, die von ihm festgestellten Herrschaftsverhältnisse zwischen Kapitalbesitzenden und Arbeitenden einfach umzukehren. Neben seiner Bedeutung als Moderator, der immer wieder das Kapital aufgreift und Bögen zwischen den Berufs- und Lebensbiographien und dem Kapitel zu schlagen weiß, stellt auch er seine eigene Berufsbiographie als Anschauungsmaterial zur Verfügung.

Thomas Kuczynski, 1944 in London, der Stadt geboren, in der Karl Marx 1883 verstorben ist, arbeitete nach seinem Studium der Statistik und seiner Promotion über das Ende der Weltwirtschaftskrise (1932/33) von 1972 bis 1991 am Institut für Wirtschaftsgeschichte der Akademie der Wissenschaften der ehemaligen DDR. Von 1988 bis 1991 war er dessen Direktor. Seine letzte Aufgabe, bevor er in die Erwerbslosigkeit eintrat, war die Abwicklung des Instituts und damit auch die Abschaffung seiner Funktion als Direktor. Kuczynski betont, dass er, obwohl nach der Abwicklung des Instituts ungewollt erwerbslos, nie arbeitslos gewesen ist. Im Verlauf seiner Erzählung wird deutlich, dass Kuczynski bereits seit mehreren Jahren an der Neuauflage des ersten Bandes des Kapitals arbeitet. Ihm liegt daran, in der Neuauflage den von Karl Marx selbst geforderten, aber von diesem nicht mehr realisierten Vergleich der deutschen mit der französischen Ausgabe einzubeziehen und dabei auch die anderen von Marx und Engels edierten Ausgaben und Übersetzungen zu berücksichtigen.

Was die Erzählung Kuczynskis so interessant macht, ist nicht nur der Umstand, dass er sehr glaubhaft vermittelt das Kapital mehrfach und sehr genau studiert zu haben, sondern vor allem, dass er sich, den Widrigkeiten zum Trotz, die sein Leben prägen, seiner Würde als Mensch nicht berauben lässt. Es fällt dabei ins Gewicht, dass die Lebensmaxime von Thomas Kuczynski mitnichten die Existenzsicherung ist. Vielmehr wird diese zu einer Nebensache, zu einem Vermerk in der

[253] Da Thomas Kuczynski nahezu durchgängig in die Vorstellung eingebunden ist, ist es hier nicht möglich, wie bei den anderen Biographiedarstellungen, nur auf bestimmte Zeitabschnitte zu verweisen. Vielmehr wird hier die Darstellung von Thomas Kuczynski in einer Gesamtschau aufgenommen.

Steuererklärung, wonach er sein Einkommen als Publizist verdient. Sein Fokus liegt vielmehr auf seiner Arbeit, die er allerdings nicht als eine Tätigkeit im Sinne des Tausches von Arbeitskraft gegen Entlohnung betrachtet, sondern als ein sinnvolles Tun, das sich für ihn aus dem Entwurf der Neuauflage von Karl Marx: „Kapital, Erster Band“ ergibt. Kuczynski demonstriert nicht nur, dass das Erwerbsleben zuweilen paradoxe Wendungen annehmen kann, die unter Umständen dazu führen, dass Arbeitnehmer*innen das abzuwickeln haben, was sie über Jahre aufgebaut, woran sie ihr Leben lang gearbeitet haben und worin sie ihre Lebenskraft investiert haben. Mit seiner sachlichen und abgeklärten Art über die Widrigkeiten des, seines, Berufslebens sprechend, öffnet er den Blick auf die Bedeutung des Menschen im kapitalistischen Wirtschaftssystem: in dem Moment, wo zwischen Arbeitnehmer*in und Arbeitgeber ein Vertrag abgeschlossen und rechtskräftig wird, verkauft der/die Arbeiter*in nach Karl Marx seine/ihre Arbeitskraft, aber unter dem „neuen Geist des Kapitalismus“[254] sich selbst mit Haut und Haar, das heißt er/sie stellt sich und seinen/ihren Körper zur Verfügung und setzt ihn damit im Sinne des-/derjenigen ein, von dem er/sie entlohnt wird. Wenn sich dann politische Entwicklungen ergeben, die, wie im Falle Kuczynskis, dazu führen, dass bestimmte Organisationen und Institutionen – letztlich ein Staat – abgewickelt werden, so kann dies zur Abschaffung der eigenen Arbeitsstelle führen. Es zeigt sich unter anderem hier, dass ökonomische Mechanismen nicht unabhängig von politischen Einflüssen und staatlichen Strukturen sind. Im Umkehrschluss bedeutet dies, dass die Trennung von Staat und Ökonomie mit dem Primat der Ökonomie, wie er durch Wirtschaftslobbyisten vertreten wird, so nicht aufrechterhalten werden kann. Der Markt strebt danach frei, das heißt ohne Beeinflussung durch staatliche Vorgaben zu existieren, ist dies jedoch nicht und sollte dies auch nicht sein.

Aus der Biographie von Thomas Kuczynski lassen sich drei Prinzipien ableiten, die den Mythen des kapitalistischen Wirtschaftssystems widersprechen:

a. Der Maßstab für ein erfülltes Leben kann nicht die Sorge um die Existenzsicherung sein. Existenzsicherung sollte vielmehr als Selbstverständlichkeit angesehen werden, allen Menschen zugutekommen und in der Auflösung von Abhängigkeitsverhältnissen bestehen, die letztlich jede*n Arbeitnehmer*in in

[254] Boltanski, Luc & Chiapello, Ève: *Der neue Geist des Kapitalismus.* Aus dem Französischen von Michael Tillmann, Köln [38]2018.

die paradoxe Situation bringen können, sich selbst abzuschaffen oder die Auflösung des eigenen (einkommenssichernden) Arbeitsplatzes vornehmen zu müssen.

b. Es gibt einen Unterschied zwischen einer Erwerbsarbeit, die dem Zweck dient, den Lebensunterhalt zu sichern, und einem sinnstiftenden Tun. Das höchste Ziel im Leben ist nicht die Versorgung der Menschheit mit „Glück", sondern die Möglichkeit, dem eigenen Ruf folgen zu können. „Glück" kommt immer nur wenigen zugute und basiert darauf, dass einige als Gewinner und andere als Verlierer die Bühne des Menschlichen verlassen. Einem sinnstiftenden Tun nachgehen zu können impliziert, dass jedem Menschen die Möglichkeit gegeben ist, sich auf jene Un-Tätigkeiten einzulassen, die eben gerade für diesen Menschen dringend sind und anstehen. Für Kuczynski bedeutet dies eine Neuauflage von Karl Marx' erstem Band des Kapitals zu verfassen. Erwerbsarbeit und sinnstiftendes Tun können durchaus zusammenfallen. Für diejenigen, bei denen dies nicht der Fall ist, besteht jedoch die Notwendigkeit, andere Lebenskonzepte und -formen zu finden und gesellschaftlich zu ermöglichen.

c. Der Markt ist weder frei noch als Primat einer Lebensgestaltung anzusehen oder, mit anderen Worten: es ist nicht der Mensch, der einer Wirtschaft und Bürokratie zu dienen hat. Vielmehr ist es umgekehrt, sind es Wirtschaft und Bürokratie, die in das Interesse des Menschen[255] gestellt sein sollten. Hieraus erwächst eine Verantwortung von Gesellschaft. Sie ist es, die einen Einfluss auf die Strukturen nehmen kann, durch die sie wiederum das Zusammenleben der Vielen regelt. Diese Verantwortung sollte und kann sie wahrnehmen: zum Beispiel indem sich die Menschen untereinander bekannt machen und sie einander zuhören, wenn sie ihre Lebensgeschichten mitteilen.

[255] Hier wird der Mensch als Gattung adressiert. Es geht dabei auch um eine kosmologische Verbindung zwischen den Menschen, in Abgrenzung zu einer globalen, die die Überwindung raumzeitlicher Grenzziehungen inkludiert.

4.5 Die Geste des Suchens nach Vilém Flusser in der (Berufs-)Biographie von Thomas Kuczynski: Ein neuer Wissenschaftstypus

Thomas Kuczynski hat ein Lebenskonzept entworfen, wonach er Erwerbsarbeit und sinnstiftendes Tun trennt. Unter Erwerbsarbeit fasst er jene Tätigkeiten, durch die er seinen Lebensunterhalt finanziert und die er als publizistische Tätigkeiten in seiner Steuererklärung geltend macht. Das, was ihn existenziell, als Mensch, betrifft, ist seine Tätigkeit als Forscher, die er zeitlebens und unabhängig von einer Anstellung an einem Forschungsinstitut oder an einer Universität verfolgt. Als Forscher arbeitet er an einer neuen Ausgabe vom Kapital, bei der er verschiedene Übersetzungen miteinander abgleicht und ins Deutsche überträgt, so, wie es Karl Marx wohl vorhatte, aber er selbst in seiner Lebenszeit nicht realisieren konnte. Die Leidenschaft und Leichtigkeit, mit der Thomas Kuczynski dabei über ein so umfangreiches und kompliziert anmutendes Werk wie „Das Kapital" spricht, sind dabei beeindruckend und ansteckend zugleich. Es wird deutlich, dass sich Kuczynski ausgiebig mit dem Werk und seinem Autor auseinandergesetzt haben muss, um in dieser scheinbaren Mühelosigkeit, fast schon in einem anekdotisch anmutenden Plauderton, erzählen zu können: über die Genese des Kapitals, seine Rezeptionsgeschichte oder auch einzelne Zitate aus dem Werk. Kuczynskis Ton wechselt beständig zwischen dem eines Dozenten, der Fakten und Daten über das Werk zu berichten weiß, zum Beispiel wie er die Lesedauer des Werkes berechnen würde, und dem eines Märchenerzählers, für den die Fakten und Daten nur das Sprungbrett sind, um Anlauf zu nehmen für eine ganz andere Botschaft, die mit dem Kapital einhergeht. Mit einem Augenzwinkern werden grundlegende Kernaussagen abgehandelt und ihnen dadurch die vermeintliche Schwere und Gewichtigkeit genommen: der Wert einer Ware ist relational und realisiert sich als ein Aufeinandertreffen von Angebot und Nachfrage auf einem Markt, ist einer dieser Kernsätze, der unaufgeregt gleich zu Beginn geäußert und in Form eines Warentauschs des in Blindenschrift verfassten Kapitals gegen das in Druckschrift geschriebene Kapital zwischen dem blinden Christian Spremberg und Thomas Kuczynski als Win-Win-Situation dargestellt wird. Das Kapital, ein Werk, das mehrere hundert Seiten umfasst und kaum lesbar scheint, das, auf den ersten Blick so respekteinflößend daherkommt, wird, von einem unnahbaren zu einem Gegenstand des Spiels; scheinbar spielend leicht.

Das Kapital beginnt unter dem Blick von Thomas Kuczynski zu einem Akteur zu werden, dem sich wiederum die Schauenden beginnen zuzuwenden, von dem sie merken, dass er menschliche Züge trägt. Das Kapital verliert seine abstrakte Form; in den Händen – erst von Thomas Kuczynski und später denen der Zuschauer*innen – wird es sprichwörtlich fassbar und bahnt sich die Erkenntnis an, dass sich ihm zwar keiner widmen will, das Kapital aber bereits in aller unserer Leben und uns damit sehr viel näher ist, als wir, die Zuschauenden, es vielleicht zunächst wahrhaben möchten. Mit seiner Art schafft es Kuczynski die Zuschauenden dazu zu bringen einen Blick auf das zu wagen, was wir tagtäglich re-produzieren und damit auch einen Blick auf uns zu wagen. Dieser Blick fällt leicht, da er mit Kuczynskis Augenzwinkern verbunden ist, das zu sagen scheint, dass wir uns selbst nicht allzu ernst nehmen sollten, dass es möglich ist, das Kapital in den Griff zu bekommen, es zumindest einmal anzuschauen und dann vielleicht sogar so weit zu kommen zu fragen, ob das, was uns in den Blick kommt, gefällt oder eben auch nicht. Kuczynskis Umgang mit dem Kapital entbehrt jeglicher Schwere und belehrenden Tones eines dozierenden Vortrages; es, das Kapital, überrascht vielmehr und scheint die Zuschauenden herauszufordern selbst Fragen zu stellen an „es“ – nicht als unbelebter und undurchdringlicher Gegenstand, sondern als Akteur, der uns angeht: Wusstest du eigentlich schon …? Kannst du dir vorstellen, dass …? Das Kapital, dessen Anwesenheit im Alltag so selbstverständlich geworden ist, dass sie gar nicht mehr auffällt und wenn doch, dann nur, weil es das Abhängigkeitsverhältnis bewusstwerden lässt, in das der Mensch sich gestellt sieht, wird durch Thomas Kuczynski und seine selbstbewusste Art, das Kapital darzustellen, aus seiner vermeintlichen Selbstverständlichkeit enthoben. Die ökonomischen Verhältnisse, in denen die Menschen einer westlichen, post-industriellen Gesellschaft leben, sind historisch gewachsen, das heißt menschengemacht, basierend auf dem, was Karl Marx als Entfremdung und Warenfetischismus beschrieben hat und sich heute in einer Weltentfremdung des Menschen fortsetzt, der sich in einer Welt weder angesprochen noch zuständig fühlt, die ein Leben propagiert, in dem der/die Andere höchstens als Störfaktor auf der Karriereleiter zu überwinden ist. Thomas Kuczynski bietet hier ein anderes Lebensmodell an. Er lässt die Akteure auf und vor der Bühne teilhaben an seinen Erkenntnissen über Karl Marx und das Kapital. Es wird deutlich, dass zumindest ihn das Kapital nicht kalt lässt, dass er darin eine Bedeutung sieht, die über die Genese des Werkes hinausgeht. In dieser Fürsprache für das Werk, die mehr als ein Hobby und mehr als ein Interesse, sondern vielmehr ein existenzielles Anliegen von Thomas Kuczynski zu sein scheint, deutet sich eine neue Art des Forschens an, die Vilém Flusser in Abgrenzung zu einer (vor-)industriellen Zeit folgendermaßen beschreibt:

> „Der bourgeoise Forscher nähert sich seinem Gegenstand ‚vorurteilslos'. Er ‚wertet' nicht. Was für ein schöner Widerspruch! Der Wert der ‚reinen' Forschung liegt darin, keine Werte zu dulden. Dieser Widerspruch wurde immer schon zugegeben, aber er hat die Forscher nicht an der Suche nach der Reinheit gehindert. Gegenwärtig tut er es. Denn derzeit zeigt die Geste selber, daß sie eine menschliche Handlung ist: die Handlung eines in die Fülle der Wirklichkeit eingetauchten Lebewesens. Man kann nicht suchen, ohne auch zu wünschen und zu leiden; ohne ‚Werte' zu haben. Die Erkenntnis ist unter anderem auch Leidenschaft und die Leidenschaft ist eine Art der Erkenntnis. All das geschieht in der Fülle des menschlichen Lebens, in dessen ‚In-der-Welt-sein'. Die Geste einer ‚reinen', ethisch neutralen Einstellung ist eine erschwindelte Geste. Sie ist unmenschlich, eine Entfremdung, ein Wahnsinn."[256]

Thomas Kuczynski hat mit der Übersetzung des Kapitals eine für ihn sinnstiftende Aufgabe gefunden. Und dies ist das Eindrücklichste: die Zuschauer*innen werden Zeugen des Umgangs von Kuczynski mit dem Kapital. Sie spüren, dass dort ein Mensch seinem Ruf folgt, sich – trotz aller widrigen Umstände, die sein Leben begleitet haben mögen – einer Aufgabe zu widmen, die ihm zu diesem Zeitpunkt zwar nicht das Überleben sichert, aber von ihrer Bedeutung weit mehr als dies ist. Es geht nicht nur darum, dass Kuczynski intellektuell das Kapital zu handhaben, es zu rezipieren weiß. Vielmehr werden die Zuschauer*innen Zeugen einer Liaison zwischen Werk und Mensch. Dieses partnerschaftliche Verhältnis führt nicht nur dazu, dass die Zuschauer*innen einen Einblick in das Werk erhalten, sondern sie erfahren den Akteur Kuczynski in seiner Art, wie er mit dem Werk umgeht. Mensch und Werk pflegen einen Umgang miteinander, das heißt, dass sie sich nicht egal, sondern aufeinander bezogen sind. Das Kapital wird durch

---

256 Flusser, Vilèm: *Gesten. Versuch einer Phänomenologie*, Düsseldorf u. Bensheim 1991, 260f.

Kuczynski vermittelt und zugleich deutet sich in seinem Umgang mit dem Kapital der Mensch Thomas Kuczynski mit seinen Interessen und Leidenschaften, in seiner Menschlichkeit, an. Was dabei beeindruckt ist, dass sich Kuczynski als ein Fragender darstellt. Obwohl mehr als deutlich wird, dass er sich intensiv mit dem Werk sowie mit Marx' Leben beschäftigt hat, ist seine Haltung gegenüber dem Werk doch eine vorsichtig tastende, keine allwissende. Er maßt sich nicht an, alles über das Werk zu wissen. Gerade durch das Schlusszitat von Marx, der geäußert haben soll, dass an allem zu zweifeln sei, wird dies hervorgehoben. Das Verhältnis von Werk und Mensch, das die Zuschauenden bezeugen, kann als Geste des Suchens nach Flusser verstanden werden:

> „Die Geste des Suchens führt gegenwärtig in immer evidenterer Weise vor Augen, daß Subjekt und Objekt stets ineinandergreifen. Das Subjekt ist stets Subjekt irgendeines Objekts und das Objekt ist stets Objekt irgendeines Subjekts; es gibt weder Subjekt ohne Objekt noch Objekt ohne Subjekt. Die Erkenntnis ist nicht das Auftreffen eines Subjekts auf ein Objekt. Sie ist ein konkretes Verhältnis, aus dem man in abstrakter Weise einen subjektiven und einen objektiven Pol abstrahieren kann, hinausziehen kann."[257]

Die Geste des Suchens ist dabei die eines neuen Typus von Forschenden, der dadurch charakterisiert ist, dass er sich nicht als dem zu erforschenden Gegenstand gegenübergestellt sieht, sondern sich selbst als in die Forschung einbezogen erkennt. Das zu erforschende Objekt *ist* nur durch den/die Forschende*n und zugleich ist es die Forscherin oder der Forscher selbst, der nur erkennen kann, was sie oder er auch sucht. Die neue Geste des Suchens erkennt das Verhältnis von Subjekt und Objekt als ein komplementäres, mit anderen Worten: der Dualismus von Subjekt und Objekt wird in dieser Geste überwunden.

> „Weder gibt es ein Objekt, das nicht erst durch Suchen zum Objekt geworden wäre, noch gibt es ein Subjekt, das etwas nach gar nichts suchen würde. Objekt heißt gesucht werden und Subjekt heißt Suchen."[258]

---

[257] Flusser, Vilém: *Gesten. Versuch einer Phänomenologie,* Düsseldorf u. Bensheim 1991, 259f.
[258] Flusser, Vilém: *Gesten. Versuch einer Phänomenologie,* Düsseldorf u. Bensheim 1991, 260.

Thomas Kuczynski befindet sich im Vorgang, eine Auflage von Karl Marx' „Das Kapital, erster Band" unter Berücksichtigung der vorher erschienenen und noch von Marx herausgebrachten Übersetzungen zu erstellen. Er ist auf der Suche nach der (Be-)Deutung von Marx' Werk und folgt damit dessen Spuren. Dieser habe selbst geäußert, dass eine neue Auflage unter Berücksichtigung der bis dato erschienenen Übersetzungen notwendig sei, konnte dieses Vorhaben aber nicht in die Tat umsetzen. Insofern werden die Zuschauenden nicht nur Zeugen der Sinnsuche Kuczynskis durch seine Arbeit am Werk, sondern auch davon, dass Menschen dazu fähig sind Verantwortung füreinander zu übernehmen, selbst wenn sie sich persönlich nicht kennen und in unterschiedlichen Zeitepochen ihr Leben bestritten haben. Flusser spricht im Zusammenhang mit der Geste des Suchens davon, dass in dieser die Vergangenheit nicht als abgeschlossen gilt, sondern sie (immer wieder) als befragbar angesehen wird. Vergangenheit, so sie eben erinnert wird, ist damit für ein gegenwärtiges Handeln von Bedeutung. Und mit dieser Erkenntnis verändert sich, so Flusser, die Konzeption von Raum und Zeit in der post-industriellen Forschung:

> „Für die bourgeoise Forschung war das Modell der Zeit ein Strom, der aus der Vergangenheit über einen imaginären, ‚Gegenwart' genannten Punkt in die Zukunft fließt. Und das Modell des Raumes war eine leere dreidimensionale Kiste, deren Zentrum durch Konvention festgelegt wurde und deren Achsen sich im Unendlichen verloren. Wir sind heute gezwungen, ein ganz anderes Modell an die Umwelt anzulegen. Wir können nicht mehr die Unterscheidung zwischen Zeit und Raum vornehmen. Der Mittelpunkt unseres Modells ist die Gegenwart und die Gegenwart ist hier und jetzt, wo wir da sind. Von allen Seiten dringen die Ereignisse auf die Gegenwart ein und folglich sind alle Seiten Zukunft. Aber alle Seiten sind ebenso der Raum der Ereignisse. Gegenwart und Zukunft stellen also raum-zeitliche Begriffe dar. […] In unserem Modell ist die Vergangenheit ein Aspekt der Gegenwart, der in Form des Gedächtnisses verfügbar oder in Form des Vergessens verborgen ist."[259]

---

[259] Flusser, Vilém: *Gesten. Versuch einer Phänomenologie,* Düsseldorf u. Bensheim 1991, 270f.

Was in dem Verhältnis von Thomas Kuczynski zum Werk deutlich wird, ist das Anliegen von Kuczynski, von seinen Erfahrungen mit Marx' Werk erzählen zu wollen – die Erfahrung des Suchenden ist die Gemeinsamkeit, über die zwischen Akteur, Werk und Zuschauenden ein Kontakt hergestellt wird. Kuczynski positioniert sich dabei, macht deutlich, dass es ihm Freude bereitet über seine Erfahrungen mit dem Werk zu erzählen. Wissenschaft als Geste des Suchens wird damit zu einem gemeinsamen Anliegen von verschiedenen Akteuren, die voreinander in Erscheinung treten. Sie ist damit nicht mehr nur einer elitären Minderheit vorbehalten, sondern wird zu einer geteilten und gemeinsamen Geste der Vielen:

> „Die Forschung nimmt nicht von einer Hypothese auf der einen Seite und von einer Beobachtung auf der andern ihren Ausgang, sondern von der konkreten, vollen, lebendigen Erfahrung des In-der-Welt-seins. Das hat nichts mit Empirismus im Sinn des 17. Jahrhunderts zu tun. Es ist vielmehr ein ‚ästhetischer' Ausgangspunkt, falls wir ‚aistheton' mit ‚Erlebnis' und ‚aisthesthai' mit ‚erleben' übersetzen. [...] Der Forscher, der von solch einer Erfahrung ausgeht, sucht einen Wert zu erreichen: die Freiheit. [...] Der Forscher hört auf, ein ‚reines' Subjekt zu sein, um ein lebendiges Menschenwesen zu werden: das heißt ein zugleich epistemologisch, ethisch und ästhetisch engagiertes Lebewesen. So ändert die Forschung ihre Struktur und wechselt der Begriff der ‚Wissenschaft' seine Bedeutung."[260]

Die Veränderbarkeit von Wirklichkeit durch den Menschen wird durch Thomas Kuczynski, seine Biographie und vor allem seinen Dialog mit dem Werk deutlich. Was – zumindest im Leben von Kuczynski – zählt, ist nicht die Sicherung des Überlebens durch die Ausübung eines Brotberufs, sondern die Ausrichtung auf das, wofür er sich berufen fühlt. Er selbst vollführt dabei nicht nur eine Geste des Suchens, sondern *ist*, in all seiner Menschlichkeit, mit all seinem Humor, seiner Fähigkeit zu erzählen, seinen impliziten und expliziten Fragen, *die Geste des Suchens.*

---

[260] Flusser, Vilém: *Gesten. Versuch einer Phänomenologie,* Düsseldorf u. Bensheim 1991, 267f.

> „Wir glauben nicht mehr, daß die Wirklichkeit die gegenständliche Welt ist, und daß der menschliche Geist im Gegensatz zu dieser Welt steht. Wir beginnen zu glauben, daß die Wirklichkeit das Faktum ist, daß wir mit den anderen zusammen in der Welt existieren. Aber ist dieser Glaube an den anderen nicht der alte jüdisch-christliche und auch ‚humanistische' und marxistische Glaube in neuer Form? Gewiß, doch nicht das ist interessant. Interessant ist, daß es sich um eine neue Form handelt. Und daß die neue Form das eigentlich Interessante ist, kann man beobachten, wenn man zusieht, wie sich die Geste des Suchens gegenwärtig verändert. Aus dem grübelnden Schürfen nach Gründen wird sie zum weitausholenden Langen nach näherzubringenden Möglichkeiten."[261]

Die Geste des Suchens zielt dabei darauf ab einander Räume zu eröffnen, in denen ein In-Erscheinung-Treten voreinander (wieder) möglich wird. Es geht um die Überwindung einer Weltentfremdung, die sich als Folge der Entfremdung des Menschen von seiner Arbeit entwickelt hat[262]:

> „Gegenwärtig wird die Forschung zu einem Dialog, dessen utopisches Ziel die immer intersubjektivere Erkenntnis unserer Lebensumstände ist. [...] Für diese Art Forschung gibt es also keinen linearen Fortschritt. Der Fortschritt ist vielmehr ein Einandernäherkommen mit dem Zweck des Hereinholens gemeinsamer Möglichkeiten."[263]

---

[261] Flusser, Vilém: *Gesten. Versuch einer Phänomenologie,* Düsseldorf u. Bensheim 1991, 273f.

[262] Vgl. Arendt, Hannah: *Vita activa oder Vom tätigen Leben*, München ^{20}2019, 265.

[263] Flusser, Vilém: *Gesten. Versuch einer Phänomenologie,* Düsseldorf u. Bensheim 1991, 270.

5 Spiel der Gedanken – Gedankenspiel: Vom Gedanken-als Um-gang

Die Erfahrung des Denkens ist eines der schönsten Geschenke, die sich der Mensch, als Menschheit in ihrer Vielfalt, bereiten kann. Es stellt sich in der Dämmerung ein, bevor der Schlaf oder die Wachheit die Seinshoheit übernehmen. Nur in der Dämmerung, im wirren Gedankenspiel zwischen Traum und Dasein, zeigt sich, blitzt er auf, der Gedanke. Er bahnt sich seinen Weg entlang der Jahrhunderte, durch Zeit und Raum, um in diesem einen Moment des Umschlagens, aus der völligen Dunkelheit heraus, aber bevor das Licht sich blendend an dir bricht, bei dir zu sein. In diesem einen Moment, einen Herzschlag lang, scheint alles still zu stehen und die Welt hält den Atem an. Diesen einen Moment: „Hörst du ihn?", scheint sie zu fragen, fragt Jemand. Die Wahl fiel auf dich, der Klang hallt nach dir, hallt dir nach. Dich dieser Gnade bewusstwerdend, holst du Atem, einen Atem, der die Weisheit der Vorfahren und Nachkommen trägt, die mit und bei und in dir sind. Dein Herz schlägt, der Moment vergeht, aber eine Spur bleibt in der Erfahrung, die du bist.

Die Erfahrung des Denkens beschreibt Hannah Arendt in ihrem Werk „Vom Leben des Geistes. Das Denken. Das Wollen", mit zwei Bildern. Das eine bezieht sich auf das „denkende Ich", das andere auf das besondere Erleben von Raum und Zeit, das sich beim Denken einstellt. Um diese zwei Bilder und ihre Verknüpfungen zum Prinzip des „inneren Richters" nach Adam Smith sowie zur Reflexion, die Friedrich Schiller als Bedingung von Freiheit benannt hat, soll es nachfolgend gehen. Das Ziel ist es, den theatralen Raum als eine Vor-Stellung im Sinne eines Denkaktes und der Initiierung eines Gedankenganges zu verstehen. Die Vor-Stellung im theatralen Raum geht damit über eine Aufführung dessen, was sich auf der Bühne physisch sichtbar abspielt, weit hinaus. Von Bedeutung wird dabei das, was gerade nicht sichtbar ist, aber in seiner Abwesenheit gedanklich vor-gestellt werden kann und damit anwesend wird. Die Vor-Stellung, nicht nur als Vergegenwärtigung von etwas Abwesendem *im* Geiste, sondern als Stellung *vor* den Geist, wird dabei zu einem zentralen Moment des Denkens, der wiederum die Freiheit bedingt, etwas tun oder auch sein lassen zu können.

5.1 Der denkende Mensch zwischen Zeit und Raum im Nirgendwo

Das „denkende Ich“, Hannah Arendt grenzt es vom Seinsmodus des Selbst, seinem Befinden im Alltag und seiner Wahrnehmung vom Common Sense als dem ab, was implizit in einer Gesellschaft als Norm gilt, ist in sich entzweit, tritt aber als Einheit auf. Die Grundannahme des „denkenden Ich“ als einer Einheit, die in Vielfalt, bei Arendt: zu zweit, ist, findet sich bereits bei Adam Smith. Der Person, die im Alltag als Person sichtbar ist, stellt er nicht nur eine weitere, innere Person zur Seite, der das Denken zugesprochen wird, sondern zusätzlich eine weitere, dritte Person. Diese dritte Person, Smith beschreibt diese auch als den „inneren Richter“, vermag es, zum eigenen Denken und Empfinden in Distanz zu gehen. Mit der Aktivierung des „inneren Richters“ findet ein Perspektivwechsel statt, der es zugleich ermöglicht, die eigene Position in einer bestimmten Situation nicht bevorzugt zu behandeln, sondern eben jenen Abstand zu sich selbst wie zu einem gänzlich anderen Menschen einzunehmen. Das Einnehmen dieser Haltung des inneren Richters zu sich selbst, ist für Smith die Voraussetzung dafür, dass Menschen sich mitmenschlich verhalten und egoistische Handlungsmotive zu überwinden in der Lage sind. Während Smith als Vertreter des Paradigmas vom Homo Oeconomicus das Gewissen als einen inneren Richter konstruiert, benennt Friedrich Schiller in seinem Konzept vom Homo Ludens die Reflexion als das bedingende Moment von Freiheit. Während der eine das Gewissen als notwendig erachtet, damit der Mensch menschlich und damit als Mensch unter Menschen verweilen kann, erachtet der andere die Reflexion als notwendig, um sich seiner Freiheit vergewissern und diese bewahren zu können. Bei dem einen, wie auch bei dem anderen, ist die Fähigkeit über etwas nachdenken zu können, grundsätzlich relevant dafür, sich als Mensch unter Menschen zu bewegen, dafür, ein Leben zu führen. Es geht dabei um das Einnehmen einer Haltung sich selbst und den Mitmenschen gegenüber.[264] Was genau diese Haltung, bei dem einen ist es der „innere

[264] Siehe hierzu auch: Kapitel 1.2 und 1.4 in der vorliegenden Arbeit.

Richter", bei dem anderen die „Reflexion", bei einem Menschen auslöst, was es bedeutet, mit einer „inneren Person" in Kontakt zu kommen, zu sein oder sich mit dieser Instanz auseinanderzusetzen, wird jedoch weder von Adam Smith noch von Friedrich Schiller näher beleuchtet.

Mir geht es hierbei letztlich um den Vorgang des Denkens, von dem Hannah Arendt darlegt, dass dieser als solches von den Philosophen ihrer Zeit jeweils ausgeblendet wurde, die, anstelle des Vorganges, einzig den Ausgang im Blick hatten. Mit der Unterscheidung von Vernunft und Verstand stand auch bei Immanuel Kant das Produkt, nicht aber der Vorgang des Denkens, im Fokus.[265] Hannah Arendt ihrerseits widmet sich genau dem Denkvorgang, verdeutlicht, dass dieser sich zwar nicht an der Entwicklung von Wissen abarbeitet, aber keineswegs von geringerer Relevanz ist.[266] Sie stellt, im Gegensatz, heraus, dass es gerade das Denken ist, auf das es ankomme und das, sofern es zur Anwendung gebracht wird, dazu führe Situationen beurteilen zu können, das heißt, sie zu deuten und ihnen einen Sinn abringen zu können. Das Streben nach Sinn versteht Arendt dabei als ein existenzielles, menschliches Bedürfnis, dem jeder Mensch jederzeit nachzugehen in der Lage ist, sofern sie/er dies möchte. Aufgrund seiner Kraft über das bloß Gegebene hinausgehen zu können, also auch das imaginieren zu können, was noch nicht Gegenwart ist, aber sich als Zukunft ankündigt, schätzt Arendt das Denken gegenüber dem Erkenntnisdrang als bedeutsamer ein. Der Denkvorgang, den sie als ein inneres Zwiegespräch über das versteht, was (noch) nicht zuhanden ist, bei dem es um die eigene Haltung gegenüber dem Nicht-Zuhandenen geht, mündet in das ein, was bereits Adam Smith mit dem Gewissen als Prinzip zur Überwindung egoistischen Handelns benannt hat:

> „Das Denken – das Zwei-in-einem des stummen Zwiegesprächs – aktualisiert den Unterschied in unserer Identität, wie er im Bewußtsein gegeben ist, und so entsteht als Nebenprodukt das Gewissen; die Urteilskraft, das Nebenprodukt der befreienden Wirkung des Denkens, realisiert das Denken, bringt es in der Erscheinungswelt zur Geltung, wo ich nie allein

[265] Arendt, Hannah: „Das Denken", in: *Vom Leben des Geistes. Das Denken. Das Wollen,* hg. v. Mary McCarthy. Aus dem Amerikanischen von Hermann Vetter, München [10]2020, 71ff.

[266] Siehe hierzu auch: Kapitel 2.2 in der vorliegenden Arbeit.

> bin und immer viel zu beschäftigt, um denken zu können. Der Wind des Denkens äußert sich nicht in Erkenntnis; er ist die Fähigkeit, recht und unrecht, schön und häßlich zu unterscheiden. Und diese kann – in den seltenen Augenblicken, da die Einsätze gemacht sind – in der Tat Katastrophen verhindern, mindestens für das Selbst."[267]

Arendt versucht sich an einer Beschreibung des Denkens als Vorgang „im nichtkognitiven, nichtspezialisierten Sinne, als ein natürliches Bedürfnis des menschlichen Lebens, als die Aktualisierung des im Bewußtsein gegebenen Unterschieds"[268] und bezieht sich dabei sowohl auf die Konstruktion des „inneren Menschen", als auch die Frage nach der Reflexion. Hinsichtlich des ersteren verdeutlicht sie unter Bezugnahme auf Sokrates, dass das „denkende Ich", um in Erscheinung zu treten, einer bestimmten Haltung des Menschen bedarf, in und mit der er sich begegnet:

> „Für Sokrates bedeutet die Dualität des Zwei-in-einem lediglich dies, daß, wer denken möchte, darauf achten muß, daß die beiden gesprächsführenden Instanzen gut in Form sind, daß die Partner *Freunde* sind. Der Partner, der lebendig wird, wenn man hellwach und allein ist, der ist der einzige, dem man nie entrinnen kann – es sei denn, man hörte auf zu denken."[269]

Dass sich das Gewissen in den Lauf der Welt einschaltet, ist weder trivial, noch ein Selbstläufer. Ein Überleben ist, trotz eines Lebens in Gedankenlosigkeit, möglich, vielleicht sogar üblich, wenngleich es sich dabei eben nur um ein Überleben, nicht aber ein Leben handeln kann, dessen Lebendigkeit in der Tätigkeit des Denkens am deutlichsten in Erscheinung tritt, wie Arendt unter Bezugnahme auf den Philosophen Cato formuliert:

---

267 Arendt, Hannah: „Das Denken", in: *Vom Leben des Geistes. Das Denken. Das Wollen,* hg. v. Mary McCarthy. Aus dem Amerikanischen von Hermann Vetter, München [10]2020, 192.

268 Arendt, Hannah: „Das Denken", in: *Vom Leben des Geistes. Das Denken. Das Wollen,* hg. v. Mary McCarthy. Aus dem Amerikanischen von Hermann Vetter, München [10]2020, 190.

269 Arendt, Hannah: „Das Denken", in: *Vom Leben des Geistes. Das Denken. Das Wollen,* hg. v. Mary McCarthy. Aus dem Amerikanischen von Hermann Vetter, München [10]2020, 186.

> „Die Gedankenlosigkeit ist freilich ein mächtiger Faktor im menschlichen Leben, statistisch gesehen sogar der mächtigste, nicht nur im Verhalten der vielen, sondern im Verhalten aller. Gerade die Dringlichkeit […] der menschlichen Geschäfte verlangt vorläufige Urteile, das Sich-Stützen auf Sitten und Bräuche, also Vor-Urteile.“[270]

> „Diejenigen, die sich in der Erfahrung des Denkens auskennen, werden schwerlich umhin können, dem Ausspruch Catos zuzustimmen: […] ‚Niemals ist man tätiger, als wenn man dem äußeren Anschein nach nichts tut, niemals ist man weniger allein, als wenn man in der Einsamkeit mit sich allein ist'.“[271]

Zu denken, das bedeutet, einen Moment, einen Augenblick lang die Augen zu schließen und der Vorstellung – der Imaginationskraft – den Vorrang zu geben. Zu denken, das bedeutet, sich den Dingen zuzuwenden, die in ihrer Abwesenheit anwesend sind. Dafür bedarf es der Erinnerung:

> „Für das Denken […], ist also der Rückzug von der Welt der Erscheinungen die einzige wesentliche Vorbedingung. Damit man über jemanden nachdenken kann, darf er nicht anwesend sein; solange er da ist, denken wir weder an ihn noch über ihn nach; zum Denken gehört immer das Erinnern; jedes Denken ist, genau genommen, ein Nach-Denken.“[272]

Als Erweiterung zum Begriff der Erinnerung nutzt Arendt den Begriff der Vor-Stellung. Mit der Vor-Stellung geht eine Entsinnlichung der gedanklich vor-gestellten Dinge einher. Mit der Entsinnlichung ist gemeint, dass die Gedankendinge aller sinnlichen Empfindungen von Wut, Ärger, Freude, Scham usw. entbunden werden, die in der Alltagserfahrung, das heißt im direkten Umgang mit ihnen, mitschwingen.

---

[270] Arendt, Hannah: „Das Denken“, in: *Vom Leben des Geistes. Das Denken. Das Wollen,* hg. v. Mary McCarthy. Aus dem Amerikanischen von Hermann Vetter, München [10]2020, 77.

[271] Arendt, Hannah: *Vita activa oder Vom tätigen Leben*, München [20]2019, 414f.

[272] Arendt, Hannah: „Das Denken“, in: *Vom Leben des Geistes. Das Denken. Das Wollen,* hg. v. Mary McCarthy. Aus dem Amerikanischen von Hermann Vetter, München [10]2020, 84.

Dies bedeutet nicht, dass die Vor-Stellung selbst frei von Empfindungen wäre, im Gegenteil. Der Vorgang des Denkens wird von Arendt explizit auch als eine Erfahrung des Körpers aufgefasst.[273] Allerdings ist die mit dem Gedankending verbundene, erinnerte Erfahrung, da sie eine Erinnerung und eben nicht aktuelle Erscheinung ist, nicht unmittelbar als eine *bestimmte* Sinneserfahrung vorgestellt. Die Gedankendinge, über die nachgedacht wird, können vielmehr in verschiedensten Formen und verbunden mit verschiedensten Sinneseindrücken vor-gestellt werden. In der Vor-Stellung werden so die Gedankendinge für das Denken vorbereitet. Ein Gedanke, eine Erfahrung, etwas wird dem/der Denkenden gegenwärtig, wird zuhanden und greifbar, nur, wenn diese*r*es entsprechend vor-bereitet wird. Daher ist die Vor-*Stellung* ausdrücklich nicht nur die Positionierung, die Stellung, von etwas im Geiste, sondern die gedankliche *Vor*bereitung und so die *Vor*-Stellung von etwas:

> „Das Vermögen die Zukunft in Gedanken vorwegzunehmen, leitet sich von dem Vermögen ab, die Vergangenheit zu erinnern, und diese wiederum von der noch elementareren Fähigkeit, physisch Abwesendes zu entsinnlichen und (nicht bloß *im* Geiste zu vergegenwärtigen, sondern) *vor* ihn hinzustellen."[274]

In der Vor-Stellung, die sich ihrer Eindimensionalität der Alltagserfahrung und -wahrnehmung entledigt, bereitet sich ein Gedankengang, der Gedanke darauf vor, in Erscheinung zu treten. Vor-Stellung, das heißt in diesem Sinne auch, Wiederholung. Diese ist dann allerdings nicht als ein Abbild der Alltagserfahrung zu verstehen. Die Vor-Stellung als Wiederholung zu verstehen, das meint hier, dass sich die Erinnerung als Differenz konstituiert. Eine Wiederholung ein- und desselben ist demnach unmöglich. Wiederholbar sind Erinnerungen, die jedoch in sich eine Differenz tragen. So entstehen zwischen den Wiederholungen, die nie dieselben, sondern immer Differenzen in den Erinnerungen sind, Lücken. Wiederholung ist, so gewendet, die erneute Ankunft eines Gedankens. Der Gedanke

[273] Arendt, Hannah: „Das Denken", in: *Vom Leben des Geistes. Das Denken. Das Wollen,* hg. v. Mary McCarthy. Aus dem Amerikanischen von Hermann Vetter, München [10]2020, 163.

[274] Arendt, Hannah: „Das Denken", in: *Vom Leben des Geistes. Das Denken. Das Wollen,* hg. v. Mary McCarthy. Aus dem Amerikanischen von Hermann Vetter, München [10]2020, 92.

tritt jedoch nie in demselben Gewand auf, er holt sich nie nur wieder, als der, als der er schon einmal erschienen ist, sondern er tritt auf als ein anderer, ähnlich, aber anders, und hinterlässt eine Lücke. Zwischen den Wiederholungen des einen Gedankens, der eigentlich die Ankunft eines immer Neuen ist, stellt sich, durch die Lücke, eine Verbindung ein. Wer sich wieder-holt, ist der bis dato unerkannte Gedanke, dessen Bekanntheit nur macht, wer ihm den Boden bereitet, der eine Lücke ist. Der Gedanke, er stellt sich ein, wenn er, bedingt durch die Wiederholung, die eine Erinnerung ist, bekannt, wenn er kein Fremder mehr ist:

> „Nicht die Sinneswahrnehmung, in der wir die Gegenstände unmittelbar und als zuhanden erfahren, sondern die ihr folgende Vorstellungstätigkeit bereitet die Gegenstände für das Denken zu. Ehe man Fragen stellt wie: was ist Glück, was ist Gerechtigkeit, was ist Erkenntnis usw., muß man glückliche und unglückliche Menschen gesehen haben, gerechte und ungerechte Taten, Erkenntnisdrang und seine Erfüllung oder sein Scheitern. Außerdem muß man die unmittelbare Erfahrung im Geiste wiederholen, *nachdem* man ihren Schauplatz verlassen hat. Um es noch einmal zu sagen: Alles Denken ist ein Nach-Denken. Durch die Wiederholung in der Vorstellung wird das *entsinnlicht*, was den Sinnen gegeben war. Und nur in dieser immateriellen Form kann sich mit diesen Daten nun unser Denkvermögen beschäftigen."[275]

Einen Gedanken willkommen heißen, das meint, sich selbst näher gekommen zu sein und verstanden zu haben, dass da noch Jemand mit dir ist, dass du Jemand bist, von dem du nicht erwartest hättest, dass er auch noch da ist:

> „Das Denken ist, existenziell gesehen, etwas, das man allein tut, aber nicht einsam: allein sein heißt mit sich selbst umgehen; einsam sein heißt allein sein, ohne sich in das Zwei-in-einem aufspalten zu können, ohne sich selbst Gesellschaft leisten zu können; […]."[276]

[275] Arendt, Hannah: „Das Denken", in: *Vom Leben des Geistes. Das Denken. Das Wollen,* hg. v. Mary McCarthy. Aus dem Amerikanischen von Hermann Vetter, München [10]2020, 92.

[276] Arendt, Hannah: „Das Denken", in: *Vom Leben des Geistes. Das Denken. Das Wollen,* hg. v. Mary McCarthy. Aus dem Amerikanischen von Hermann Vetter, München [10]2020, 184.

Erst in der Wiederholung des anwesend Abwesenden, das gerade wegen seiner sinnlichen Abwesenheit in die Gegenwart des/der Denkenden hineinkommt, in der Präsenz aufgrund seiner Nicht-Präsenz, zeitigt sich der Gedanke. Die Lücke zwischen den (Nicht-)Anwesenheiten formt den Gedanken, lässt ihn entspringen; der Gedanke springt aus der Lücke heraus, die sich zwischen den Wiederholungen ergibt. Die Lücke wird gleichermaßen verbindendes wie trennendes Moment zwischen den Erinnerungen. Während der/die Wissenschaftler*in trennt, zerstückelt und zerlegt, um Einzelheiten zu analysieren, widmet sich der/die Denker*in der Ahnung, der Kunst des Gedankenspiels, das in der Vor-Stellung der Verschiedenheiten das Gemeinsame erkennt. Sie und der Gedanke, sie gehören zusammen, in dem einen Moment, in dem die Zeit springt oder, anders formuliert, in dem die Zeit einen Sprung bekommt, sie unterbrochen zu werden scheint, während die Weltzeit weiterläuft. Folgende zwei Zitate von Hannah Arendt sollen die Lücke, die sich als ein Raum zwischen der Zeit, der Vergangenheit und der Zukunft darstellt, noch einmal verdeutlichen:

> „Die Lücke zwischen Vergangenheit und Zukunft öffnet sich nur in der Reflexion, deren Gegenstand das nicht Gegenwärtige ist – das bereits Verschwundene oder das noch nicht Erschienene. Die Reflexion holt diese nicht gegenwärtigen ‚Regionen' in die Gegenwart des Geistes; von hier aus gesehen, läßt sich die Denktätigkeit als ein Kampf gegen die Zeit selbst verstehen."[277]

> „Mit anderen Worten, der Platz des denkenden Ichs in der Zeit wäre der Zwischenraum zwischen Vergangenheit und Zukunft, die Gegenwart, jenes geheimnisvolle und schlüpfrige Jetzt, eine bloße Lücke in der Zeit, auf die nichtsdestoweniger die festeren Zeitformen der Vergangenheit und der Zukunft insofern hingeordnet sind, als sie das bezeichnen, was nicht mehr *ist*, und was noch nicht *ist*."[278]

---

[277] Arendt, Hannah: „Das Denken", in: *Vom Leben des Geistes. Das Denken. Das Wollen*, hg. v. Mary McCarthy. Aus dem Amerikanischen von Hermann Vetter, München [10]2020, 201f.

[278] Arendt, Hannah: „Das Denken", in: *Vom Leben des Geistes. Das Denken. Das Wollen*, hg. v. Mary McCarthy. Aus dem Amerikanischen von Hermann Vetter, München [10]2020, 204.

Im Gedankengang, dem Ankommen der Gedanken zwischen den Zeiten, verschieben sich Subjekt und Objekt beständig. Der Gedanke gibt Auskunft über den/die Denkende, lässt ihn/sie als Denkende, als lebendigen Menschen, erfahrbar werden. Zugleich ist der Gedanke nicht an sich, sondern wird seinerseits durch das Subjekt hervorgebracht. Subjekt und Objekt, Gedankenträger*in und Gedanke, bedingen sich gegenseitig. Im Vergleich dazu bleibt der empirisch forschende Wissenschaftler, der sich an Zahlen, Daten und (vermeintlichen) Fakten abarbeitet, in Distanz zu sich und den von ihn beobachteten Objekten. Die Denkerin stellt sich selbst und ihren Gedanken vor, macht sich mit ihnen bekannt, während der genannte Wissenschaftler sich selbst und seinen Gedanken fremd bleibt. Die Lücke zwischen den Erinnerungen bleibt als Raum leer und ist zugleich erfüllt. Die Leere, die sich in der Vor-Stellung einstellt, ist also kein Nichts, sondern ein Moment in Raum und Zeit, in dem Raum und Zeit ein „Nirgendwo“ konstituieren und gerade dieses „Nirgendwo“ es ist, das eine Bedeutung heraufbeschwört. Die Tätigkeit des Denkens …

> „[…] ist die Ruhe des Jetzt in der von der Zeit bedrängten, umhergeschleuderten Existenz des Menschen; irgendwie ist sie, […] die Ruhe im Zentrum eines Sturmes, die zwar etwas völlig anderes ist als der Sturm, aber doch zu ihm gehört. In dieser Lücke zwischen Vergangenheit und Zukunft finden wir unseren Platz, wenn wir denken, das heißt, wenn wir Vergangenheit und Zukunft so weit entrückt sind, daß wir dazu gut sind, ihren Sinn zu finden, die Stellung des Schiedsrichters einzunehmen, des Richters und Beurteilers der vielfältigen, nie endenden Geschäfte der menschlichen Existenz in der Welt, eine Stellung, die nie zu einer endgültigen Lösung dieser Rätsel verhilft, die aber immer neue Antworten auf die Frage bereit hat, um was es bei all dem wohl gehe.“[279]

Im Spiel der Gedanken geht es nicht um Macht, nicht darum, zu gewinnen, Kapital oder Prestige zu akkumulieren. Im Spiel der Gedanken, das ein Gedankenspiel ist, geht es um das Vermögen einen Anfang zu setzen, geht es darum, dass

---

[279] Arendt, Hannah: „Das Denken“, in: *Vom Leben des Geistes. Das Denken. Das Wollen,* hg. v. Mary McCarthy. Aus dem Amerikanischen von Hermann Vetter, München [10]2020, 205.

ein Gedanke den Raum erhält, sich mit seinem/ihrer Gedankenträger*in bekannt zu machen, sich ihm/ihr vorzustellen. Dies ist die Begegnung mit sich selbst als denkendem Ich.

5.2 Der theatrale Akt: Eine Vor-Stellung vom Homo ludens als Denker*in

In „Karl Marx: Das Kapital, Erster Band“ von Rimini Protokoll werden verschiedene (Berufs-)Biographien vorgestellt. Ihnen ist bei aller Verschiedenheit zweierlei gemein:

a. ihre Entfremdungserfahrungen, die sich entweder in Form von Zwangshandlungen, als direkte oder indirekte Folge von Lohn- oder Erwerbsarbeit, oder aufgrund einer dieser Arbeit selbst inhärenten Fremdbestimmtheit herausgebildet haben und die den diktatorischen Charakter einer kapitalistisch geprägten Leistungsgesellschaft unter dem „neuen Geist des Kapitalismus“[280] anzeigen;
b. das Zeugnis, das die Akteure darüber ablegen, gegen die ihnen auferlegten oder internalisierten Zwänge Widerstand leisten zu können. Dies ändert grundsätzlich weder an den Zwängen noch an deren Internalisierung etwas. Jedoch wird deutlich, dass die Akteure in der Auseinandersetzung und im Umgang mit sich, das heißt im Umgang mit ihrem Gewissen und im Bewusstsein ihrer Menschenwürde, Worte und Gesten finden, in denen sie sich selbst und anderen, konkret: den Mitakteuren auf der Bühne sowie den Zuschauer*innen im Theatersaal, begreifbar machen, was ihnen im Verlauf ihres Berufslebens widerfahren ist. Sie finden Worte für das, was als implizite Internalisierung von Sozialisierungsprozessen gemeinhin ungesagt bleibt und als Kritik an einer Gesellschaft, die für sich bisher keine Alternative zu einer kapitalistisch geprägten Zwangsform des Arbeitens gefunden hat, von jenen, die sich eben dieser Kritik nicht stellen wollen, als lächerlich abgetan wird. Damit nehmen die Akteure in „Karl Marx: Das Kapital, Erster Band“ eine Vorreiterrolle ein. Sie finden nicht nur den Mut, sondern auch die Worte über das zu

[280] Boltanski, Luc & Chiapello, Ève: *Der neue Geist des Kapitalismus*. Aus dem Französischen von Michael Tillmann, Köln [38]2018.

sprechen, was umgangssprachlich als ein „No Go!“, als unsagbar galt und in der Folge durchaus mit gesellschaftlicher Ausgrenzung, das heißt Diskriminierung, belegt sein kann. Worte und Bilder für gesellschaftliche Tabuthemen zu finden, sie zu formulieren und laut auszusprechen, das verweist auf die Fähigkeit zu denken, darauf, dass die Akteure, die sich und ihre oder solche Biographien präsentieren, die für sie von Bedeutung sind, sich den Strukturen bewusstwerden, die ihr Arbeitsleben beeinflussen. Wer sich dieser impliziten Strukturen bewusst wird, der ist ihnen nicht mehr schutzlos ausgeliefert, sondern kann sich gegen sie wehren. Dies ist umso wichtiger, als dass in der Zusammenschau der Akteure deutlich wird, dass die Zwänge, die durch einen global um sich greifenden Kapitalismus ausgeübt werden, alle etwas angehen. Sie sind von gesamtgesellschaftlicher Bedeutung.

Die Fähigkeit dem Broterwerb als Lebensmaxime und der Arbeit als vermeintlich freiheitsbringendem Moment eine Absage zu erteilen, eröffnet erst die Möglichkeit nach einem Lebenssinn zu fragen. Für diejenigen, die sich außer der Arbeit, außer ihrem Funktionieren für die Arbeit, nicht stellen, die sich außerhalb der Arbeit keine Vorstellung machen können und wollen, ist dieser Gedankendang und warum er von Bedeutung sein könnte, abwegig und nicht selten ein willkommener Anlass, die Menschen zu verurteilen, die ihrem Leben nicht der Lohnarbeit opfern. Es sind Boltanski und Chiapello, die auch verdeutlichen, dass in einer säkularisierten Welt das Finden alternativer Lebensformen mindestens ebenso legitim sein muss, wie die Entscheidung, das eigene Leben einem Funktionieren in der Arbeitswelt zu widmen:

> „Wenn die Mobilität und die Fähigkeit, neue Kontakte zu knüpfen […], als absoluter Wert anerkannt werden und wenn bei der Identitätsbildung jene Verbindungen, die man im Laufe der eigenen Veränderungen selbst gewählt hat Vorrang haben vor der Zugehörigkeit zu bereits bestehenden Kollektivformen (z. B. Nation, soziale Klasse, Familie), dann wird zumindest tendenziell eine Form der Freiheit ausgeschlossen, deren Legitimität immer weniger garantiert ist: Die Freiheit, sich für Stabilität zu entscheiden, Treue als Wert anzuerkennen und ein Erbe anzutreten, das als solches akzeptiert wird, nicht, weil es eventuell Profite einbringt, sondern aufgrund seiner bloßen Existenz. Die Pluralisierung der Identitäten und der

> Lebenswelten […] ist nur dann ein Emanzipationsfaktor, wenn auch das Streben nach einer Existenz als legitim anerkannt wird, die voll und ganz in einer Primäridentität und in einem nicht-fragmentierten Raum aufgeht, auch wenn es sich heute nur noch um eine Lebensform unter anderen handeln kann."[281]

„Karl Marx: Das Kapital, Erster Band" von Rimini Protokoll legt offen, dass sich kein Mensch den kapitalistisch bedingten Zu- und Abrichtungsmechanismen einer projektbasierten Polis, einer Wissens- und Leistungsgesellschaft unter dem „neuen Geist des Kapitalismus" entziehen kann. Der theatrale Akt zeigt jedoch auch, dass die Reproduktion dieser Mechanismen und damit verbundenen Strategien der vermeintlichen Selbstverwirklichung durch Arbeit, die auf Selbstausbeutung und -aufgabe hinausläuft, unterbrochen werden kann, dass es nicht überlebensnotwendig ist, sich ihnen fügen oder gar opfern zu müssen. Menschen, solange sie ihre Vorstellungskraft, also ihre Fähigkeit zu denken und *mit* sich einen Umgang zu pflegen, einsetzen, haben eine Chance, Verschiebungen kapitalistischer Arbeits- und Denkweisen vorzunehmen und sich damit jenseits der Arbeit vor-zustellen. Dafür bedarf es jedoch einer entschiedenen Geste der Freiheit, die nicht in eine Machtübernahme mündet – sie und ein jeweiliges Scheitern mit desaströsen Folgen gab es in der Vergangenheit zur Genüge. Worauf es vielmehr ankommt, ist die Ablehnung des Machtprinzips als solchem. Dafür wird es gebraucht, „die Kraft unseres eigenen ‚Nein!' in all seiner Zweidimensionalität: die Ablehnung dessen, was ist, und die Projektion dessen, was sein könnte."[282]

Weiter heißt es dazu bei John Holloway:

> „Zur Diskussion steht nicht, *wer* Macht ausübt, sondern, wie eine Welt geschaffen werden kann, die auf der Anerkennung der menschlichen Würde, auf der Schaffung gesellschaftlicher Verhältnisse, die keine Machtverhältnisse sind, basiert."[283]

---

[281] Boltanski, Luc & Chiapello, Ève: *Der neue Geist des Kapitalismus.* Aus dem Französischen von Michael Tillmann, Köln ^{38}2018, 508f.

[282] Holloway, John: *Die Welt verändern, ohne die Macht zu übernehmen*, Münster ^{6}2018, 19.

[283] Holloway, John: *Die Welt verändern, ohne die Macht zu übernehmen*, Münster ^{6}2018, 28.

Im vorliegenden Werk zeugen die Geste des Maskenwendens von Ralph Warnholz, die Geste des Zerstörens von Jürgen Harksen in der Darstellung von Ulf Mailänder und die Geste des Suchens von Thomas Kuczynski vom Widerstand der Menschen als Folge ihres Nachdenkens, ihrer Reflexion und Vor-Stellung davon, wer sie sein wollen oder auch nicht und in welcher Welt sie leben wollen.

Zwischen ihren Gesten der Freiheit bahnt sich eine Ahnung davon an, welche Bedeutung der Absage an ein kapitalistisches und auf innerer wie äußerer Kolonialisierung beruhendes Machtgefüge zukommt. Die Akteure auf der Bühne lassen in ihrem Aufeinanderbezogensein, das, bei all seinen Verbindungen, doch auch die Differenzierungen zwischen den Körpern wahrt, einen Raum entstehen, der die Nähe zu den Zuschauenden sucht, aber diesen zugleich die Wahl darüber lässt, wie sehr sie sich einbringen möchten. Der Raum inspiriert zum Blick auf die eigene Person, die eigene Berufsbiographie, die eigene Rolle bei der Reproduktion kapitalistischer Mechanismen und lädt zum Gespräch mit dem denkenden Ich ein, dem sich, bedingt durch die präsentierten Berufsbiographien, Parallelen und Abgrenzungen zum eigenen Leben bieten. Neben dem, was sich theatral auf der Bühne darstellt, beginnt sich das eigene Leben gedanklich abzuspielen, tauchen Erinnerungen und Gesprächsfetzen, Verletzungen und Zwänge auf, die als eigene Berufserfahrungen abgespeichert und bis dato geistig weggesperrt worden waren. Dem Homo ludens, wie er bei Schiller als Modell der Selbstverwirklichung entworfen und unter dem „neuen Geist des Kapitalismus" instrumentalisiert worden ist, erhält bei „Karl Marx: Das Kapital, Erster Band" von Rimini Protokoll eine neue Bedeutung. Das Gedankenspiel, bei dem sich der Mensch darauf besinnt, wer er/sie, als in Vielheit angelegter und mit einem/einer inneren Gesprächspartner*in ausgestatteter Mensch ist, ermöglicht eine Begegnung *mit* dem/der Unbekannten, der/die er/sie auch ist. Der theatrale Akt wird im wahrsten Sinne des Wortes zu einer Vor-Stellung, zu einem Gedankenspiel, das den Menschen angeht, ihn/sie in die Verantwortung hineinnimmt, einer von vielen, Mensch unter Menschen zu sein. Wenn dieser Gedanke Fuß fasst, nicht nur bei einzelnen Personen, sondern bei den Vielen, die der Vor-Stellung nicht nur als Zuschauende beiwohnen, sondern sie bezeugen, die also auch ihre vermeintlich eigene Funktion im Kontext von Lohnarbeit und überlebensnotwendigem Broterwerb *bedenken*, dann sind Alternativen zu einer projektbasierten Polis, einer Leistungs- und Wissensgesellschaft, die am Tropf der Kapitalakkumulation hängt, denkbar. Dann ist das Unvorstellbare möglich, wonach der Mensch nicht nur jenseits der Maschine(n) gestellt ist, sondern auch jenseits davon zu leben vermag.

> „Wenn jeder gedankenlos mitschwimmt in dem, was alle andern tun und glauben, dann stehen die Denkenden nicht mehr im Hintergrund, denn ihre Weigerung ist nicht zu übersehen und wird damit zu einer Art Handeln.“[284]

In „Karl Marx: Das Kapital, Erster Band“ von Rimini Protokoll wird der Mensch nicht nur zu einem Umgang mit sich selbst, sondern auch zu einem Umgang mit den Vielen, nicht nur durch, sondern vielmehr *wegen* denen sie/er ist, (an-)gerufen. Das Werk steht beispielhaft für die Vor-Stellung eines Generationen verbindenden Lebens, das die Bedeutung von Lohn- oder Erwerbsarbeit auf ihren Platz innerhalb der Maschine verweist, und dem Leben selbst jenseits der Maschine einen Raum eröffnet. Im denkenden Sein mit sich und dem/der/den Anderen und im Mitdenken des Seins jener, die waren und noch kommen werden, ruft der Mensch in die Leere und schallt es zurück, erlebt sich der Mensch als Eine*r-in-Zwei, ganz als Mensch und als ganzer Mensch, in Verbundenheit mit sich und der Welt und dabei sowohl das Ich als auch das Du sein *lassend* und *hörend*. In der Vor-Stellung üben sich Menschen im Erzählen und Zuhören, darin zu realisieren, dass die eigene Biographie, die eigene Geschichte, je einzigartig, unwiederholbar in ihren Empfindungen und so zu dem jeweiligen Menschen zugehörig, nur durch ihn/sie/es ist. Zugleich wird deutlich, dass die Biographie, die einzigartige Geschichte, die jede*r ist, eingewoben und verwoben ist mit der Geschichte der Menschheit. Hierin wiederholen sich Muster, Strukturen, Strategien und Mechanismen und es stellt sich, für den mitdenkenden Menschen die Frage, welcher Faden weitergesponnen, welcher abgeschnitten oder mit welchem ein neues Muster gewoben werden soll. Dies gilt auch für die Reproduktion kapitalistischer Strukturen, zumal wenn sie, wie über die Jahrhunderte und bis heute geschehen, immer wieder neue Zwänge und Entfremdungserfahrungen hervorrufen. Der theatrale Akt besteht hier darin, den Kontakt zur inneren Person wie auch zu den Generationen

[284] Arendt, Hannah: „Das Denken“, in: *Vom Leben des Geistes. Das Denken. Das Wollen*, hg. v. Mary McCarthy. Aus dem Amerikanischen von Hermann Vetter, München [10]2020, 191.

zu reaktivieren, weckt die Erinnerung an den Menschen, der das Denken mit dem Drang der Freiheit zu sein, zu leben und zu deuten sowie mit der Fähigkeit zu handeln verbindet, zeugt davon, dass der Mensch, jeder Mensch zu jeder Zeit, zu einer Höchstleistung fähig ist, die sich nicht be- oder vermessen lässt, die sich dort abspielt, wo sie *Niemand* schaut – wo sie von einem Niemand geschaut wird, der Jemand ist, wenn er/sie aus dem leeren Raum des Denkens wieder in das Dasein der allgemeinen Geschäftigkeit auftaucht. Der theatrale Akt wird zu einem Zwischen-Spiel, zu einem Spiel der Gedanken zwischen dem Ort des Denkens und der Geschäftigkeit des Seins, als einer Vor-Stellung dessen, was war und ist und sein kann. Der theatrale Akt stellt nicht nur Gesten dar, sondern wird selbst zu einer Geste des Ent-Werfens, zu einer Geste, die sich auf die Zukunft hinwirft, die die Zukunft vorwegnimmt, sie antizipiert. Der theatrale Akt wird damit für den mitdenkenden Menschen zu einem, wenn nicht dem bedeutendsten Moment seines Lebens: in ihm, einem und diesem Augenblick, deutet sich, nicht sicht-, aber spürbar, an, was nicht (mehr) sein soll.

Zwischen den Narrativen von „Karl Marx: Das Kapital, Erster Band“ von Rimini Protokoll deutet sich an, dass einem jedem Moment die Möglichkeit inhärent ist, auch anders erzählt werden zu können. Dem mitdenkenden Menschen, der sich in Vielheit und sein Sein als eines der Vielen begreift, bietet sich darin die Freiheit zu tun und zu lassen an. In diese Freiheit gestellt, kann er/sie sich gestikulierend in den Verlauf der Welt einbringen, kann sie/er sich der Reproduktion kapitalistischer Strukturen widersetzen, vorausgesetzt, er/sie übt sich in der Vor-Stellung, was hier eben heißt, dass sich der Mensch im Umgang mit sich und der Welt übt, dass er denkt und aus dem Denken Konsequenzen zieht. Der Homo ludens als Träger des theatralen Akts erhält in diesem Gefüge eine Bedeutung, die sich grundsätzlich von der Vorstellung des Homo ludens unterscheidet, wie er bei Friedrich Schiller konzeptionell angedacht wird. Folgende Tabelle erfasst einmal schematisch die Differenzierungen, die sich ergeben. Dabei wird der Homo ludens, wie er in der Inszenierung von „Karl Marx: Das Kapital, Erster Band“ auftritt, in seiner doppelten Bedeutung aufgenommen: zum einen stellt es sich heraus, dass unter dem „neuen Geist des Kapitalismus“[285] der Homo ludens, wie er ursprünglich bei Friedrich Schiller mit seinem Streben nach innerer wie äußerer

---

[285] Boltanski, Luc & Chiapello, Ève: *Der neue Geist des Kapitalismus.* Aus dem Französischen von Michael Tillmann, Köln [38]2018.

Harmonie, sowie in seinem Anliegen nach vermeintlicher Selbstverwirklichung konzipiert wird, instrumentalisiert wird. Dies führt genau zu den Zwängen und Entfremdungserscheinungen, gegen die sich die Akteure von „Karl Marx: Das Kapital, Erster Band“ mit ihren Gesten der Freiheit widersetzen. Der durch den Homo Oeconomicus instrumentalisierte Homo ludens, wird in der nachfolgenden Tabelle unter (1) adressiert. Ihm gegenüber steht der Homo ludens, der sich in der Inszenierung der Gesten der Freiheit und vor allem deren theatraler Vor-Stellung andeutet. Dieses Verständnis des Homo ludens, das sich bei der Gewissensbildung nach Adam Smith und dem Hinweis auf Reflexion nach Friedrich Schiller in die entsprechend rezipierten Texte des 18. Jahrhunderts eingeschrieben hat und hier nun unter den Vorzeichen des „neuen Geist des Kapitalismus“ neu gedeutet wird, findet sich in der Tabelle 4 unter (2) wieder.

Differenzierung des Homo ludens / **Charakteristika**	**Homo ludens nach Friedrich Schiller**	**Homo ludens in „Karl Marx: Das Kapital, Erster Band“ von Rimini Protokoll**
Verhältnis von Homo ludens und Gesellschaft	der Homo ludens als Gegenmodell zum Menschen, der, dem Ständesystem entledigt, orientierungslos und in sich zerrissen ist	Zwei Vorstellungen vom Homo ludens: (1) der Homo Oeconomicus, der das Freiheitsstreben und die Sinnsuche des Homo ludens instrumentalisiert hat; (2) der Homo ludens als denkendes Ich, der in ausgewählten Momenten zu einer Vor-Stellung fähig ist
Zusammenhang zu Freiheit	Der Mensch darf werden, wer er sein soll (Pseudo-Freiheit)	Ad (2): Der Mensch erlebt sich in der Freiheit zu sein und (sein) zu lassen (und eben nicht seinen Leidenschaften zu unterliegen)
	Der Mensch befreit sich von der Last des Alltags	

Lebensmaxime	Den gegebenen Pflichten nachzukommen und für sie dankbar zu sein: leidenschaftliche und scheinbar mühelose, aber kräfte- und lebensverzehrende Dienstbarkeit	Ad (1): Ausrichtung auf die Arbeit als (einzige) Überlebensnotwendigkeit Ad (2): sich jenseits der Maschine (vor-zu-)stellen
	Sympathisch, das heißt einfühlend zu sein	Ad (2): Sympathisch, das heißt *mit*fühlend, zu sein, ergänzt um die Fähigkeit daraus Konsequenzen zu ziehen, das heißt sich (ethisch) zu verhalten (Gewissensbildung im Anschluss an A. Smith)
(Vor-)Bilder	das Künstlergenie als Mensch, der sich für seine Kunst opfert	Ad (1): im Alltag internalisiert der Mensch die am Künstlergenie orientierte Selbstaufopferung
		Ad (2) Der „leere" Raum: Kunst initiiert eine Vor-Stellung
		Ad (2): die innere, dritte Person als Instanz des Gewissens (nicht als moralische, sondern ethische Haltung nach Adam Smith)
Ziel	Selbstverwirklichung als Selbst„aufgabe" (im Sinne einer Aufgabe sowie des Aufgebens eigener Wünsche usw. zum Zwecke eines „höheren" Ziels)	Ad (2): Denken um der Menschlichkeit und Menschheit willen
	Mensch*werdung* (hin zu einer teleologisch vorgegebenen Persönlichkeit)	Ad (2): der Mensch, der qua Geburt bereits einzigartig ist

	Der Mensch, der sich seine Persönlichkeit erarbeiten muss	Ad (2): der Mensch, der aus der Selbstvergessenheit des Alltags durch den Vorgang des Denkens zu sich kommt
Implizite Zeitlichkeit	Der auf die Zukunft verschobene Mensch	Ad (2): Die Zukunft, die auf den Menschen zukommt und ihn in seiner Präsenz einholt, die ihm gegenwärtig wird
Verständnis vom Menschen	Der Mensch, der seine Zerrissenheit überwinden und diese aufheben muss	Ad (2): Der Mensch, der immer *als Viele ist*
	Im Verlauf seiner Menschwerdung ist es die Aufgabe des Menschen sich zu eliminieren, eine Null zu werden	
	Der Mensch ist triebgesteuert; der sinnliche (auf den Geist bezogene) Trieb ist dem körperlichen (naturgesteuertem) Trieb überlegen	
Bedeutung von Reflexion	Im Nachdenken über sich versteht sich „der" Mensch als bzw. sein geschichtliches Wesen, begreift er/sie sich in seiner/ihrer Bedingtheit von anderen: „Der" Mensch ist Viele!	→ Anschlussfähigkeit an Ad (2): Menschen übernehmen Verantwortung für die Welt, in die sie hineingeworfen sind und für das, was sie ihr hinterlassen
		Ad (1): „Der" Mensch reflektiert sich im Modus eines Funktionierens nicht. Er/Sie versteht sich als ein Individuum – sowohl losgelöst von aller Verantwortung hinsichtlich dessen, was ihm/ihr als Erbe mitgegeben ist, als auch

		dessen, was er/sie (als Fußabdruck) hinterlässt Ad (2): In der Reflexion geht der Mensch mit sich um; er geht um sich herum, schaut und hört an, was er/sie als Andere*r zu sagen hat Ad (2): Der/Die Mensch(en) kommen zu sich um des Lebens, um der Menschen willen: Menschsein und Menschlichkeit bedürfen des (Um-) Weges durch die Augen und Ohren der Anderen
Bedeutung des Körpers		Ad (1): als Mittel zum Zweck; als unendliches Verbrauchsmittel der Kapitalakkumulation Ad (2): als Zweck selbst; als endliches Material
Bedeutung von Kunst	Ästhetik beruhigt den Menschen, verschafft ihm ein Harmonieerleben	Ad (2): Der Mensch übt in der der Vor-Stellung den Umgang mit sich und den Mitmenschen; der Mensch wird mit dem bekannt, was im Alltag unbekannt und fremd bleibt
	Kultivierung von Sympathie als Akt der Einfühlung	Ad (2): Der theatrale Akt als das Inter-est, das gemeinsame Interesse, das sich zwischen den Menschen einstellt (und nicht mit einem politischen Machtkalkül verwechselt werden darf); Bedeutung des Mitgefühls/des Miteinanderseins anstelle von Einfühlung

	Kultivierung der Kritik- und Bestimmungslosigkeit des Menschen	Ad (2): Der theatrale Akt als Dekonstruktion von Zwängen und Entfremdungsphänomenen des Alltags
		Ad (2): Initiiert einen Raum, in dem die Akteure jenseits ihres Alltags, jenseits kapitalistischer Zwänge voreinander erscheinen, gerade deshalb ihre Erfahrungen bezeugen und Anlauf für Veränderungen nehmen können, die sie in ihrem Alltag implementieren

Tabelle 4: Implikationen vom Homo ludens im Vergleich

Dem Denken und der daraus erwachsenden Einsicht zur Freiheit (nicht) zu sein, geht die Erfahrung zu sein, und zwar als Ich und Du zu *sein*, als denkendes Ich und Ich, mit dem Ich einen Dialog führen kann, voraus. In den erzählten Biographien, die in „Karl Marx: Das Kapital, Erster Band" von Rimini Protokoll vorgestellt werden, wird das Gespräch des inneren, denkenden Ichs, über die verschiedenen Gesten bezeugt. Die Geste des Maskenwendens, des Zerstörens und des Suchens werden von zahlreichen inneren Monologen begleitet, die auf der Bühne als Selbstmonologe derart inszeniert werden, dass die Akteure nahezu permanent auf ihre eigene Lebensgeschichte zurückgreifen oder, im Fall von Ulf Mailänder, auf solche Lebensphasen anderer rekurrieren, die mit der eigenen Biographie als untrennbar verwoben dargestellt werden. Von Bedeutung ist hier, dass die Gesten der Freiheit mit der Erfahrung einhergehen, dass das Ich ein *denkendes* Ich ist und dass diesem anderen Ich, das in der allgemeinen Geschäftigkeit des alltäglichen Daseins und den damit verbundenen Zwangs- und Entfremdungserscheinungen keine Rolle zu spielen scheint, eine existentielle Bedeutung zukommt. Das denkende Ich schaltet sich trotzig ein, sofern ihm der Raum und Gehör geschenkt wird: „Das bloße Benennen von Dingen, die Schaffung von Wörtern, ist die menschliche Art der *Aneignung* und gewissermaßen

der Aufhebung der Entfremdung von der Welt, in die ja jeder als Neuling und Fremder hineingeboren wird."[286]

Das denkende Ich bereitet die Gesten der Freiheit vor, ist gleichsam ihre Bedingung, und erteilt dem: „(Ego) cogito, ergo sum!", von René Descartes eine Absage. Das denkende Ich ist im Dialog mit sich selbst nur erlebbar, nicht zu beweisen, aber in dem einen Moment, in dem es im Umschlagen auftaucht, unterbricht es nachdrücklich alles, was bis dahin undenkbar war, und stellt sich für einen Augenblick eine Be-Deutung ein, bleibt ein Abdruck des Lichtkegels auf der Netzhaut zurück, der noch ist, auch wenn das Licht schon längst wieder erlöscht, die Stimme verhallt ist. Der Mensch fragt: „Bist Du das?", und stellt sich damit vor -sich. In dieser Vor-Stellung, die mehr Frage als Antwort ist, erlebt sich der Mensch als Mensch, stellt sich die Ahnung einer Freiheit ein Niemand oder Jemand *zu sein.*

[286] Arendt, Hannah: „Das Denken", in: *Vom Leben des Geistes. Das Denken. Das Wollen,* hg. v. Mary McCarthy. Aus dem Amerikanischen von Hermann Vetter, München [10]2020, 104f.

ICH BIN
ein ganzer Mensch
nur
auf der Bühne
manchmal
ist die Bühne
ein weißes Blatt

ist das
weiße Blatt
die Bühne
bist das
DU

Tina Emmler, Bochum im Mai 2019 & Paderborn im März 2021

Epilog: Der Neuanfang

Das Theater hat mir nicht nur mein Leben gerettet, sondern ein neues Leben geschenkt.

Mein tiefster Dank gilt an dieser Stelle all jenen, die mich gesehen und gehört haben, vor denen ich in Erscheinung treten durfte, mit denen ich gelernt habe und lerne zu wandeln, die mir einen Neuanfang ermöglicht haben. Ohne hier den Anspruch auf vollständige Benennung aller erheben zu können, so möchte ich, stellvertretend, zumindest einige bisher nicht genannte Menschen ansprechen.

Mein Dank gilt meinem Mann: Christian, meiner Familie: Angela & Erwin, Mathilde & Anton, Lena, Veith & Romy, Sarah Kristina, meinen Freundinnen: Natascha, Julia und Martina und all den Künstler*innen, die mich begleitet haben. Unter anderem: Hartmut und Sylvia, für unzählige Stunden voller Musik und Klang und guter Gespräche über Zeit und Raum hindurch, an Susanne für Spielfreude, Energie und mehr als nur ein Dach über dem Kopf in Köln, an Dr. Wolfgang K. und Dr. Hans M. in Paderborn sowie Angelika mit ihrem Team in Köln, die mir den Raum für das Spiel eröffnet haben, an alle Schauspieler*innen, die mir ihr Vertrauen für gemeinsame Aufführungen und (Vor-)Stellungen schenkten und an die (angehenden) Theaterwissenschaftler*innen und Szenischen Forscher*innen aus Bochum, für ihre Diskussionsfreude und den Mut sich mir zu zeigen. Auch den Dozent*innen des theaterwissenschaftlichen Instituts, insbesondere Prof. Dr. Sven Lindholm, PD Dr. Kai van Eikels und Prof. Dr. Jörn Etzold, möchte ich für ihre Ermutigungen, Rückmeldungen und Gespräche danken, ohne die weder die vorliegende Schrift entstanden wäre, noch meine Stimme sich hätte erheben können. Ebenso unvergessen sind jene, an die ich meinen Dank nur mehr indirekt richten kann: Frau Oldenstädt und Frau Röwekamp, die sehr früh meine Liebe zur Bühne erkannten und auf ihre Art Pfade gebahnt haben, an meine Großeltern und vergangene Generationen, in deren Leben die Musik, der Tanz und das Spiel immer schon von Bedeutung gewesen sind. Mit jubilierender Freude und in Demut nehme ich dieses Erbe an und trage den Schatz weiter, in der Hoffnung, dass am Meeresboden eine neue Perle kristallisiert, die ihre*n Perlentaucher*in in einer fernen Zukunft findet.

Ein Nachsatz, mitten im Anfang

Gegen die Diktaturen und autokratischen Regime – gegen jene, die sich in ein politisches Scheingewand kleiden ebenso wie gegen solche, die als Vertreter*innen eines postindustriellen und marktradikalen Kapitalismus die Gesellschaft aus ihrer Berechnung herausdividiert haben – machen wir Theater! Ansätze dafür sind bereits vorhanden. Einer zeichnet sich beispielsweise in Form der „Great Transformation" von Karl Polanyi ab. Um diesen Schatz zu bergen, bedarf es Expert*innen, die das Werk in einem experimentell-performativen Setting in Szene setzen und seine Implikationen vor dem Hintergrund heutiger Jobs, also Nicht-Arbeits-/Funktionsstellen und damit unmenschlicher Lebensbedingungen, herauszustellen vermögen. Bei Interesse für die gemeinsame Umsetzung dieses Vorhabens freue ich mich über jegliche Kontakte und Hinweise!

„Können Geister lächeln?",
fragte die Amöbe und t e i l t e sich.

Tina Emmler, Bochum im Mai 2019

Literaturverzeichnis

Arendt, Hannah: *Die Freiheit, frei zu sein*, München [12]2020.

Arendt, Hannah: „Das Denken", in: *Vom Leben des Geistes. Das Denken. Das Wollen*, hg. v. Mary McCarthy. Aus dem Amerikanischen von Hermann Vetter, München [10]2020, 9–240.

Arendt, Hannah: *Vita activa oder Vom tätigen Leben*, München [20]2019.

Arendt, Hannah: „Der Mensch und die Arbeit", in: *Merkur* (1960), o. A. https://www.merkur-zeitschrift.de/autoren/der-mensch-und-die-arbeit/, Abruf am 09.12.21.

Barthes, Roland: „Der Tod des Autors", in: *Performanz. Zwischen Sprachphilosophie und Kulturwissenschaften*, hg. v. Uwe Wirth, Frankfurt am Main 2002, 104–110.

Berlin, Isaiah: „The Pursuit of the Ideal", in: *The Crooked Timber of Humanity. Chapters in the History of Ideas*, hg. v. Henry Hardy, Princeton (New Jersey) [2]2013, 1–20. http://assets.press.princeton.edu/chapters/s9983.pdf, Abruf am 09.12.21.

Bloom, Paul: *Against Empathy. The Case for Rational Compassion*, London 2018.

Boltanski, Luc & Chiapello, Ève: *Der neue Geist des Kapitalismus*. Aus dem Französischen von Michael Tillmann, Köln [38]2018.

Bolz, Norbert: *Wer nicht spielt, ist krank. Warum Fußball, Glücksspiel und Social Games lebenswichtig für uns sind*, München 2014.

Bongard, Willi: *Nationalökonomie, wohin? Realtypen des wirtschaftlichen Verhaltens*, Wiesbaden 1965.

Böhme, Gernot: *Atmosphäre. Essays zur neuen Ästhetik*, Berlin [3]2017.

Buchenau, Peter (Hg.): *Chefsache Diversity Management*, Wiesbaden 2016.

Buchmann, Sabine, Eikels, Kai van, Etzold, Jörn, Gludowatz, Karin, Kleihues, Alexandra, Lemke, Anja & Schäfer, Martin Jörg: „Einleitung", in: *art works. Ästhetik des Postfordismus*, hg. v. Sabine Buchmann, Kai van Eikels, Jörn Etzold, Karin Gludowatz, Alexandra Kleihues, Anja Lemke & Martin Jörg Schäfer, Berlin 2015, 11–25.

Buchmann, Sabine, Eikels, Kai van, Etzold, Jörn, Gludowatz, Karin, Kleihues, Alexandra, Lemke, Anja & Schäfer, Martin Jörg: „Dienst am eigenen Potenzial, Szene 3, Benjamentas Knabenschule (aus: Robert Walser, *Jakob von Gunten*)", in: *art works. Ästhetik des Postfordismus*, hg. v. Sabine Buchmann, Kai van Eikels, Jörn Etzold, Karin Gludowatz, Alexandra Kleihues, Anja Lemke & Martin Jörg Schäfer, Berlin 2015, 83–111.

Bundesministerium für Wirtschaft und Energie (Hg.): *Monitoringbericht Kultur- und Kreativwirtschaft*, Berlin 2019.

Dutschke, Gretchen: *Rudi Dutschke. Wir hatten ein barbarisches, schönes Leben. Eine Biographie*, Köln 1996.

Eckstein, Walther: „Das Verhältnis der ‚Theory' zum ‚Wealth of Nations' und die Grundprinzipien der Smithschen Ethik", in: *Adam Smith – Theorie der ethischen Gefühle*, hg. v. Horst D. Brandt auf der Grundlage der Übersetzung von Walther Eckstein, Hamburg 2010.

Finter, Helga: „Ästhetische Erfahrung als kritische Praxis. Angewandte Theaterwissenschaft in Gießen 1991–2008", in: *Das Buch von der Angewandten Theaterwissenschaft*, hg. v. Annemarie Matzke, Christel Weiler & Isa Wortelkamp, Berlin u. Köln 2012, 22–52.

Fischer-Lichte, Erika: „Inszenierung", in: *Metzler Lexikon Theatertheorie*, hg. v. Erika Fischer-Lichte, Doris Kolesch & Matthias Warstat, Stuttgart u. Weimar ²2014, 152–160.

Flusser, Vilém: *Gesten. Versuch einer Phänomenologie*, Düsseldorf u. Bensheim 1991.

Graeber, David: *Bull Shit Jobs. Vom wahren Sinn der Arbeit*, Stuttgart ³2020.

Hegel, Georg Wilhelm Friedrich: *Phänomenologie des Geistes*. Auf d. Grundlage d. Werke von 1832–1845 neu ed. Ausg., Frankfurt am Main ²1989.

Hegemann, Carl: „Freiheit ist, grundlos etwas zu tun. Über die Zukunft eines Begriffs*", in: *Kreation und Depression. Freiheit im gegenwärtigen Kapitalismus*, hg. v. Christoph Menke & Juliane Rebentisch, Berlin 2010, 81–86.

Hofbauer, Hannes: *Die Diktatur des Kapitals. Souveränitätsverlust im postdemokratischen Zeitalter*, Wien ²2015.

Holloway, John: *Die Welt verändern, ohne die Macht zu übernehmen*, Münster ⁶2018.

Industrie- und Handelskammer Potsdam: *Feelgood Manager/in (IHK). Trend für die Personalbindung – die IHKs bieten Lösungen*. https://www.ihk-potsdam.de/ihk-bildungszentrum/lehrgaenge/feelgood-manager-ihk-/4006028, Abruf am 09.12.21.

Kremser, Christian E. W.: „Die Historizität des Homo oeconomicus. Ein Plädoyer für die Relativität dieses Menschenbildes", in: *zfwu* 14/2 (2013), 218–236.

Lazzarato, Maurizio: *Die Fabrik des verschuldeten Menschen. Ein Essay über das neoliberale Leben*. Aus dem Französischen von Stephan Geene, Berlin ²2018.

Lehmann, Hans-Thies: „Wie politisch ist postdramatisches Theater?", in: *Politisch Theater machen. Neue Artikulationsformen des Politischen in den darstellenden Künsten*, hg. v. Jan Deck & Angelika Sieburg, Bielefeld 2011, 29–40.

Lemke, Anja: „Ästhetische Erziehung als Arbeit am Selbst. Schillers Bildungsprogramm aus der Perspektive postfordistischer Kontrollgesellschaften", in: *Experimentalanordnungen der Bildung. Exteriorität – Theatralität – Literarizität*, hg. v. Bettine Menke & Thomas Glaser, Paderborn 2014, 131–145.

Lemke, Anja & Schäfer, Martin Jörg: „Erziehung und Bildung als ästhetische Arbeit am Selbst. Szene 4 – Zeremoniell der Übergabe des Lehrbriefs", in: *art works. Ästhetik des Postfordismus*, hg. v. Sabeth Buchmann, Helmut Draxler, Clemens Krümmel & Susanne Leeb, Berlin 2015, 113–138.

Manemann, Jürgen: *Kritik des Anthropozäns. Plädoyer für eine neue Humanökologie*, Bielefeld 2014.

Marx, Karl: *Das Kapital. Kritik der politischen Ökonomie*. Unveränderter Nachdruck der Ausgabe Berlin: Gustav Kiepenheuer Verlag 1932, München ²2020.

Matzke, Annemarie & Wortelkamp, Isa: „Einleitung", in: *Das Buch von der Angewandten Theaterwissenschaft*, hg. v. Annemarie Matzke, Christel Weiler & Isa Wortelkamp, Berlin u. Köln 2012, 7–17.

Misik, Robert: *Marx für Eilige*, Berlin ⁶2016.

Orange, Donna M.: „Realitätsprinzip", in: *Wörterbuch der Psychotherapie*, hg. v. Gerhard Stumm & Alfred Pritz. Wien 2000, 585. https://link.springer.com/chapter/10.1007/978-3-211-99131-2_1593, Abruf am 09.12.21.

Ötsch, Walter O.: *Mythos Markt. Marktradikale Propaganda und ökonomische Theorie*, Marburg ²2009.

Polanyi, Karl: *The Great Transformation*, Boston ²2001. https://inctpped.ie.ufrj.br/spiderweb/pdf_4/Great_Transformation.pdf, Abruf am 09.12.21.

Rimini Protokoll (Hg.): *Biographische Angaben zu Helgard Haug*. https://www.rimini-protokoll.de/website/de/about-hh, Abruf am 09.12.21.

Rimini Protokoll (Hg.): *Biographische Angaben zu Daniel Wetzel*. https://www.rimini-protokoll.de/website/de/about-dw, Abruf am 09.12.21.

Röhner, Jessica & Schütz, Astrid: *Psychologie der Kommunikation*, Wiesbaden ²2016.

Schiller, Friedrich: „Erster Brief", in: Über die ästhetische Erziehung des Menschen. *In einer Reihe von Briefen*. Mit Ausführungen Rudolf Steiners über Wesen und Bedeutung von Schillers Ästhetischen Briefen u. e. Nachwort von Heinz Zimmermann, hg. v. Verlag Freies Geistesleben, Stuttgart ²1989, 5–6.

Schiller, Friedrich: „Elfter Brief", in: Über die ästhetische Erziehung des Menschen. *In einer Reihe von Briefen*. Mit Ausführungen Rudolf Steiners über Wesen und Bedeutung von Schillers Ästhetischen Briefen u. e. Nachwort von Heinz Zimmermann, hg. v. Verlag Freies Geistesleben, Stuttgart ²1989, 40–44.

Schiller, Friedrich: „Zwölfter Brief", in: Über die ästhetische Erziehung des Menschen. *In einer Reihe von Briefen*. Mit Ausführungen Rudolf Steiners über Wesen und Bedeutung von Schillers Ästhetischen Briefen u. e. Nachwort von Heinz Zimmermann, hg. v. Verlag Freies Geistesleben, Stuttgart ²1989, 44–47.

Schiller, Friedrich: „Dreizehnter Brief", in: Über die ästhetische Erziehung des Menschen. *In einer Reihe von Briefen*. Mit Ausführungen Rudolf Steiners über Wesen und Bedeutung von Schillers Ästhetischen Briefen u. e. Nachwort von Heinz Zimmermann, hg. v. Verlag Freies Geistesleben, Stuttgart ²1989, 47–52.

Schiller, Friedrich: „Fünfzehnter Brief", in: Über die ästhetische Erziehung des Menschen. *In einer Reihe von Briefen*. Mit Ausführungen Rudolf Steiners über Wesen und Bedeutung von Schillers Ästhetischen Briefen u. e. Nachwort von Heinz Zimmermann, hg. v. Verlag Freies Geistesleben, Stuttgart ²1989, 55–60.

Schiller, Friedrich: „Einundzwanzigster Brief", in: Über die ästhetische Erziehung des Menschen. *In einer Reihe von Briefen.* Mit Ausführungen Rudolf Steiners über Wesen und Bedeutung von Schillers Ästhetischen Briefen u. e. Nachwort von Heinz Zimmermann, hg. v. Verlag Freies Geistesleben, Stuttgart [2]1989, 78–80.

Schiller, Friedrich: „Dreiundzwanzigster Brief", in: Über die ästhetische Erziehung des Menschen. *In einer Reihe von Briefen.* Mit Ausführungen Rudolf Steiners über Wesen und Bedeutung von Schillers Ästhetischen Briefen u. e. Nachwort von Heinz Zimmermann, hg. v. Verlag Freies Geistesleben, Stuttgart [2]1989, 85–90.

Schiller, Friedrich: „Vierundzwanzigster Brief", in: Über die ästhetische Erziehung des Menschen. *In einer Reihe von Briefen.* Mit Ausführungen Rudolf Steiners über Wesen und Bedeutung von Schillers Ästhetischen Briefen u. e. Nachwort von Heinz Zimmermann, hg. v. Verlag Freies Geistesleben, Stuttgart [2]1989, 90–96.

Schiller, Friedrich: „Fünfundzwanzigster Brief", in: Über die ästhetische Erziehung des Menschen. *In einer Reihe von Briefen.* Mit Ausführungen Rudolf Steiners über Wesen und Bedeutung von Schillers Ästhetischen Briefen u. e. Nachwort von Heinz Zimmermann, hg. v. Verlag Freies Geistesleben, Stuttgart [2]1989, 97.

Schiller, Friedrich: „Siebenundzwanzigster Brief", in: Über die ästhetische Erziehung des Menschen. *In einer Reihe von Briefen.* Mit Ausführungen Rudolf Steiners über Wesen und Bedeutung von Schillers Ästhetischen Briefen u. e. Nachwort von Heinz Zimmermann, hg. v. Verlag Freies Geistesleben, Stuttgart [2]1989, 108–117.

70 Berliner Festspiele (Hg.): *Helgard Haug.* https://www.berlinerfestspiele.de/de/berliner-festspiele/programm/bfs-kuenstler/bfs_kuenstler_detail_312021.html, Abruf am 09.12.21.

Siegmund, Gerald: „Ereignisse im Kopf der Zuschauer. Die Theaterarbeit von *Auftrag: Lorey* und *Herbordt/Mohren*", in: *Das Buch von der Angewandten Theaterwissenschaft*, hg. v. Annemarie Matzke, Christel Weiler & Isa Wortelkamp, Berlin 2012, 68–90.

Soeffner, Hans-Georg: *Auslegung des Alltags – Der Alltag der Auslegung. Zur wissenssoziologischen Konzeption einer sozialwissenschaftlichen Hermeneutik*, Konstanz [2]2004.

Smith, Adam: „Über die Schicklichkeit oder sittliche Richtigkeit der Handlungen. Von dem Gefühl für das sittlich Richtige. Von der Sympathie", in: *Adam Smith – Theorie der ethischen Gefühle*, hg. v. Horst D. Brandt auf der Grundlage der Übersetzung von Walther Eckstein, Hamburg 2010, 5–12.

Smith, Adam: „Über die Grundlage der Urteile, die wir über unsere eigenen Gefühle und unser eigenes Verhalten fällen, und über das Pflichtgefühl. Von dem Verlangen nach Lob und dem Verlangen nach Lobenswürdigkeit; und von der Furcht vor Tadel und der Furcht vor Tadelnswürdigkeit", in: *Adam Smith – Theorie der ethischen Gefühle*, hg. v. Horst D. Brandt auf der Grundlage der Übersetzung von Walther Eckstein, Hamburg 2010, 182–210.

Smith, Adam: „Über die Grundlage der Urteile, die wir über unsere eigenen Gefühle und unser eigenes Verhalten fällen, und über das Pflichtgefühl. Über den Einfluß und die Autorität des Gewissens", in: *Adam Smith – Theorie der ethischen Gefühle*, hg. v. Horst D. Brandt auf der Grundlage der Übersetzung von Walther Eckstein, Hamburg 2010, 211–247.

Sychowski, Gaja von: *Korrelationen von Leib-sein und Leib-haben – Helmuth Plessners anthropologische Grundfiguren der Conditio humana als Grundlagen einer Pädagogischen Anthropologie und poststrukturalistischer (Körper-)Utopien.* Frankfurt am Main 2012, 1–35 https://www.pedocs.de/volltexte/2012/5579/pdf/Sychowski_2012_Korrelationen_von_Leib_sein_und_Leib_haben_D_A.pdf, Abruf am 09.12.21.

Tafner, Georg: „Homo oeconomicus oder Ehrbarer Kaufmann – Reflexionen zum Verhältnis der Wirtschaftspädagogik zu den Wirtschaftswissenschaften", in: *bwp@Spezial* 14 (2017), 1–28.

Wagner-Tsukamoto, Sigmund: „The Adam Smith Problem Revisited. A Methodological Resolution", in: *Journal des Économistes et des Études Humaines* 19/1 (2013), 63–99.

Warstat, Matthias: „Theatralität", in: *Metzler Lexikon Theatertheorie,* hg. v. Erika Fischer-Lichte, Doris Kolesch & Matthias Warstat, Stuttgart u. Weimar ²2014, 382–388.

Video- und Tonmaterial

Haug, Helgard & Wetzel, Daniel: *Karl Marx: Das Kapital, Erster Band.* https://vimeo.com/129540373, Abruf am 09.12.21.

SWR2: *Karoshi – Tod durch Überarbeitung in Japan*, Sendereihe „Leben", Sendung vom 27.06.19. https://www.ardaudiothek.de/episode/leben/karoshi-tod-durch-ueberarbeitung-in-japan/swr2/64102634/, Abruf am 09.12.21.

Kolibri 360 GmbH
Ferdinand-Jühlke-Straße 7
99095 Erfurt, Deutschland
produktsicherheit@kolibri360.de